KB120097

오늘부터 당신은
직원관리가
쉬워진다

오늘부터 당신은 직원관리가 쉬워진다

10인 이하 사업가를 성공으로 이끄는
직원관리 프로세스 8단계

초 판 1쇄 2024년 08월 13일

지은이 신재환
펴낸이 류종렬

펴낸곳 미다스북스
본부장 임종익
편집장 이다경, 김가영
디자인 윤가희, 임인영
책임진행 김요섭, 이예나, 안채원

등록 2001년 3월 21일 제2001-000040호
주소 서울시 마포구 양화로 133 서교타워 711호
전화 02) 322-7802~3
팩스 02) 6007-1845
블로그 http://blog.naver.com/midasbooks
전자주소 midasbooks@hanmail.net
페이스북 https://www.facebook.com/midasbooks425
인스타그램 https://www.instagram.com/midasbooks

ⓒ 신재환, 미다스북스 2024, *Printed in Korea*.

ISBN 979-11-6910-749-5 03320

값 19,000원

미다스북스는 다음세대에게 필요한 지혜와 교양을 생각합니다.

오늘부터 당신은 직원관리가 쉬워진다

10인 이하 사업가를 성공으로 이끄는 직원관리 프로세스 8단계

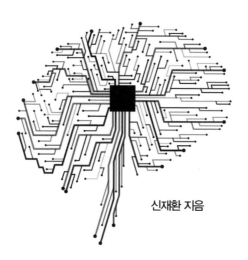

신재환 지음

미다스북스

당신도 이제
직원관리를 잘할 수 있다

"아무 생각 없이 일하는 직원, 어떻게 교육해야 할까?"

"직원들이 퇴사하지 않고 오래 일하게 하려면 무엇을 해야 할까?"

"스스로 일하지 않는 직원, 어떻게 동기부여를 해야 할까?"

"월급 인상을 요구하는 직원과 어떻게 협상해야 할까?"

"직원들의 불만을 해결할 방법은 없을까?"

대한민국의 412만 작은 회사 사장님들(상시 근로자 10인 미만 사업자. 2022년 중소벤처기업부·통계청 기준)이 지금 이 순간에도 고민하고 있는 문제들이다. 그들의 크고 작은 직원 관련 고민을 모두 모으면 아마 1,000만 개는 훌쩍 넘을 것이다. 나는 현장의 최전선에서 이들의 생생한 고민을 듣고 해결책을 제시하는 직원관리 컨설턴트로서, 이런 고민과 걱정들을 365일 매일 접한다. 듣다 보면 놀라지 않을 수 없다. 직원관리, 사람관리에 대한 사장님들의 고민과 걱정, 불안이 이토록 깊고 광범위하다는 사실에 말이다.

그러나 더욱 중요한 점은, 사장님들이 이렇게 많은 걱정과 고민을 하면서도 정작 반복되는 문제들을 해결하지 못한 채 스트레스만 받고 있다는 것이다.

"직원관리를 개선하기 위해 어떤 노력을 해 보셨나요?"

내가 이렇게 물으면 대부분 '대화를 더 많이 하려고 했다' 또는 '복지를 조금 더 개선하려고 노력했다'는 식의 본질에서 벗어난 대답만 한다. 애초에 문제의 핵심을 파악하지 못한 채 잘못된 접근법을 사용하니 해결이 되지 않는 것은 당연하다. 그러고는 "저 직원은 기본이 안 됐어."라며 직원을 탓하거나, "사람은 원래 잘 안 바뀌어요."라며 직원관리는 거의 불가능하고 통제할 수 없는 영역이라고 포기해 버린다. 사실 그들도 알고 있다. 자신의 리더십과 회사의 시스템에 문제가 있다는 것을. 그렇게 직원 탓과 자기 탓 사이를 오가며 고민하다 지쳐서, 결국 마지막 수단으로 나를 찾아오는 것이다.

창업 초기, 매출이 늘어나고 일이 바빠질 때는 직원 한 명이 간절하다. 세일즈, 마케팅, 판매, 유통, 고객 관리, 미래 전략 수립 등 모든 것을 혼자 감당하기에는 너무나 벅차다. 이 시기에는 '직원 한 명만 있으면 몸도 편해지고, 훨씬 중요한 일에 집중할 수 있으며, 사업도 급성장할 수 있겠다'는 기대와 희망으로 가득 차 있다. 할 일도, 고생도 절반으로 줄어드는 달콤한 미래를 상상한다.

하지만 실제로 직원들이 한두 명씩 늘어나기 시작하면 어떻게 될까? 대부분의 사장님들은 답답함, 짜증, 분노, 조급함, 자책감 등 복잡한 감정의 소용돌이에 휘말리게 된다. '도대체 이 직원을 어떻게 해야 하지?', '직원 때문에 받는 스트레스로 정작 중요한 일에 집중할 수가 없네.'라는 생각이 끊임없이 들게 된다.

만약 이 책을 읽고 있는 여러분도 직원관리에 막막함과 어려움을 느끼고 있다면, 나는 단 한 마디를 드리고 싶다.

"여러분의 잘못이 아니다."

오해하지 않았으면 좋겠다. 따뜻한 위로의 말이 아니라 차가운 진실이다. 나는 구체적인 방법론도 없이 '아무래도 괜찮다', '당신은 소중합니다'라는 식으로 위로만 하는 건 질색이다. 나는 진심으로 여러분 탓이 아니라고 생각한다.

여러분이 직원들과 관계를 맺고 이끌어 나가기 어려운 이유는 단 하나다. 바로 초보라 그렇다. 초보는 말 그대로 초보다. 채용, 교육, 피드백, 동기부여 등을 어떻게, 언제, 왜 해야 하는지 알지 못한다. 방법도, 순서도, 도구도 모른다. 이런 것들을 모른다면, 5년 차든 10년 차든 직원관리 측면에서는 여전히 초보다.

초보 사장들은 직원들을 다루고 관리하는 체계와 노하우가 부족하다. 사람 관리가 서투른 것은 당연하다. 진짜 문제는 직원관리의 초보인 사장, 대표, 소상공인에게 직원관리 시스템과 효과적인 소통 방법을 아무도 제대로 알려 주지 않는다는 점이다.

몇 년 전, HR 플랫폼 기업이 주최한 리더십/조직문화 세미나에 참석했다. TV 출연, 저서 출간 등으로 유명한 전문가들의 강의가 연이어 열렸고, 당연히 내용도 훌륭했다. 구글의 OKR 활용법, 넷플릭스의 조직문화 구축 방식, 아마존의 소통 전략 등 다양한 주제가 다뤄졌다.

강연이 끝난 후 주변 참석자들과 대화를 나눠 보니, 놀랍게도 대부분이 직원 10명 미만의 소규모 기업을 운영하는 사장님들이었다. 우연히 아는 대표님도 만났는데, 그분 역시 직원이 4명뿐이다. 참석자들의 출신지도 다양했다. 원주, 광주, 김해, 부산, 제주 등 전국 각지에서 바쁜 일정을 쪼개 서울까지 올라왔다. 이를 보며 강한 의문이 들었다.

"자영업자, 소기업 사장들에게 실리콘밸리 거대 기업이나 국내 대기업의 문화와 운영 기법을 배우는 것이 과연 실질적인 도움이 될까?"

사실 이 세미나뿐 아니라 리더십, 직원관리, 조직문화를 다루는 대부분의 책들이 대기업이나 해외 유명 기업 사례에 초점을 맞추고 있다. 조금 더 작은 조직을 위해서 썼다는 책들도 100~200명 규모의 중소기업을 대상으로 한다. 그래서 읽을 때는 희망이 생겼다가도, 막상 현실에 적용하려면 괴리감에 좌절한다. 한국의 작은 회사 사장이 당장 적용해서 쓸 수 있는 정보나 노하우는 사실상 없다.

"책 한 권 읽은 사람이 가장 무섭다."라는 말이 있다. 어설프게 알면 오만해질 수 있다는 뜻이다. 대기업의 방식을 피상적으로 모방하다 실패하고, 직원들이 변화하지 않는다며 불평하는 경우를 많이 봤다. 그러다 결국 직원 관리를 포기해 버리는 사람들도 많았다. 여러분은 그렇게 포기하지 않았으면 좋겠다.

작은 회사의 상황은 많은 책과 강의에서 다루는 대기업, 해외기업들의 상황과 완전히 다르다. 자금도 넉넉하지 않고 인재를 뽑기도 어렵다. 어떤 회사에서는 주거 안정을 위해서 월세도 지원하고 출퇴근 버스도 운영한다는데, 우리에겐 먼 나라 이야기다. 채용공고를 올려도 지원자가 적고, 그마저도 기본적인 일에 대한 태도가 갖춰지지 않은 경우도 많다. 심지어 채용이 어려워지면 직원이 갑이 되는 상황도 발생한다. 당장 쟤가 나가면 내가 고생할 게 뻔하니, 직원의 이상행동을 하나둘 눈감아 줄 수밖에 없게 된다. 이게 반복되면 회사의 일 문화는 개판 5분 전이 된다.

나는 당장 배워서 써먹을 직원관리 비법이 필요했다. 직원 3명이 연이어 퇴사하면서 회사는 비상사태에 빠졌다. 업무 분담과 인수인계가 엉망이 되었고, 업무량을 감당할 인력도 부족했다. 서류 준비가 늦어져 통관을 못하는 일도 생겼고, 보세창고 보관료로 생돈 몇백만 원씩 낭비했다. 거래처에서는 납기 지연에 대해 공식적으로 컴플레인을 걸었다. 회사는 난장판이 됐고 망하기 일보 직전까지 갔다. 회사를 재건하려면 나와 회사가 근본적으로 바뀌어야만 했다.

그러나 앞서 말했듯이 어디에서도 작은 회사를 위한 직원관리법을 알려 주지 않았다. 그렇다고 방법이 없다며 포기하고 싶지는 않았다. 다시는 직원들에게 휘둘려서 혼란을 겪거나 망할 위기까지 내몰리지 않고 싶었다. 해결할 수 없는 문제는 없다고 믿으며 마음을 다잡았다.

지금의 큰 회사들도 10명 이하의 작은 조직인 시절이 있었을 것 아닌가? 나는 그들이 그 시기를 잘 넘어갈 수 있었던 직원관리 노하우와 비결이 있었을 거라 확신했다. '리더십', '조직 관리', '직원관리'와 관련된 모든 자료를 찾아 헤맸다. 이 과정은 쉽지 않았다. 리더십에 대한 정보가 너무 많아 오히려 혼란스러웠다. 어떤 이는 소통 리더십을, 다른 이는 카리스마나 시스템의 중요성을 강조했다. 모두 중요하다는 건 알겠지만 내 상황에서 무엇이 가장 중요한지, 어디서부터 시작해야 할지 판단하기 어려웠다. 그래서 나는 직원관리 핵심 프로세스 8단계를 정리했다. 이를 한국의 10인 이하 작은 회사 상황에 맞게 변형하고 적용하는 '수련의 시간'을 거쳤다. 이 책에서 소개할 10인 이하 기업에 맞는 직원관리 프로세스 8단계 중에는 익숙한 내용도 있을 수 있다. 하지만 이 8단계 구조는 분명 새로울 것이다. 이 단계만 잘 따르면 누구나 쉽게 적용할 수 있는 10인 이하 기업 전용 직원관리 프로세스를 만들었다. 리더십에 대해 끝없이 배워야 한다는 생각에서 벗어나게 해줄 것이다.

지금도 과거의 나처럼 당장 직원 문제를 해결해야 하는 사람이 10만 명은 될 것이다. 작은 회사지만 직원들과 함께 매출을 2배, 3배로 늘리며 성장하고 싶은 사람들도 전국에 수십만 명은 있을 것이다. 이 책을 펼쳤다면 여러분도 그런 사람일 것이다. 나는 여러분이 나처럼 불필요하게 시간과 돈을 낭비하지 않기를 바란다. 또한 직원들과의 불필요한 감정 소모와 스트레스로 고통받지 않기를 바란다. 나를 찾아왔던 사장님들처럼 화병이나 탈모로 고생하거나 건강을 해치지 않기를 바란다. 굳이 겪지 않아도 될 시행착오를 피하길 진심으로 원한다.

이 책에는 과거의 내가 그토록 찾아 헤맸던 실용적인 내용을 담았다. 작은 회사 사장님들이 직원관리에 어려움을 겪을 때마다 참고할 수 있는 교과서가 되길 바란다. 그리고 머지않아 이 책을 '졸업'하길 희망한다. 나는 50~100명 규모의 사업 운영법은 모른다. 그때가 되면 나와 이 책이 큰 도움이 되지 않을 수도 있다. 소상공인에서 사업가로, 더 나아가 기업가로 성장하면서 이 책을 라면 받침으로 쓰길 바란다.

이 책을 읽는 방법에 대해서도 조언하고 싶다. 편안하게 웃으면서 봤으면 좋겠다. 너무 진지하게 학습하려 들면 현실 적용이 어려워진다. 웃으면서 '나는 이렇게 적용해 볼까?'라고 생각하며 보면 더 효과적일 것이다. 일종의 게임이라고 생각해 보자. 사장의 레벨을 높이는 게임이고 당신이 주인공이다. 다른 능력치는 상위 10%인데 직원관리 능력치만 유독 낮은 상황이다. 이 책에 나오는 8단계 퀘스트를 하나씩 깨면서 레벨업 한다고 생각하자. 그러면 훨씬 쉽고 재미있게 내용을 흡수할 수 있을 것이다. 너무 진지하게 '학습'하려 들면 경직되고 유연성 없는 제도나 체계를 만들게 된다. 쉽게 생각하자.

자, 이제 나와 함께 직원관리가 쉬워지는 지름길로 가 보자.

2단계_인간 본성: '인간'을 이해한다

3장
직원관리 중급: 직원 사로잡기

3단계_비전하우스: 회사에 스토리를 부여한다

4단계_커뮤니케이션: 직원의 마음을 얻는다

4장
직원관리 심화: 환경 설계하기

5단계_채용: 될 놈을 뽑는다

6단계_온보딩: 우리 문화에 흠뻑 적신다

7단계_성과 관리: 몰입하게 만든다

8단계_평가/보상: 공식적으로 피드백한다

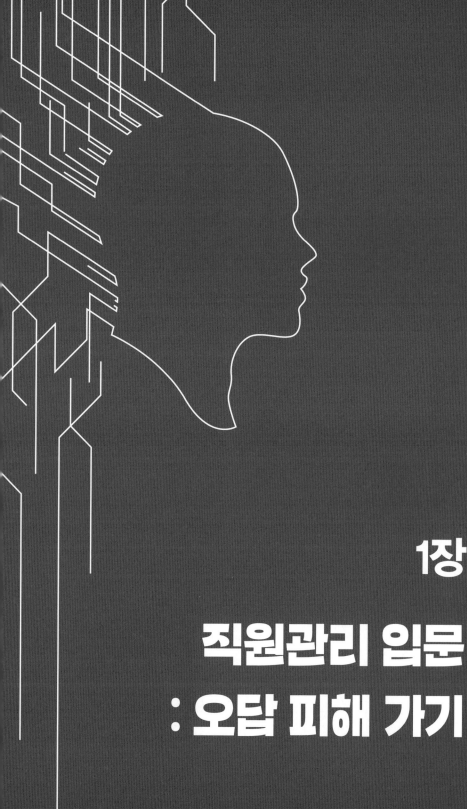

1장

직원관리 입문
: 오답 피해 가기

잠깐! 직원관리에 입문하기 전 알아야 할 이야기

"뭐부터 해야 하나요?"

직원관리의 어려움을 토로하며 도움을 요청한 모든 사장님들이 한결같이 던진 질문이다. 그들은 직원관리를 잘하고 싶지만, 어디서부터 시작해야 할지 모르겠다며 고민을 털어놓았다. 문제의 원인이 자신에게 있는지, 직원에게 있는지조차 모르겠다고 했다. 궁극적으로 어떻게 행동해야 하는지에 대한 혼란도 컸다.

많은 사장님들은 내가 몇 가지 방법만 알려 주면 모든 것이 완벽하게 해결될 것이라 기대했다. 심지어 빨리 정답을 달라고 재촉하는 분들도 있었다. 하지만 안타깝게도 직원관리에는 절대적인 정답이 없다. 직원관리를 돕는다면서 정답이 없다니, 모순된 말처럼 들릴 수 있다. 사실 나도 처음에는 명쾌한 정답이 있을 거라 믿었다. 그래서 수많은 교육을 받고, 책을 탐독하고, 실전에 적용해 보며 노력했다. 그러나 수년간의 경험 끝에 깨달았다. 정답은 없다. 정확히 말하면 '모두에게 통용되는 정답'은 없다. 단지 '각자의 상황에 맞는 정답'만이 존재할 뿐이다. 나와 이 책의 역할은 여러분이 '각자의 정답'을 찾아갈 수 있도록 안내하는 것이다.

2010년에 효과적이었던 직원관리법과 2024년의 그것은 다르다.

제조업에서 통하는 방식과 콘텐츠 업계에서 통하는 방식도 다르다.

미국과 한국의 직원관리법도 차이가 있다.

1,000명 규모의 대기업과 10명의 소기업에서 적용되는 방식 역시 다르다.

이처럼 시대, 지역, 업종, 규모, 시기에 따라 효과적인 직원관리 방법은 천차만별이다. 그렇다면 우리는 어떻게 해야 할까? 정답이 없다고 포기해야 할까? 아니면 그저 직접 부딪혀 가며 배울 수밖에 없는 걸까? 이에 대한 답을 한 의사 선생님의 말씀에서 찾아보고자 한다. 장 건강 문제로 병원을 찾았을 때, 의사 선생님은 이렇게 조언하셨다.

"장을 건강하게 하려면 장에 좋은 음식을 먹는 것보다, 장에 해로운 음식을 피하는 것이 훨씬 중요합니다."

직원관리도 마찬가지다. '모두에게 통하는 정답'을 찾기보다는 '명백한 오답'을 피하는 것이 훨씬 중요하다. 우리가 가장 먼저 해야 할 일은 오답을 식별하고 피해 가는 것이다. 명확한 정답이 없는 분야일수록, 최악의 상황을 피하는 것이 가장 빠르고 효과적인 전략이다. 이러한 접근법은 버크셔 해서웨이의 부회장이자 억만장자 사업가였던 故 찰리 멍거Charles Munger의 '거꾸로 생각하기' 철학에서 영감을 받았다. 멍거는 무언가를 잘하고 싶다면 '어떻게 하면 잘할 수 있을까?'를 고민하기보다 '어떻게 하면 최악의 결과를 낼 수 있을까?'를 먼저 생각해 보라고 조언했다. '직원관리를 어떻게 잘할까?'라는 질문은 쉽게 답을 찾기 어렵다. 반면 '어떻게 하면 직원관리를 최악으로 할 수 있을까?'라는 질문은 다양한 통찰을 이끌어 낸다.

　여러분이 생각하는 최악의 직원관리 방식은 무엇인가? 우리는 1장에서 여러분이 떠올린 최악의 직원관리 방법들을 하나하나 살펴보고, 그 정반대의 접근법을 모색할 것이다. 이를 통해 각자의 상황에 맞는 효과적인 직원관리 전략을 개발할 수 있을 것이다.

[오답 1] 작은 회사는 돈도 인재도 없어서 직원관리가 어렵다

단순 서류 작업을 돕는 직원이 실수한 걸 발견했다. 분명 내가 가르쳐 주고 몇 번이나 강조했던 건데 똑같은 실수를 반복하니 답답했다. 더 얘기하자니 잔소리로 들릴 것 같았다. 짜증은 나는데 그렇다고 더 붙잡고 말하고 싶지도 않았다.

몇 주 전에 사 놓고 읽지 않았던 리더십 책들이 눈에 들어왔다. 직원과 갈등 없이 성과를 낸다는 말에 샀던 책들이다. 여기에 해답이 있을까 싶어 쭉 읽어 봤다. 잠시 마음이 안정되는 듯싶었으나, 막상 적용하려고 하니 갑갑했다. 내가 처한 현실과 다른 이야기 같다는 느낌을 받았다. 저자들을 살펴보니 아니나 다를까 실리콘밸리에서 리더 역할을 했던 사람, 스타트업 대표, 대기업 사장 등이었다.

"그래, 당신들은 연봉도 많이 주고 좋은 직원들이 많으니까 이런 게 가능한 거지!"

"역시 작은 회사는 힘들어. 돈도 없고, 인재도 안 들어오니까 직원관리가 어렵지⋯."

이런 생각이 머릿속을 떠나지 않았다. 답을 찾지 못하고 앞으로도 계속 이렇게 감정 소모할 거라는 생각에 불안함과 막막함이 엄습했고 감정에 지배당했다. 며칠 뒤, 오랜만에 고등학교 친구와 저녁 식사를 함께했다. 친구는 자신이 운영하는 작은 디자인 회사의 직원들을 자랑스럽게 이야기하기 시작했다.

"우리 직원들 정말 고마워. 다들 자기 역할을 너무 잘해 줘. 당연히 마음에 들지 않는 직원도 있긴 한데…. 그래도 회사 분위기 정말 좋아."

나는 친구의 말에 놀라움과 부러움을 감추지 못했다.

"어떻게 그럴 수 있냐? 자기 일 1인분도 못하고 가끔 지각까지 하면서 월급은 더 올려 달라고 하던데… 그리고 채용 공고 올리면 이상한 직원들만 지원하던데?"

친구는 미소를 지으며 별거 아니라는 듯 얘기했다.

"작은 회사의 장점을 활용해야지."

중소기업과 대기업을 모두 경험해 본 친구는 중소기업의 장점도 분명히 있다고 말했다.

"나 중소기업 다닐 때 일하던 사람들 좋고, 사장님이 내 의견 많이 반영해 주고 믿고 맡겨 줘서 나름 재밌었어. 성장하는 재미가 있었거든. 그래서 나도 팀워크, 성취감, 자율성 이거 만들어 주려고 신경 많이 써."

친구의 이야기를 들으며, 내가 여태 잘못 생각하고 있었다는 걸 깨달았다. 작은 회사라고 전부 직원관리에 어려움을 겪기만 하는 게 아니었다. 한계를 극복할 방법은 분명히 있었다. 내가 직원관리에 어려움을 겪고 있고 해답을 찾지 못했다는 이유로 자꾸 외부 환경에서 원인을 찾고 남 탓만 하고 있었다. 당시의 나만 그런 것은 아니다. 지금도 나를 찾아오는 사장님들과 이야기를 나누다 보면 '우리는 이래서 안 되고 저래서 안 되고…' 자꾸 작아서 직원관리가 어렵다는 얘기만 한다. 이미 여기서부터 틀렸다.

요즘 대기업들도 사람 뽑기 어렵다는 얘기가 많다. HR 커뮤니티를 보거나 관련 종사자를 만나 보면 그게 사실이라는 걸 깨닫는다. 대기업이라고 마냥 사람 뽑고 관리하기 쉬운 게 아니다. 반대로 내 친구처럼 작은 회사라고 마냥 직원관리가 어렵기만 한 것도 아니다. 회사가 크건 작건 상황에 따라 장단점이 있다. 작은 회사의 장점을 얼마나 잘 활용하는지에 따라 사장의 직원관리 스트레스도 달라진다.

소상공인, 작은 회사는 돈도 없고 인맥도 없으니 100명 이상 큰 기업에 비해 모든 면에서 불리하기만 할까? 그랬으면 우리는 재미없어서 사업 못 하지 않았을까? 강자들의 세상 속에서 약자들이 살아남는 방법은 분명히 있다. 세상만사에는 양면이 있는 법. 우리에겐 대기업에 없는 강점이 있다.

우린 우리의 강점을 살려야 한다. 돈도 없고 인재도 없는데 무슨 강점이 있냐고 반문할 수 있다. 작은 조직은 어떤 강점이 있을까?

내가 대기업을 다닐 때 가장 자주 했던 생각은 '나 부품 같다'라는 생각이었다. 사장님, 임원, 팀장님이 나를 관리의 대상으로만 바라보는 게 여실히 느껴졌다. 그분들이 나와 진지하게 대화를 나누는 시간은 1년에 1시간이 채 될까 말까였다. 소통하는 빈도도 적고 절대적인 양도 적었다. 리더가 나를 모르기도 하지만 나도 그들을 몰랐다. 좋게 말하면 비즈니스 관계였고, 나쁘게 말하면 남이었다. 그러니 그들을 존경한다거나 배우고 싶다거나 도와주고 싶다는 생각이 그다지 들지 않았다. 그들의 입장도 이해가 된다. 담당 팀원만 수십 명인데 어떻게 한 명 한 명 관심을 가지고 관계를 맺을 수 있을까. 그런데도 회의감이 커져만 가는 건 어쩔 수 없었다. 거대한 톱니바퀴에 끼워진 아주 조그마한 부품 같다는 생각을 했다. 인간으로서의 나는 없었다. 자연스레 나는 앞으로 어떻게 살아야 하나 고민했다. 매일 비슷한 업무를 반복하면서 누군가가 나를 대신해도 별 차이가 없을 것 같다는 생각에 무력감이 들곤 했다.

반면 작은 회사는 직원들과의 관계가 훨씬 개별적으로 긴밀하게 형성될 수 있다. 사장도 직원 한 명 한 명의 이야기에 더 귀 기울이며 정서적으로 가깝게 연결될 수 있다. 사장뿐 아니라 직원들끼리도 진짜 한배를 타는 한 팀이라는 생각에 끈끈하게 연결될 수 있다. 개인의 삶에서나 직장생활에서나 성공과 행복으로 가는 지름길은 인간과 인간의 정서적 유대감이다. 업무적 소통을 잘하는 데에도, 조직문화를 형성하는 데에도 유대감은 반드시 필요하다. 커트 코프만의 『최강 조직을 만드는 강점 혁명』에 따르면 직장에 절친한 친구가 있는 경우, 직원의 근무 의욕은 무려 54%가 증가한다. 또한, 정서적 소통이 원활한 조직은 관계 증진뿐 아니라 30% 이상의 업무 성과 증대 효과를 볼 수 있다.

성취감도 작은 회사의 눈에 띄는 강점 중 하나다. 작은 회사에서는 직원들이 자신의 역할과 기여가 회사의 성공에 직접 영향을 미친다는 사실을 실감할 기회가 많다. 카페를 운영하는 사장님의 이야기다.

작은 카페를 운영하는 S 사장님은 매출이 오르지 않아 고민이었다. 그러다 하루는 직원인 소영 씨가 이렇게 의견을 제안했다.

"사장님 릴스 해 보면 어때요? 제 인스타에 자꾸 빵집 릴스가 떠서 저도 모르게 산 적이 있어요. 우리도 해 보면 좋을 것 같아요!"

인스타그램은 친구들의 근황 볼 때만 쓰던 S 사장님은 처음엔 회의적이었다. 릴스라는 게 뭔지도 잘 몰랐다. 그래도 '돈이 크게 들지 않으면 직원들 아이디어로 자주 테스트해 보세요.'라는 나의 말을 믿고 아이디어를 바로 실행해 보기로 했다.

처음엔 엉성하고 조악했다. 대중들의 반응도 조회 수 10~20회 수준으로 무관심에 가까웠다. 댓글 1개도 겨우 달릴 정도로 반응이 미미했지만, 점차 많은 사람들이 콘텐츠에 관심을 가지기 시작했다. 고객들은 댓글로 '택배도 하나요?'라고 질문하기 시작했고, 나중에는 다른 지역 대형 카페에서 대량 납품 문의를 받기도 했다.

불과 3개월 만에 생긴 극적인 변화였다. S 사장님 카페의 팔로워 수는 6천 명으로 눈에 띄게 증가했고 매출도 폭발적으로 함께 상승했다.

S 사장님의 사례는 빠른 의사 결정, 직원들도 의견을 말할 수 있는 유연한 문화, 즉각적인 성과 등 작은 회사의 강점을 여실히 보여 준다. 작은 회사에서는 이러한 새로운 제안이 사장에게 직접 전달되고, 빠르게 실행될 수 있다는 점이 큰 장점이다. 덕분에 직원들은 자신의 기여가 회사에 미치는 영향을 실감하고, 더 큰 만족감을 느끼며 일할 수 있다. 소영 씨의 마음은 어땠을까? 다음은 내가 직접 대화한 내용이다.

"솔직히 말하면 처음 릴스 해 보자고 제안했을 때 사장님이 싫다고 하실 줄 알았어요. 근데 놀랍게도 해 보자고 하셨고 실제로 좋은 결과로 이어져서 너무 뿌듯해요."

자신의 의견이 좋은 성과로 이어지니 누구보다 행복해했다. 자기가 회사에 중요한 존재라는 느낌, 크게 이바지했다는 느낌과 동시에 존중받았다는 생각도 들었다고 한다. 일에 대한 만족도가 올라간 것은 당연하다. 동기를 부여하지 않아도, 주인의식을 가지라고 얘기하지 않아도 알아서 일에 몰입한다. 아이디어를 내라고 말하지 않아도 새로운 릴스 트렌드에 대해 알아오고 S 사장님께 빨리해 보자며 오히려 독촉한다.

이렇듯 작은 회사의 직원들은 회사를 외부의 별개 조직으로 보는 것이 아니라 내가 속해서 같이 키워 나가는 무언가로 인식할 가능성이 크다. 앞서 말했듯 작은 회사에서는 새로운 액션 하나하나가 즉각적으로 매출과 직결되어 눈에 보이고 성장이 빠르다는 특징이 있기 때문이다. 이런 이유로 대기업보다 직원들의 동기를 유발하기 훨씬 쉽다.

'뱁새가 황새를 따라가면 가랑이가 찢어진다'

대기업을 흉내 내지 말자. 뱁새가 가랑이 찢어지는 이유는 뱁새여서가 아니다. 뱁새인데 황새를 따라가서 찢어지는 것이다. 작은 회사의 직원관리가 어려운 것은 돈도 없고 인재도 없어서가 아니다. 돈도 없고 인재도 없는데 대기업을 흉내 내려고 하니 어려운 것이다. 앞서 강조했듯이 우리에겐 우리만의 강점이 있다.

정보가 흘러넘치는 정보 과잉 시대다. 과도한 정보는 오히려 독이 된다. 구글, 페이스북, 애플, 아마존, 픽사 등 해외 기업의 사례부터 삼성, 현대 등 한국의 대기업까지 리더십에 대한 정보가 하루에도 수십 개씩 쏟아진다. 그중 지금 내게 필요한 딱 맞는 정보가 무엇인지 판단하기 어렵다. 특히 리더

십이란 분야엔 정답이 없다. 시대적 흐름, 배경, 국가, 관련 법, 지역적 특성, 업종, 회사 규모 등에 따라 최적화된 관리 방법이 달라진다. 하지만 많은 사장이 이런 점을 고려하지 않고 대기업이나 해외 기업의 방식을 배우고 적용한다. 우리는 우리 회사에 맞는 방법을 찾아야 한다.

"그래도 대기업의 시스템과 문화를 배워야 하는 것 아닌가요?"

맞다. 시스템 하나로 수백, 수천 명의 직원을 운영하는 대기업에게서 분명 배울 점이 많다. 다만 보이는 것을 맹목적으로 적용하지 말라는 것이다. 어떤 부분은 그대로 차용해도 되고, 어떤 부분은 다르게 적용해야 하는지 구분이 필요하다. 그래서 나는 대기업, 경제 단체에서 근무해 본 경험을 토대로 대기업 시스템을 작은 회사에 맞게 적용했다. 이는 3~4장에서 자세히 설명하고 있으니 참고하기 바란다.

작은 회사만의 강점이자 약점은 '사람이 중요하다'는 점이다. 조직이 작다는 것은 직원 1명의 역할과 비중, 책임이 그만큼 크다는 뜻이다. 100명 중 1명이 게으른 것과 5명 중 1명이 게으른 것, 어느 쪽이 더 눈에 띌까? 당연히 후자다. 누군가 제대로 일을 하지 않거나 부정적인 태도를 보이면 다른 직원들도 처음에는 비난하다가 어느새 전염병처럼 빠르게 영향을 받는다. 작은 조직에서는 직원의 행동이 좋든 나쁘든 극대화될 수밖에 없다. 리스크도 크지만 기대할 수 있는 결과도 크다.

창업 1년 만에 월 순수익 1억을 올리고 직원을 6명까지 늘렸던 30대 초반 B 대표의 사례가 있다. 그의 성공 비결은 무엇일까? 비즈니스 모델? 사업 수완? 네트워킹 능력? 단연코 아니다. B 대표의 무기는 '사람'이었다. 그의 옆에는 자신의 부족한 점을 보완해 주는 핵심 직원 2명이 있었다. 한 명은 뛰어난 세일즈 능력으로, 다른 한 명은 잠재 고객의 마음을 움직이는 마케팅 능력으로 사업에 날개를 달아 줬다.

그러나 B 대표는 '작은 회사는 사람이 전부'라는 사실을 망각했다. 자신의 능력으로 성공했다고 생각해 직원들에게 합당한 보상을 해 주지 않았고, 점차 그들을 홀대하기 시작했다. 과거 두 핵심 직원은 B 대표를 인생의 멘토로 여길 만큼 존경했으나, 이들조차 실망감을 느끼고 자신의 가치를 인정해 주는 곳을 찾아 떠났다.

그 회사의 결말은 어땠을까? 폐업이다. 매출이 빠르게 늘어나자 마케팅 비용을 공격적으로 늘리고, 큰 사무실로 이사하고, 신사업에 투자했다. 사업 확장 시기에 핵심 직원들이 이탈하니 매출은 반 토막이 났다. 늘어난 금융 비용을 감당할 수 없어 B 대표는 버티다 결국 몇 개월 뒤 폐업했다.

이처럼 작은 회사는 직원 한두 명의 성과에 따라 매출이 크게 좌우된다. 그러니 우리는 사람에 투자해야 한다. 인재는 가장 확실한 자산이다. 시간이 지날수록 가치가 올라가는 것은 부동산뿐만이 아니다. 작은 회사에겐 오히려 사람이 더 귀중한 자산이다. 핵심 직원 1명이 회사를 2배, 3배 성장시키기도 한다.

✓ 오답 노트

1. 작은 회사만의 강점은 분명히 있다

2. 작은 회사의 직원관리가 어려운 이유는 대기업을 흉내 내려고 하기 때문이다.

3. 조직이 작을수록 사람이 중요하다. 작은 회사의 강점을 살려 보자.

[오답 2] 직원의 문제 행동에는 한 가지 원인이 있다

"작년엔 신입 직원들이 말썽이다가 좀 괜찮아지니, 이젠 기존 직원들이 불만을 얘기하네요."

"한동안 잠잠하다가 직원들이 갑자기 퇴사하네요."

괜찮아질 만하면 어김없이 터져 주는 직원관리 문제, 연례행사처럼 매년 똑같이 반복되는 직원관리 문제에 사장님들은 스트레스가 이만저만 아니다. 이게 참 별거 아닌 것 같은데 사람을 좀먹고 사업을 좀먹는다. 그러면 도대체 왜 우리는 매번 똑같은 직원관리 스트레스를 해결하지 못하고 고통받는 걸까? 과거 내가 가장 궁금해하던 질문 중 하나였다. 선배 사업가의 조언을 듣고, 대학교수들의 연구를 보고, 전문가들의 강의를 들으며, 책을 읽어도 해결되지 않던 본질적인 의문이었다.

결론부터 말하자면 '1문제-1원인'에 대한 환상 때문이다. 우리에게는 많은 '문제 현상'들이 있다. 잘 따라와 주던 직원의 갑작스러운 이직, 업무 시간에 집중하지 못하고 휴대폰을 보는 직원, 교육을 해 줘도 성장이 너무 더딘 직원, 자신의 퍼포먼스를 과대평가해 연봉을 올려 달라는 직원, 출근 시간을 지키지 않고도 뻔뻔하게 말하는 직원 등 모두 문제의 현상들이다.

이러한 문제 현상에는 복합적인 원인이 작용하고 있다. 사장인 여러분이 사실은 꼰대였을 수도 있고, 급여 체계가 너무나도 불합리할 수도 있고, 같이 일하는 동료들이 문제일 수도 있다. 애초에 전혀 맞지 않는 사람을 채용했을 수도 있고, 업무 방식이 체계적이지 않을 수도 있고, 회사에 비전이 하나도 없을 수도 있다. 이렇게 여러 원인이 복합적으로 작용해서 직원이 퇴사하고, 동기부여가 상실되고, 직원들끼리 싸우고, 성과가 나오지 않는 문제가 생기는 것이다.

이때 문제 현상 하나에 정확히 매칭되는 원인 하나가 있을 것이라고 착각하면 문제가 해결되지 않는다. 직원을 뽑으면 3개월도 채 버티지 못하고 자꾸만 퇴사하는 상황을 가정해 보자. 이때 한 가지 원인 때문에 직원들이 퇴사했다고 생각한다면 어떻게 대처할까? 돈이 부족한가 싶어서 월급을 조금 올려 볼 수도 있고, 너무 못되게 말했나 싶어 모든 것을 좋게 좋게 해결하려고 노력할 수도 있다. 독자 여러분들도 경험해 보셨겠지만 그런다고 문제가 해결되지 않는다. 문제 현상 이면에 숨은 여러 원인을 고려하지 않고, 가장 잘 드러나는 표면적 요인만 해소하려고 하기 때문이다.

직원들에게 퇴사나 불만족의 이유를 물어보면 사람, 돈, 업무 만족도, 업무 강도, 비전 등 정말 다양한 이유가 나온다. 심지어 어떤 때에는 본인들도 그 정확한 속마음을 모른다. 실제로는 다양한 원인이 복합적으로 작용한 결과물이지만 돈이나 함께 일하는 사람 문제 등 표면적인 문제로만 알고 있을 때도 많다. 이렇듯 원인은 너무나도 다양하고 복합적으로 얽히고설켜 있어

파악하기 쉽지 않다. 따라서 직원관리에서 성공하기 위해서는 돈과 복지, 워라밸이라는 함정에 빠지지 않고 그 이상의 큰 그림을 넓게 볼 수 있어야 한다.

구글의 초창기 멤버 중 한 명인 알베르토 사보이아는 『아이디어 불패의 법칙』에서 사업의 성공과 실패에 대해 흥미로운 견해를 제시한다. 그는 사업이 성공하려면 A, B, C, D, E… 모든 조건이 동시에 충족되어야 한다고 말한다. 모든 조각이 제자리에 있어야 전체 그림이 완성되는 퍼즐처럼, 사업도 모든 요소가 제대로 작동해야 성공한다는 것이다. 반면 사업의 실패는 훨씬 쉽다고 말한다. 퍼즐의 한 조각만 없어도 전체 그림이 망가지는 것처럼, A, B, C, D, E… 여러 요인 중 단 하나라도 충족되지 않으면 실패한다는 것이다. 예를 들어, 제품은 좋은데 마케팅이 형편없거나 아이디어는 훌륭한데 자금 조달을 하지 못하거나 하면 성공할 수 없다는 것이다. 사업이 실패하는 데에는 경우의 수가 무궁무진하다.

직원관리도 똑같다. 아무리 내가 리더십에 관해 공부를 많이 하고 인간심리에 대해 잘 알아도, 회사 시스템이 그만큼 합리적으로 갖춰져 있지 않다면 직원관리에 실패할 수밖에 없다. 반대로 시스템이 아무리 잘 갖춰져 있어도 인간에 대한 이해도가 낮거나 정작 사장이 제멋대로인 꼰대라면 실패할 수밖에 없다. 직원관리 프로세스 8단계가 모두 충족되어야 직원관리에도 성공할 수 있다.

내가 컨설팅을 하며 가장 난감한 경우는 다른 배경과 맥락에 대한 설명

없이 대뜸 문제 하나를 던져 주고 답을 알려 달라는 식의 질문이다. 예를 들어 "직원들의 자율성과 책임감을 높이기 위해 어떻게 해야 돼요?"라는 질문이다. 물론 여기에 답을 해 줄 수는 있다.

직원들에게 명확한 목표를 설정하고, 그 목표를 달성하기 위한 기대치를 명확히 전달하세요. 처음에는 작은 결정부터 위임하시고 직원들이 의사결정에 익숙해지도록 하세요. 시간이 지나면서 더 큰 결정 권한을 주면서 책임감과 자율성을 점진적으로 확대해 보세요.

그러나 이런 답변은 실질적인 도움이 되지 않을 수 있다. 여러분은 이런 조언을 들었을 때 어떤 생각이 들었는가? 적어도 과거의 나는 누군가에게 이런 이야기를 들었을 때 막막함을 느꼈다. 무슨 말인지는 이해가 가지만, 구체적으로 어떻게 목표를 설정하고 위임해야 할지 감을 잡지 못했다. 그때부터 나는 직원관리의 전체적인 흐름을 파악할 수 있는 일종의 설계도에 대한 갈증을 느꼈다. 아무도 알려 주지 않아 직접 시행착오를 겪으며 이를 그려 나갔다. 여러분은 이렇게 탄생한 직원관리 프로세스 8단계를 차근차근 따라가기만 하면 된다. 각 단계를 제대로 밟아 나가면 추상적으로 들렸던 조언들을 자연스럽게 현실에 적용할 수 있다. 나와 회사에 이를 융화시킬 수 있게 된다. 다시 한번 강조하지만, 개별 문제가 발생할 때마다 그에 딱 맞는 단일 원인을 찾아 해결하려고 하면 스트레스만 쌓이고 해답을 찾기 어렵다. 내가 제시하는 큰 그림을 바탕으로 어느 부분이 부족한지를 파악하는 것이 훨씬 빠르고 효과적으로 답을 찾는 방법이다.

✓ 오답 노트

1. 문제를 하나의 원인으로만 보려는 것은 착각이며, 직원관리 문제는 복합적인 원인에서 비롯된다.

2. 문제를 지엽적으로 보면 핵심 원인을 파악하기 어려우며, 결국 다른 문제가 반복적으로 발생한다.

3. 직원관리 문제를 해결하려면 전체적인 큰 그림을 보고, 모든 요소가 충족되도록 시스템을 구축해야 한다.

[오답 3] 자연스레 나랑 맞는 직원만 남는다

몇 년 전, 직원 네 명 규모의 소독·방역 업체를 운영하던 L 대표님은 깊은 고민에 빠졌다. 소독·방역업은 일의 강도가 높고 대중의 인식이 좋지 않은 3D 업종으로 직원관리에도 어려움이 많았다. 매일 아침 출근길에 직원들의 얼굴을 보면 불안감에 휩싸이곤 했다.

"대표님, 저 드릴 말씀이 있는데요…."

직원들이 할 말이 있다고 하면 혹시나 오늘도 일을 그만두겠다고 말하는 것이 아닐까 두려웠다. 버티다 보면 언젠가 나아질 거라며 자신을 다독이고 하루하루를 버텨 냈다. 하지만 현실은 냉혹했다. 직원들이 입사해 교육을 받고 나면 3개월을 채우지 못하고 퇴사하곤 했다. "또 3개월이야?" L 대표님은 매번 같은 상황에 낙담했다. 직원들이 떠나는 이유를 이해하려고 애썼지만 결국 결론은 항상 '이 일이 너무 힘들어서'라는 변명뿐이었다.

직원 문제와는 별개로 L 대표님의 사업에는 기회가 찾아왔다. 평소 철저하고 세심한 일 처리 덕분에 기존 고객들을 만족시켰던 것이 빛을 발했다. 건너 건너 고객의 소개를 받으며 회사의 일감은 점점 늘어났다. L 대표님은 매일 아침 사무실에 도착하면 가득 찬 스케줄을 확인하며 "아이고 죽겠

네…." 행복한 앓는 소리를 했다. 그가 직접 현장을 다니며 고객들을 만족시키고 신뢰를 쌓아 온 결과였다. 일감은 점점 늘어나는데 처리할 직원이 부족했다. 남은 직원들은 빈틈이 없는 스케줄에 지쳐 가고 있었고, L 대표님 또한 몸에 과부하가 오기 시작했다.

그러다 한 달 뒤, 여태까지의 계약과는 2배 이상 금액 차이가 나는 큰 계약 문의가 들어왔다. 회사의 고정 수익을 크게 늘릴 기회였지만 결국 기회를 잡지 못했다. 도저히 혼자 처리할 수 있는 규모가 아니었다. 결국, 이 기회는 경쟁사에 넘어갔다.

L 대표님의 마음은 답답함과 억울함 그리고 무력감으로 가득 찼다. 직원들이 회사를 떠날 때마다 원망이 쌓여만 갔고 남은 직원들의 더딘 성장에도 답답함이 가득했다. 자기 나름대로 직원들에게 잘해 주고 있다고 생각하니 더 막막했다. "도대체 내가 뭘 더 해야 한다는 거야?" 스트레스가 극에 달하면서 정수리 쪽 머리카락이 빠지기 시작했다. 그는 밤잠을 설치며 앞으로의 계획을 고민했다. 직원이 3개월 만에 퇴사하지 않으려면 무엇을 해야 할지, 자신과 맞는 직원을 채용하기 위해 무엇을 해야 할지, 직원들의 사기를 높이기 위해 어떤 노력을 해야 할지에 대한 생각이 머릿속을 떠나지 않았다. 씻으면서도 생각하고 자기 전에 누워서도 생각했다.

머리를 싸매고 고민해 봐도 답이 나오지 않자 L 대표는 먼저 간 선배들에게 답이 있지 않을까 조언을 구했다. 관련 업계 모임에서 운영진 역할을 맡고 있던 L 대표는 회식 자리를 마련해 직원 30명~50명쯤 되는 업계 선배들에게 물었다.

L 대표: "아니 형님들, 직원들이 자꾸 나가는데 도대체 직원관리를 어떻게 해야 돼요?"
그러자 선배들은 이렇게 얘기했다.

업계 선배: "야, 원래 그래. 직원들 들어왔다 나갔다 하면서 너랑 잘 맞는 직원이 알아서 들어와."

선배들은 시간이 모든 것을 해결해 줄 것이라고 말해 줬다. 과연 그럴까? 그렇게 2년이 지나고 L 대표는 나를 찾아왔다. 직원들의 업무 태도는 오히려 악화됐고 여전히 쉽게 퇴사한다며 푸념했다. 2년 전 사업을 키울 수 있었는데, 준비가 되어 있지 않아서 기회를 잡지 못한 것을 후회한다며 앞으로는 그런 일이 없도록 이제는 정말 바뀌고 싶다고 말했다.

사장이 '직원관리 문제는 시간이 해결해 줄 것'이라는 잘못된 믿음을 가지면 이렇게 된다. 이런 믿음을 가진다면 상황이 절대 나아질 수 없다. 소중한 시간과 기회를 흘려보내면서 그 시간 동안 스트레스만 받는다. 이유는 당연하다. 시간이 해결해 줄 거라는 기대를 가지면 사장인 나의 말과 행동 그 무엇도 바뀌지 않기 때문이다. '시간이 모든 걸 해결해 줄 거야.'라는 얘기는 '직원관리 = 운'이라고 얘기하는 것과 같다. 만약 그렇게 생각하는 사람이 있다면 지금 당장 이 책을 접어도 좋다. 직원관리는 운으로 하는 것이 아니다. 시간이 흐르면 흐를수록 직원관리는 사장의 실력에 수렴한다.

맨바닥에서 사업을 시작해서 전 세계 11개국 3,800여 개 지점, 직원 1만 명 규모로 사세를 키운 스노우폭스 김승호 회장이 지금 다른 사업을 만들면 어떨까? 프랜차이즈 브랜드 25개를 보유하고 직원 1,100명 매출액 3800억 원의 중견기업 CEO이자 한국에서 가장 유명한 요리전문가 백종원 대표가 새로운 사업을 시작한다면 어떨까? 직원관리에 쩔쩔매는 모습을 상상하기 어렵다. 잘하는 게 당연하다. 직원관리 실력에도 레벨이 있어서 한 번 일정 경지에 오른 사람들은 새로운 환경에 놓여도 결국 큰 문제 없이 직원관리를 잘 해낸다.

"주변 사업가들을 보면 그냥 운 좋게 사람 잘 뽑아서 별걱정 없이 일하던 데요?"

이렇게 반문할 수 있다. 물론 세상만사 모든 것이 그렇듯, 직원관리 또한 당연히 운이 개입되는 영역이다. 별 기대 없이 급하게 뽑은 직원이 꽤 오랜 시간 근속하며 싹싹하게 일을 잘해 주는 경우도 있고, 실력도 좋고 의욕적 으로 열심히 할 것 같던 직원이 3일 만에 퇴사하기도 한다. 이럴 때는 정말 내가 통제할 수 없는 영역인 것 같다는 생각이 들기도 한다. 그러나 운 좋 게 훌륭한 직원을 뽑은 사장들도 언젠가 벽에 부딪힌다. 직원이 1명, 2명 늘 어나기 시작하면서 필연적으로 문제에 봉착한다. 내 마음 같지 않은 직원 들이 반드시 들어오기 때문이다. 나와 잘 맞는 직원을 교육하고 끌고 가기는 쉽지만, 나와 다른 직원을 이끌어 가는 일은 결코 쉽지 않다. 그들을 제대로 리드하지 못하면 회사 분위기는 엉망이 된다. 이때 사장 주도하에 확실히 조직을 잡아 놓지 않으면, 열심히 하는 직원들이 오히려 소수가 되고 불편한 상황에 놓인다. 결국, 그런 상황이 지속되다 보면 열심히 하는 직원들이 견디지 못하고 퇴사한다. 운이 좋아 당장은 싹싹하고 마음에 드는 직원과 일하며 직원관리를 능숙하게 할 수는 있어도, 운만으로는 그런 상황을 지속할 수 없다. 사업을 시작한 지 5년, 6년이 되었는데 인제 와서 직원관리가 어렵다면서 찾아오시는 사장님들이 부지기수다. 초반에는 운이 좋아 훌륭한 직원들을 만났으나, 점점 내 마음 같지 않은 직원들이 들어오며 혼란을 겪는 케이스다. 결국, 직원관리는 사장의 실력에 달려 있다.

중국 송나라에 부지런한 농부가 있었다. 어느 날, 농부가 밭을 열심히 갈고 있는데 '쿵!' 하는 소리가 들렸다. 밭 가운데에 있던 나무 그루터기에 토끼 한 마리가 머리를 박고 목이 부러져 죽은 것이다. 농부는 횡재했다고 생각하며 집으로 돌아와 가족들과 함께 맛있는 토끼고기를 먹었다. 다음 날 농부는 땀을 뻘뻘 흘리며 밭을 갈다 문득 이런 생각이 들었다. '밭을 가는 것은 힘들고 오래 걸리잖아. 굳이 그러지 말고 차라리 토끼가 그루터기에 부딪혀 죽기를 기다려야겠다!' 그날부터 농부는 밭일을 접어 둔 채로 아무 일도 하지 않고 그늘에 앉아 토끼만 기다렸다. 그러나 시간이 지나도 토끼가 제 발로 죽어 주는 일은 생기지 않았다. 농부는 뒤늦게 밭일을 다시 시작하려고 했으나 이미 잡초가 우거져 1년 농사를 모두 망치고 말았다.

나는 여러분들이 직원관리에 있어서 위 이야기의 농부처럼 되지 않았으면 좋겠다. 운은 일시적이고 실력은 지속 가능하다. 요행을 바라지 않았으면 좋겠다. 나랑 맞는 직원을 만나려면 가만히 손 놓고 기다리는 것이 아니라 직원관리를 공부하고 배워서 내가 직접 써먹어 봐야 한다. 혼자 시행착오를 겪으며 깨우치기엔 너무나도 오랜 시간과 에너지가 소모된다. 직원관리는 한번 배워 두고 내 것으로만 만들면 평생 쓸 수 있는 나만의 무기가 된다. 인간의 심리를 다루는 것이기 때문에 일반적인 대인관계에서도 유용하게 쓰일 수 있다.

사장인 내가 먼저 배워서 바뀌어야 한다. 가만히 있으면 있을수록 직원들의 마음은 떠난다. 시간이 해결해 줄 것이라고 착각하면서 직원관리를 배우거나 변화하려고 하지 않으면 아무것도 나아지지 않는다. 직원을 바라보는 내 스트레스만 쌓여 간다. 그런 면에서 이 책을 읽고 배우려는 독자분들을 응원한다. 귀찮고 방법을 모르겠다며 포기하지 말고 끝까지 이 책의 내용을 읽고 실천해 보길 바란다. 사장이 손 놓고 가만히 있는데 알아서 좋은 문화가 생기고, 직원이 동기 부여된 상태로 일하는 경우는 없다.

✓ 오답 노트

1. 사장이 직원관리에 손을 놓고 있으면 직원관리는 점점 어려워진다.

2. 운이 좋다면 잠깐은 큰 문제가 없을지라도, 직원관리 실력이 없다면 언젠가 문제가 생긴다.

3. 따라서 사장이 직원관리에 대해 배우고 스스로 적용해 보며 실력을 쌓아야 한다.

[오답 4] 작은 회사는 끈끈한 문화가 제일 중요하다

나는 가끔 아무 계획도 없이 훌쩍 1박 2일 여행을 떠나곤 한다. 강원도나 부산, 제주도 어디든 마음이 내키는 곳으로 떠난다. 여행의 경험이 축적되면서 생긴 나만의 노하우가 있다. 개인 카페를 가기 전에는 문을 열었는지 반드시 미리 확인한다. 분명 지도 앱에는 영업 중이라고 나와서 부랴부랴 찾아갔더니 허탕 친 경험이 너무 많다. 그럴 때마다 나는 개인 카페의 사장님과 작은 회사의 사장님들이 참 비슷하다는 생각을 하곤 했다.

10인 이하 작은 회사의 사장들이 가장 많이 하는 실수가 명확한 체계나 시스템 없이 주먹구구식으로 운영한다는 것이다. 아직 작고 영세하다는 이유로 원칙과 기준 없이 의사결정을 내린다. 사장이 내키는 대로 오늘은 이렇게 했다가 내일은 저렇게 한다. 사장 마음대로 움직인다. 사장 입맛에 따라 이리저리 휘둘리며 꼭두각시처럼 일하고 싶은 직원은 없다. 한 가지 재밌는 사실은 대부분의 사장님도 이에 대해 솔직하게 인정한다는 것이다.

"저희가 아직 규모가 작아서 체계가 없어요."
"제가 대기업을 안 다녀 봐서 시스템이 없어요."

사실 당연한 얘기다. 규모가 작은 회사에서 체계적인 시스템이 있는 것이 오히려 놀라운 일이다. 심지어 대기업조차 완벽한 시스템으로 운영되지 않는다. 여러분의 기대와 다르게 사람 냄새 물씬 난다. H그룹에 입사했을 때 나는 자동화된 시스템 속에서 편안하게 할 일만 하면 되는 걸 상상했다. 그런데 입사 후 가장 많이 했던 말이 "이 일 왜 이렇게 하는 거예요?"였다. 큰 틀만 주어져 있을 뿐 세밀한 작업은 전부 사람이 했다. 경제 5단체 중 한 곳에서 일할 때도 마찬가지였다. 뛰어난 인재들이 부족한 시스템을 커버하는 형국이었지, 절대 시스템으로 모든 것이 돌아가지 않았다. 시스템을 개선하는 것이 일이라고 봐도 무방했다. 현대차, 삼성SDI, LG화학, SK 등 내로라하는 탑티어 대기업에 다니는 동료, 친구들 또한 입을 모아 시스템의 부재를 사람이 메우고 있다고 얘기한다.

어쨌든 그만큼 작은 회사에서 시스템이 갖춰지지 않은 것은 당연한 면이 있다는 것이다. 그것 자체가 큰 문제는 아니다. 진짜 문제는 따로 있다. 시스템이 없는 것을 인정하면서도 그 대안으로 '조직문화'를 찾는 것이다. 10명 중에서 9명은 이렇게 얘기한다.

"저희가 체계는 없지만 그래도 문화가 좋아요."
"가족같이 회식도 하고 서로 친하게 지내려고 해요."

이런 분들은 가족처럼 지내고 같이 워크숍도 가고 수평적으로 지내는 등 문화에 집중한다. 요즘 스타일이라면서 약간의 자부심도 느낀다. 명심해야 할 것이 있다. '조직문화'는 단순히 좋아 보이는 것이 아니다. 같이 회식하고 영화 보고 노래방 가고 인생네컷 찍고 이런 것만 문화가 아니다. 조직문화에서 가장 중요한 것은 '일'을 다루는 체계다. 일에 대해 어떻게 생각하는지, 일을 어떻게 나누는지, 일은 어떤 순서로 하는지 등에 대한 믿음이다. 회사는 각자 자신의 역할을 하는 사람들이 협력해서 결과물을 내는 집단이다. 조직문화 안에는 일의 체계와 그에 대한 모든 구성원의 암묵적인 믿음이 들어가 있어야 하는데 그건 쏙 빼고 친해 보이는 것에만 집중한다면 문제가 해결될 리 없다.

원칙, 기준도 없이 주먹구구로 운영하며 문제가 생겼는데 조직문화로 해결하려고 하는 것이 얼마나 엉뚱한가. 팔다리가 가려운데 등을 긁는 것과 마찬가지다. 이럴 때 등을 아무리 세게 긁어 줘 봤자 팔다리가 가려운 문제는 해결되지 않는다. 시스템이 없어서 문제가 생겼다면 회사에 시스템을 만드는 것으로 해결해야 한다.

아무리 인간적으로 친해져도 주먹구구식으로 일하는 회사는 결국 배우는 게 없다며 떠날 수밖에 없다. "사람들은 좋은데…. 딱히 배우는 게 없고 미래가 안 보여요." 최근에도 한 직장인 후배가 했던 이야기다. 여러분의 직원들이 뒤에서 이런 얘기를 하지 않길 바란다면 지금이라도 시스템을 하나하나 만들어야 한다. 다음의 실제 사례를 보면서 왜 끈끈함만으로 직원관리가 해결되지 않는지 알아보자.

직원 3명과 함께 작은 IT 스타트업을 운영하는 J 대표는 처음 회사를 설립했을 때부터 직원들과 끈끈한 유대감을 중요하게 여겼다. 주기적으로 팀 빌딩 활동을 하고 좋은 분위기를 유지하는 데 큰 노력을 기울였다. 매달 첫째 주 금요일에는 회사 근처의 카페에서 다 함께 브런치를 즐기며 서로의 고민을 나누는 시간을 가졌다. 또한, 분기마다 팀워크를 다질 수 있는 다양한 활동을 조직했다. 예를 들어 여름에는 일명 '빠지'로 놀러 가 액티비티를 즐겼고, 겨울에는 워크숍을 겸한 스키 여행을 계획했다. 직원들이 즐겁게 참여할 수 있도록 했다.

J 대표는 사무실 내에 '오픈 도어' 정책을 도입하여 언제든지 직원들이 자신에게 다가와 이야기를 나눌 수 있도록 했다.

그러나 시간이 지남에 따라 문제가 발생하기 시작했다. 회사가 성장하면서 프로젝트와 업무의 양이 급격히 늘어나게 되었고, 업무가 복잡해졌다. 직원들은 각자 자신의 업무를 처리하기 위해 애썼지만, 명확한 업무 프로세스와 역할 분담이 없어서 혼란이 생기기 시작했다.

마케팅 담당 직원은 이렇게 말했다. "처음에는 회사 분위기가 좋아서 정말 열심히 일했어요. 하지만 회사가 커지면서 누가 어떤 일을 해야 하는지, 어떤 순서로 일을 처리해야 하는지 명확하지 않아서 스트레스를 받기 시작했어요. 온종일 일했는데도 일이 제대로 진행되지 않는 것 같았고, 내가 하는 일이 정말 중요한지도 의문이 들더라고요."

개발 담당 직원도 비슷한 문제를 겪었다. "모든 것이 즉흥적으로 진행되다 보니, 중요한 프로젝트가 시작된 지 얼마 안 돼서 방향이 바뀌거나 우선순위가 바뀌는 경우가 많았어요. 이렇게 일하다 보니, 내가 정말 이 회사에서 성장하고 있는 건지 의문이 들었어요. 회사가 진짜 성장할 수 있을까 싶기도 하고요."

결국, 직원들의 불만은 커져만 갔고 몇몇 핵심 인재들은 고민 끝에 퇴사하기 시작했다. J 대표는 창업할 때부터 함께했던 직원들이 회사를 떠나는 것을 보며 큰 충격을 받았다. 그는 자신이 좋은 문화를 만들기 위해 노력했지만, 체계적인 관리와 명확한 업무 프로세스가 얼마나 중요한지 간과했다는 것을 깨달았다.

퇴사한 직원들과의 인터뷰에서 공통으로 나온 이야기는 "좋은 회사 분위기와 끈끈한 유대감도 중요하지만, 체계적인 업무 관리와 명확한 역할 분담이 더 중요하다."라는 말이었다. 직원들은 자신이 어떤 일을 해야 하고, 그 일을 어떻게 해야 하는지 명확히 알고 싶어 했으며, 그런 구조가 없는 회사에서는 오래 일할 수 없다고 했다.

끈끈함도 중요하지만 그게 직원관리의 전부가 아니다. 작은 회사일수록 더 꼼꼼하고 더 철저하고 더 치밀해야 한다. 대기업이 주먹구구식으로 운영하면 '여긴 돈도 잘 벌면서 어떻게 이러지?' 하고 넘어가지만 작은 회사가 주먹구구식으로 운영하면 '이럴 줄 알았어. 회사가 작으니까 체계도 없고 배울 것도 없네.'라고 생각한다. '너무 작은 회사라 배울 것이 없으면 어떡하지?'라는 직원들의 입사 전 우려가 현실이 될 때, 비로소 그들은 회사를 떠날 마음을 먹는다.

✓ 오답 노트

1. 조직문화가 좋다는 것은 단순히 구성원들 간 친밀한 관계만 의미하지 않는다.
2. 조직문화는 '일'에 대한 일치된 생각과 믿음이 포함돼야 한다.
3. 작은 회사일수록 체계를 꼼꼼히 잡아야 한다.

[오답 5] 직원들을 일일이 신경 쓰는 건 비효율이다

여러분들은 같이 일하는 직원들이 무슨 생각인지, 무슨 마음인지 아는가? 내가 만난 사장님들의 십중팔구는 도저히 모르겠다고 말했다.

"요즘 애들은 무슨 생각하는지 모르겠어요."
"도대체 무슨 생각인지 이해가 안 돼요."

심지어는 그걸 아는 게 그렇게 중요하냐고 반문하는 사장님도 있었다.

"그걸 언제 다 생각하고 있어요."
"괜히 얘기해 보면 머리만 아파요."

아무리 생각해 봐도 뭔가 이상하다. 사장은 직원들을 내가 원하는 방향으로 이끌어야 한다. 그런데 직원들이 무슨 생각을 하는지도 모르는 상태로 직원들을 잘 이끈다는 게 말이 되는 걸까?

초등학교 5학년쯤이었다. 방학 숙제였는지 그냥 숙제였는지 모르겠지만 학교에서 식물을 키워 오라고 했다. 당시 큰 문방구에는 원예 코너가 따로 있었다. 거기서 이름을 들어 본 몇몇 식물 씨앗과 화분을 샀다. 동네 공원을 들러 씨앗을 심고 흙을 손으로 퍼서 화분에 가득 채웠다. 비록 숙제였지만 내 인생 첫 반려식물이라는 특별한 마음이 들어 식물들에 정성을 다했다. 매일 아침 인사를 건네고 물을 주고 해충이 생기진 않을지 확인했다. 큰 노력과 시간을 썼다. 식물들은 처음엔 잘 자라는 듯싶다가 어느 새부턴가 꽃들이 활짝 피지 않고 시들어 갔다. 식물들에 정성을 쏟았는데 왜 이렇게 시드는지 몰라 당황스럽고 속상했다. 내 마음을 몰라 주는 식물들에 괜히 서운한 마음이 들었다. 그때 이후로 나는 식물 기르는 것에 흥미가 뚝 떨어져 잘 자라고 있는 식물들마저 방치했다.

나중에 알고 보니 식물마다 필요한 일조량과 물이 달랐는데 나는 그걸 간과했다. 해바라기는 더 많은 햇빛이 필요했고 수국은 물을 더 자주 줘야 했다. 수국이 습기를 좋아하는 식물이라는 것도 모르고 키웠다. 식물을 건강하게 잘 자라게 하려면 식물들의 특징과 상태를 제대로 알고 있어야 했다. 그리고 하나하나 신경 써 줄 필요가 있었다. 햇빛은 제대로 받고 있는지, 물의 양이 적지는 않은지.

최근 다시 식물들을 기르기 시작하면서 직원관리도 식물 키우기와 비슷한 성격을 가지고 있다는 생각이 들었다. 직원들은 각자 다른 동기와 가치관을 가지고 살아간다. 당장 돈이 시급한 직원에게 더 많은 권한과 책임을 준다고 열심히 일하거나 쭉쭉 성장하지 않는다. 주도적으로 아이디어를 내고 성취감을 느끼고 싶은 직원에게 시키는 대로만 열심히 하라고 하면 월급을 올려 줘도 진심으로 일에 몰입하지 못한다. 아무리 생색내 봐야 무의미하다.

그래서 직원관리를 잘하기 위해서는 우선 직원들이 일하면서 어떤 마음이 드는지, 어떤 생각을 하며 살아가는지 알아야 한다. 어떤 직원은 미래에 본인 사업을 하고 싶어 할 수 있다. 어떤 직원은 한 분야의 전문가가 되어서 인정받고 싶을 수 있다. 아니면 최대한 편안하고 안정적으로 일하고 싶어 할 수도 있다. 이렇게 개인의 방향성을 알고 있다면 거기에 가장 적합한 업무나 환경을 제공할 수 있다. 또한, 직원들이 특정 업무를 할 때 비효율적이라고 느끼는 부분이 있다고 말해 준다면 그것에 맞게 부족한 프로세스를 개선할 수도 있다. 이야기를 나누면서 나와 아예 가치관이 맞지 않는 직원이 있다는 것도 확실히 알아차릴 수 있다.

직원들의 마음을 알아 가려는 시도만으로 얻을 수 있는 것이 이렇게 많다. 그런데 대다수의 사장님이 직원들의 생각을 모르고 알려고도 하지 않는다. 어떻게 하면 같은 돈 주고도 더 열심히 부려 먹을 수 있을지만 생각한다. 나를 도와주는 도구쯤으로 생각하는 사장님도 많이 보았다. 혹은 괜히 그들의 속마음을 알았다가 뭔가 해 줘야만 할 것 같은 부담감이 생길까 봐 알려고 하지 않는 경우도 있다.

전문상담사처럼 직원들의 마음을 하나도 놓치지 말고 이해하고 공감해 주라는 얘기가 아니다. 마음 상태를 들여다보고 분석하고 상담해 주라는 얘기도 아니다. 태도에 관한 이야기다. 직원 입장에서 생각해 보는 태도를 가지라는 것이다. 많은 사람이 고객 관점으로 생각하라는 마케팅계 격언은 진리라고 여긴다. 그러나 이상하리만치 직원관리할 때만큼은 직원 관점에서 생각해 보지 않는다. 고객은 중요하고 직원은 중요하지 않다는 심리가 바탕에 깔려 있기 때문은 아닌지 스스로 되물어 볼 필요가 있다. 마케팅이나 직원관리나 본질은 사람의 마음을 움직이는 것이다. 직원관리도 잘하려면 철저히 직원 입장에서 생각해 봐야 한다. 다시 한번 말하지만, 이는 기술의 문제가 아니라 태도의 문제다.

"직원 입장에서 생각하면 직원들의 의견에 휘둘리는 호구가 되는 거 아닌가요?"

현대 경영학의 아버지라 불리는 피터 드러커Peter Drucker는 마케팅을 잘하고 싶다면 철저히 고객 입장에서 생각해 보라고 말한다. 우리는 그 말을 듣고 이윤이 남지 않아도 고객한테 전부 퍼 주라는 얘기로 오해하지 않는다. 마찬가지로 직원의 마음을 생각하고 알아보는 것 또한 회사의 성장에 도움이 되지 않는데 직원에게 무조건 맞춰 주라는 말이 아니다.

"직원들 마음도 모르고 직원관리한다는 게 이상한 건 알겠어요."
"그래도 직원들에게 일일이 신경 쓰는 게 비효율적인 것 아닌가요?"

여러분이 30명 이상의 회사를 이끌고 있다면 관리자, 리더급 직원들이 그 역할을 하는 게 더 효율적이다. 그만큼 많은 사람을 동시에 챙긴다는 것은 물리적으로 불가능하다. 그러나 10인 이하 작은 조직이라면 직원들이 무슨 생각을 하고 어떤 감정을 느끼고 있는지 지속해서 체크하고 확인할 필요가 있다. 그게 궁극적으로 더 효과적이고 효율적인 방법이기 때문이다. 회사 생활에 대한 불만과 불편함을 말하지 못하고 끙끙 앓다 퇴사해 버리는 직원들이 정말 많다. 개별적인 관심을 준다면 문제를 조기에 발견해서 신속하게 대응할 수 있었음에도 말이다. 관심은 직원 간 갈등이나 파벌, 집단 퇴사 등 더 심각한 문제가 발생하는 것을 막아 주고 직원들의 근무 만족도를 높인다.

직원들이 겪는 문제를 모두 해결해 주려고 생각하면 부담스러울 수 있다. 우리는 어차피 슈퍼맨이 아니다. 현실적으로 해결해 줄 수 없는 문제도 많다. 그러나 적어도 알기 위한 관심을 갖기 시작하고, 내가 할 수 있는 선에서 최선을 다해 도와줄 수는 있다. 그것만으로도 직원들은 진정성을 느낀다. 물론 초기에는 직원들의 마음을 듣는 데까지 시간이 걸릴 수 있다. 사람의 마음이라는 것이 컴퓨터로 다운로드 받듯이 클릭 몇 번 하고 몇 초만 기다리면 얻을 수 있는 게 아니다. 직원들과 면담을 하다 보면 '이 시간에 차라리 내가 일을 더 하면 매출이 더 오를 것 같은데….'라고 생각하기 쉽다. 그러나 장기적인 관점에서 바라보자. 나는 사장과 직원이 묘한 긴장감 속에 적대적으로 지내는 회사에서도 일해 봤고, 사장과 직원이 한 팀으로 지내는 회사에서도 일해 봤다. 그 둘의 성과 차이는 시간이 갈수록 벌어진다. 초반에만 약간의 시간과 노력이 필요할 뿐이다. 직원들의 성향, 가치관, 마음을 한 번 파악해 놓으면 그다음부터는 쉽다. 이전과 달라진 점은 없는지 체크만 하면 된다. 처음 풍선을 불 때가 어렵지, 이미 불었던 풍선을 다시 부는 것은 비교적 쉬운 것과 똑같다.

작은 회사의 가장 큰 장점 중 하나가 직원들을 개별적으로 관리할 수 있다는 점이다. 큰 회사에서는 직원들에게 메시지를 주고 싶어도 방법이 마땅치 않다. 단체 교육을 하면 딴짓하고, '사장의 말'과 같은 공지 글을 올리면 제대로 확인도 하지 않는다. 나중에 직원들끼리 "사장님이 그런 얘기를 했었어?"라고 하기 일쑤다. 시간을 내서 소통을 해 보려 해도 사장과 심리적 거리가 멀어 쭈뼛대다 솔직히 얘기하지도 못한다. 반면 작은 회사에서는 개별적인 피드백을 통해서 빠르게 성장할 기회가 많다. 직원으로서도 내 삶과 커리어와 생활에 대해 같이 고민해 주는 인생의 선배는 고마운 존재일 수밖에 없다. 큰 회사에서는 쓰고 싶어도 쓰지 못하는, 작은 회사만 누릴 수 있는 특별한 메리트라는 점을 기억하자. 작은 회사에서 직원들 이야기에는 관심도 없고 부품처럼 사용한다면 이것이야말로 정말 비효율적인 직원관리 방법이다.

"직원들이 불만만 얘기할 것 같은데 그걸 다 들어 줘야 하나요?"

어떤 이야기든 들어 보는 것은 좋다. 오히려 이야기를 듣다 보면 객관적으로 우리 회사의 문제가 무엇인지 알 수 있다. 어차피 모든 문제를 다 해결해 줄 수는 없다. 부담감을 버리고 그런 점이 어려울 수 있겠다며 인정해 주자. 혹시라도 직원들이 불만을 얘기하더라도 서운해하거나 답답해하거나 너무 감정을 섞지 마라. 직원들의 마음을 아는 것도 경영을 잘하기 위한 하나의 수단일 뿐이다. 감정이 섞이기 시작하면 필연적으로 상처를 받을 수밖에 없다. 상처받기 시작하면 직원관리 자체가 무섭고 부담스럽게 되어 버릴 수 있으니 조심하자. 직원들이 불만을 얘기했을 때는 혼자 해결하려고 하지 말고 현실적인 개선 방안에 대한 의견을 내달라고 제안해 보자. "현재 이러한 상황인데, ○○ 씨는 어떻게 바뀌면 일하기 좋아질 것 같으세요?" 이렇게 같이 생각해 보자고 얘기해 보는 게 바람직하다. 이래야 내 부담감도 덜어 내고 직원들도 한번이라도 더 생각해 보고 얘기할 수 있다. 이때 아무리 봐도 당장 도와줄 수 없는 문제라면 빠르게 돕기 어렵다고 이야기해야 한다. 만약 해결해 줄 것 같은 뉘앙스로 말했는데, 정작 상황이 나아지지 않는다면 직원들은 회의감에 빠지고 다음부터는 이런 생각과 함께 아무런 말도 하고 싶어 하지 않는다. "어차피 얘기해도 안 바뀌는데 뭘."

수십 년째 스테디셀러로 팔리고 있는 『설득의 심리학』에는 '호감의 법칙'이라는 개념이 나온다. 끌리고 호감 가는 사람을 따르고 싶어 하는 인간 심리를 설명하며 이렇게 얘기한다. '내가 좋아하는 사람이 적정 수준의 가격에 무엇을 팔면 대부분 그냥 산다'. 직원들도 똑같다. 내가 좋아하는 사장이 적정 수준의 가격에 일자리를 제공하면 대부분 그냥 다닌다. 직원의 마음을 알아야 마음을 살 수도 있다.

✓ 오답 노트

1. 직원들이 무슨 생각을 하는지, 어떤 마음을 가지고 있는지 알아야 효과적으로 이끌 수 있다.

2. 직원관리에서 중요한 것은 직원들의 마음을 이해하고 관심을 가지는 태도다.

3. 작은 회사일수록 직원들의 생각과 감정을 지속적으로 체크하고 대응하는 것이 더 효과적이다.

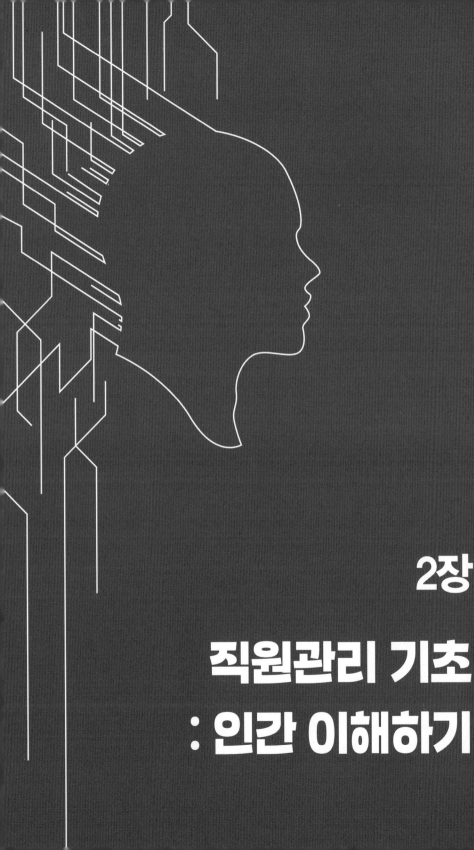

2장

직원관리 기초
: 인간 이해하기

인간을 정복해야 직원관리를 잘할 수 있다

[1장. 직원관리 입문: 오답 피해 가기]에서 우리는 일종의 지뢰 찾기 게임을 했다. 직원관리를 하면서 흔히 저지르는 실수나 잘못(지뢰)을 하나하나 집중적으로 살펴본 것이다. 앞으로 지뢰만 피해 간다면 게임은 계속될 수 있다. 즉, 직원관리를 하면서 치명적인 문제는 발생하지 않을 것이다.

2장에서는 본격적으로 직원관리의 기초를 배울 것이다. 직원관리를 잘하기 위해 가장 먼저 해야 할 일은 '인간'을 이해하는 것이다. 이미 2,500년 전 손자병법에서 "지피지기면 백전불태"知彼知己 百戰不殆라고 했다. 사장인 나도, 직원도 모두 인간이다. 인간이 어떤 원리로 생각하고 행동하는지 알아야 어떤 상황에서도 흔들리지 않을 수 있다.

인간이라는 생명체의 행동심리, 사고 알고리즘을 이해해야 리더로서 어떤 마음가짐을 가져야 하는지 알 수 있다. 나아가 직원들이 도대체 왜 저렇게 행동하는지도 알 수 있다.

인간을 알지 못하고 직원관리를 잘할 수는 없다.

1단계_리더 마인드셋: '리더'를 이해한다

리더십은 모든 조직의 성공에 필수불가결한 요소다. 리더의 행동과 사고 방식은 조직 전체의 성과와 분위기에 직접적인 영향을 미친다. 그러나 한국에서는 "사장 리더십은 이래야 한다"라고 깊이 있게 가르쳐 주는 사람이 많지 않았다. 여태까지 우리는 사람을 대하는 소프트 스킬Soft Skill보다는 생산, 마케팅, 회계 등 일을 대하는 하드 스킬Hard Skill에 대해서만 주로 배워 왔다.

이에 이번 1단계에서는 '리더'에 대해 깊이 있게 이해하는 시간을 가질 것이다. 리더 마인드셋을 이해하는 것은 효과적인 직원관리를 위한 첫 번째 필수 조건이기 때문이다.

리더가 된다는 것은 단순히 높은 위치에 오르는 것이 아니라, 그 자리에 걸맞은 마음가짐과 태도를 가지는 것을 의미한다. 많은 이들이 리더십을 타고나는 것으로 오해하지만, 사실 리더십은 배워야 하고, 지속적으로 발전시켜야 하는 능력이다.

이번 1단계를 통해 여러분이 리더로서의 역할과 책임을 명확히 인식하고, 리더십을 향상시키는 데 필요한 다양한 전략과 방법을 습득하길 바란다. 이 장에서 얻은 통찰은 앞으로의 모든 단계에서 유용하게 활용될 것이다.

바보야, 문제는 사장이야

살다 보면 가끔 문득 내 행동이나 표정이 아버지와 똑같아 놀랄 때가 있다. 나도 모르게 어머니의 사소한 표현이나 말버릇을 그대로 따라 하고 있음을 발견하기도 한다. '아이는 부모의 거울'이라는 말을 무섭게 실감한다. 부모의 말과 행동은 우리가 생각하는 것 이상으로 아이의 언행에 지대한 영향을 끼친다.

회사는 사장의 거울이다. 사장이 어떤 사람이냐에 따라 회사가 달라진다. 피트니스 사업을 하시는 N 대표님은 성격이 시원시원하고 유쾌했다. 함께 일하는 직원들 역시 유머러스했고 매장 분위기는 밝고 활기찼다. 반면 건축 디자인 사무실을 운영하시는 S 대표님은 진지하고 신중하다. 사무실 분위기는 차분하고 직원들은 세심했다. 작을수록 사장의 영향력은 더욱 커진다. 그래서 작은 회사는 사장의 거울 수준을 넘어서 '사장 그 자체'라고 봐도 무방하다. 사장의 가치관과 세계관, 신념, 습관, 행동 등이 회사의 모습으로 고스란히 드러난다.

IT 업계에는 "Garbage-In, Garbage-Out"이라는 오래된 격언이 있다. 직역하면 "쓰레기가 들어가면, 쓰레기가 나온다."라는 뜻이다. 즉, 불필요하거나 품질이 낮은 정보를 입력하면, 기대에 못 미치는 결과가 출력될 수밖에 없다는 의미다. 이 원리는 컴퓨터나 AI 분야를 넘어 우리 삶 전반에 적용될 수 있다.

건강한 음식을 먹어야 건강한 신체를 가질 수 있고, 꾸준히 운동해야 튼튼한 근력을 얻을 수 있고, 다양한 경험을 도전해야 성장할 수 있다. 반면, 매일 누워만 있는 사람은 건강을 해치고, 부정적이고 자극적인 정보만 소비하는 사람은 생산적인 사고를 하기 어렵다. 이는 누구나 아는 사실이지만, 많은 이들이 알면서도 실천하지 못해 괴로워한다. 사람들은 대충 살면서도 돈은 많이 벌고 싶길 원하고, 매일 야식을 먹으면서도 다이어트에 성공하길 원한다. 사람들의 이런 욕망에 휘둘려 자신의 인풋보다는 늘 만족스럽지 못한 아웃풋에만 집착한다. 사장들도 다를 바 없다.

"직원이 일머리가 없어서 답답해요."
"직원들끼리 또 싸웠어요."
"직원이 카톡도 읽씹하고 자꾸 대들어요."

이렇게 마음에 들지 않는 아웃풋(결과)에 대해 푸념한다. 하지만 GIGO의 원리를 떠올려 보자. 아웃풋이 엉망이라는 것은 인풋이 적절하지 않았다는 뜻이다. 따라서 아웃풋이 마음에 들지 않을 때는 '내가 어떤 잘못된 인풋을 했을까?'라고 생각을 전환해야 한다. "결과가 도대체 왜 이렇게 나왔지?"라고 출력 단계에서 고민하며 에너지를 소모할 것이 아니라, "우리가 어떤 데이터를 넣었지?"라고 입력 단계에서 생산적인 논의를 해야 한다. 사장은 교육 체계가 제대로 없어도 직원들이 알아서 빠르게 적응해 주길 바라고, 성과 관리 체계가 없어도 스스로 동기 부여하며 성취해 내길 바란다. 하지만 사장의 역할은 시스템을 만들고 사람을 관리하는 것이다. 만약 조직에 문제가 생겼다면 사장이 시스템을 제대로 구축하지 않았거나, 사람을 적절히 관리하지 못했다고 봐야 한다.

일머리가 없는 직원을 뽑았다면 채용 기준과 면접 체계를 점검해 봐야 한다. 직원들끼리 싸웠다면 회사의 일관성 있는 문화나 명확한 규칙이 있는지 살펴봐야 한다. 어떤 문제가 발생하든 사장은 자신의 언행과 회사의 시스템(인풋)부터 점검해야 한다.

한 성공한 사업가는 극단적으로 이렇게까지 이야기하기도 한다.

"사장이라면 전쟁 빼고는 다 내 탓이라고 생각해야 한다."

실제 사장의 탓이 아닐지라도, 이런 사고방식이 문제를 해결하는 데에 도움이 되기 때문이다. '그래서 지금 내가 어떻게 행동해야 하지?'라는 '나' 관점을 가질 때 비로소 문제 해결의 실마리를 찾을 수 있다. 대부분의 문제가 해결되지 않는 이유는 '어떻게 하면 저 직원을 바꿀 수 있을까?'라는 '너' 관점에서 변화를 주려고 하기 때문이다.

직원관리에는 수많은 요인이 작용하기 때문에 인과관계를 파악하기 어렵다. IBM의 컨설턴트 데이브 스노든Dave Snowden이 개발한 문제 해결 모델인 커네빈 프레임워크Cynefin framework에 따르면 인과관계가 복잡한 문제는 '조사-분석-대응' 순으로 해결해야 한다. 그러나 직원관리 문제는 조사 단계부터 난관에 봉착한다. 직원한테 왜 성과가 떨어졌는지, 왜 지각하는지, 왜 불성실한지, 왜 대드는지 등 직접 조사를 해 봐야 하는데, 직원이 솔직하게 말할 리 만무하다. 직원의 마음을 들여다볼 수 있는 기계가 발명되지 않는 이상 문제의 원인을 조사하기는 어렵다.

그래서 우리는 더욱 자신에게 집중해야 한다. 문제의 원인을 정확히 알 수 없고 직원을 통제할 수도 없다. 우리가 통제할 수 있는 것은 오직 우리 자신뿐이다. 통제 가능한 영역에만 집중하자. 책임을 찾지 말고 대안을 찾아라.

리더십이라는 환상 부수기

———

'리더십'이라는 단어에 대해 한국 사람들은 일종의 환상을 가지고 있는 것 같다. "리더십 하면 누가 떠오르세요?"라고 물으면 이순신, 세종대왕과 같은 역사 속 위인들이나 대통령, 대기업 회장처럼 일반 사람들과 거리가 먼 용감하고 언변이 좋은 인물들을 말한다.

이런 고정관념 때문에 사장, 대표라고 할지라도 대부분 본인이 타고난 리더라고 생각하진 않는다. 10인 이하 작은 회사를 운영하는 사장에게 필요한 리더십이 위인과 정·재계 거물들의 무언가일까? 우리에게 필요한 건 그런 전설적인 무언가가 아니다. 당신은 위인이 되려고 이 책을 읽는 게 아니다. 그저 우리 직원들이 최대한 성과를 잘 내고, 나도 직원도 만족하면서 우호적인 관계 속에서 스트레스 없이 일할 수 있게 만들려고 읽는 중일 것이다.

그렇다면 리더십은 신비하고 대단한 것이란 인식부터 산산조각 내자. 참고로 내가 말하는 리더십은 '내가 원하는 방향으로 상대방이 자발적으로 움직이게끔 만드는 힘'이다. 엄청난 무언가가 필요할 것 같지만 그렇지 않다. 리더십은 그저 몇 가지 좋은 습관의 집합이다.

당신이 타고난 리더가 아닌 평범한 사람이라고 생각하면서도 직원들을 잘 이끌고 싶다면 아래 다섯 가지 좋은 습관부터 기르라. 이것만 잘해도 직원들의 사장에 대한 불만이 80%는 사라질 것이다.

1. 짧게 말해라

직원관리에 어려움을 겪는다며 내게 찾아온 대표님들을 보면 대체로 말이 길다. 말이 길어질수록 메시지는 희미해진다. '그래서 무슨 말씀을 하고 싶으신 거지?'라는 생각이 절로 든다. 머리가 아프다. 상대방이 전달하고 싶은 핵심 메시지가 무엇인지를 파악하느라 에너지를 소모한다.

인지심리학자 대니얼 J. 레비틴Daniel J. Levitin의 저서 『정리하는 뇌』에 따르면 인간의 뇌는 늘 '절전모드' 상태다. 70kg 성인 남성 기준 뇌의 무게는 약 1.4kg이다. 물리적으로는 신체의 2%에 불과하지만, 뇌의 에너지 소모량은 전체 에너지 소모량의 20%를 차지한다. 연비가 최악인 기관이다. 그래서 인간은 연비 문제를 해결하기 위해 뇌의 에너지 소모를 최소화하도록 진화했다. 진짜 중요하다고 생각되는 정보에만 반응하고 불필요한 정보는 걸러 듣는다. 교장 선생님 훈화 말씀에 집중하기 어렵고 하품이 나오는 것도 뇌가 '절전모드'라는 증거다. 결론적으로 여러분의 중언부언 긴 이야기들은 직원들에게 사실상 '소음'에 가깝다.

나는 대표님들의 이야기를 듣는 게 직업인 사람이다. 나도 말이 긴 대표님들과 대화하다 보면 머리가 아픈데 직원들은 눈치까지 보느라 얼마나 더 힘들겠는가? 여러분들의 말이 소음이 되기 싫다면 메시지만 명쾌하게 전달해라.

"짧게 말해도 직원들이 제대로 알아들을까요…?"

걱정되고 불안하다면 어떻게 이해했는지 마지막에 되물어보면 된다. 이해하지 못한 것 같다면 그때 설명해도 늦지 않다.

"저도 짧게 말하고 싶은데 쉽지가 않아요."

이렇게 알면서도 말이 길어지는 사람들은 어떻게 해야 할까? 먼저 왜 그렇게 되는지 살펴보자. 가장 큰 원인은 즉흥적으로 말하는 습관이다. 많은 리더가 무언가 생각나자마자 직원을 불러서 바로 말한다. 이것만 고쳐도 된다. 어떤 메시지를 전달하고 싶다면 딱 두 가지 원칙만 지켜라. 1) 메시지를 준비할 것, 2) 눈높이 수준으로 말할 것

이 두 가지 원칙을 지키려면 먼저 노트에 적어 보는 것을 권한다. 머릿속

생각들을 글로 출력하는 것만으로도 생각이 정리된다. 수학 문제를 풀 때 암산하는 사람은 없다. 근데 생각은 다들 암산으로 하려고 한다. 뭔가 잘못 됐다고 생각하지 않는가? 생각을 머릿속으로만 하려고 하지 말고 글로 적 어서 정리해라. 그리고 노트를 보면서 나 스스로 완벽히 이해하고 있는지 확인해라. 내가 헷갈리는데 직원한테 전달을 어떻게 제대로 하겠는가? 마 지막으로는 이걸 직원 관점에서 읽어 보고 가능한 이해하기 쉽게 말을 바꿔 라. 매번 이렇게 적어야 하냐고? 물론 아니다. 한 달만 이런 식으로 정리해 서 얘기하는 훈련을 하면 자연스레 체화되기 시작한다. 그 이후부터는 중요 한 전달 사항이 있을 때만 글로 적어도 좋다.

2. WHY를 말해라

직원들은 당신처럼 넓은 시야로 일을 바라볼 수 없다. 구조적으로 그렇 다. 10층짜리 건물의 꼭대기에서 근무하는 사람과 1층 로비에서 근무하는 사람이 바라보는 도시 풍경은 다를 수밖에 없다. 내가 하는 일을 왜 하고 있 는 건지, 어떤 흐름에서 하는 건지 제대로 모르는 직원이 많다. 그냥 시키니 까 한다고 말한다.

세계 3대 심리학자 중 한 명인 알프레드 아들러는 인간의 만족과 행복을 결정하는 요인으로 '공헌감'을 특히 강조한다. 공헌감이란 본인이 어딘가에 쓰이고 있고, 도움이 되고 있다고 느끼는 감각이다. 직원들이 회사와 직무에 만족하고 행복하다고 느끼게 만들려면 '공헌감'을 충족시켜 줄 수 있어야 한 다. 그리고 이 공헌감이란 것은 비단 행복에만 영향을 끼치는 것이 아니다.

미국의 교육심리학자 존 M. 켈러John M. Keller는 인간을 동기 유발하는 데에 필요한 네 가지 요건 'ARCS 모형' 중 하나로 '공헌감'을 꼽았다. 즉, 직원들이 일에 더 몰입하게 하기 위해서도 '공헌감'을 충족시켜 줘야 한다는 뜻이다.

직원으로서는 미처 보지 못했던 우리 회사의 로드맵과 자신의 미래, 그리고 일의 의미를 누군가 선명하게 그려 준다면 어떨까? 큰 구조 속에서의 자신의 역할을 이해하게 되면서 당연하게도 지금 하는 일의 '공헌감'이 높아진다.

직원의 처지에서 그냥 일하는 것과 큰 그림을 보면서 일하는 것은 하늘과 땅 차이다. 오케스트라를 생각해 보라. 내가 바이올린을 켜는데 모든 귀를 막고 내 악보만 보고 연주하는 것과 전체 공연의 흐름과 내 역할을 이해한 상태에서 연주하는 것 중 무엇이 더 아름다운 합주를 보여 줄 수 있겠는가?

그러니 늘 계획과 이유를 말해라. 끊임없이 말해라.

3. 미루지 마라

직원들, 특히 작은 회사의 직원들은 오직 사장만 바라보고 있다. 무슨 문제라도 생기면 "대표님… 어떻게 할까요?"라며 강아지처럼 찾아와 결정만을 기다린다. 사장은 결정을 내리는 자리다. 그들을 방치하지 마라. 고민은 길게 하는 것이 아니라 깊게 하는 것이다. 결정은 빠르게 내릴수록 좋다. 만약 결정이 늦어진다면, 직원들은 대표를 신뢰하지 못한다. '우유부단해', '일

못해' 이런 평판을 얻기 딱 좋다.

작은 회사는 특히 사장이 주도해서 일사불란하게 움직여야 한다. 때로는 '독재자' 같다는 의견을 들을 각오까지 해야 한다. 요즘 같은 소통이 중요한 시대에 독재자라니 무슨 구시대적인 발상이냐고? 설명을 들어 보자.

업무가 시스템으로 돌아갈 때는 사장이 모든 회사의 일을 100% 알고 있을 수 없다. 직원들이 각자 담당하는 분야를 사장보다 더 잘 알고 있다. 이게 자연스럽고 당연한 일이다. 그래서 각 담당자의 의견을 적극적으로 반영하는 것이 좋은 결정을 내릴 확률이 높다.

반면 작은 회사는 사장이 회사의 모든 일에 대해 속속들이 알고 있다. 직원들의 전문 분야에 대한 지식이나 인사이트가 사장에 못 미치는 경우가 대부분이다. 따라서 직원들의 다양한 의견은 적극적으로 듣고 참고하되, 사장이 결단을 내려야 한다. 평판에 집착하지 마라. 사장에게 진짜 좋은 평판이란 '사람 좋은 분'이 아니라 결국 '성과를 기가 막히게 내는 사람'이다.

오해하지 마라. 성과만 내면 직원들 의견을 무시해도 된다는 것이 아니다. 직원들의 의견을 듣되 빠르게 판단해서 의사결정을 내리고 확실하게 추진해야 한다는 말이다. 당연히 직원들에게는 의견이 반영된 이유, 반영되지 못한 이유, 이렇게 결정한 이유 등에 대해서 나름의 논리를 설명해 주어야 한다.

결정을 미루지 않는 나만의 팁을 한 가지 알려 주자면 의사결정은 100%

의 정답을 찾는 것이 아니라는 사실을 인지하라는 것이다. 100% 옳은 것을 찾기보다 80% 정도의 타당성을 가진 해답을 찾는다고 생각하라. 우리는 신이 아니다. 모든 결정을 완벽하게 내릴 수 없다. 나머지 20%는 직원들과 피드백하는 과정을 통해 사후에 충분히 채울 수 있다. 그러니 80%의 확신이 든다면 뒤도 돌아보지 말고 결정하고 밀고 나가라.

4. 솔직해라

만약 직원이 어떤 질문을 했는데 나도 답을 잘 알지 못한다면 어떻게 해야 할까? 대부분 사장은 모른다는 것을 티 내지 않기 위해 어떻게든 얼버무리거나 어렵게 이야기한다. 혹시 내가 모른다고 얘기하면 무시를 당할 수도 있다는 걱정에 차마 모른다고 하지 못한다. 특히 작은 회사 사장들은 아직 가진 것이 많지 않아 무시당할 수 있다는 생각에 방어기제가 강해진다. 공작새가 위협할 때 커다란 날개를 의도적으로 펼쳐서 '있어 보이려고' 하듯이 사장들도 다 있어 보이려고 한다. 일종의 허세다.

결론부터 이야기하면 그럼에도 불구하고 솔직해야 한다. 직원이 나를 무시할까 봐 걱정된다고? 쓸데없는 생각이다. 자기 분야에 대한 인사이트가 확실히 있고, 큰 틀에서 업무 능력이 준수하다면 세부적인 것들은 몰라도 전혀 무시당하지 않는다. 사장으로서 해야 할 큰일들(기획, 세일즈, 운영 등)을 잘하고 있다면 화장실 청소를 어떻게 더 잘하냐고 묻는 말에 모른다고 답한다고 무시당하지 않는다. 장비의 세부적인 작동 매뉴얼을 다 알지 못해도 무시당하지 않는다. 다만 사업의 성과와 직결되는 핵심 내용, 프로세스를 모르면 무시당한다. 사실 이건 무시당하는 게 자연스러운 일이고 조금 더 솔직하자면 무시당해도 싼 일이다.

1960년 미국의 심리학자 앨리엇 애런슨Elliot Aronson은 연구를 통해 '실수 효과'라는 것을 발견한다. 요약하자면 능력이 좋은 사람이 실수하거나 부족한 부분이 보이면 오히려 그 사람에 대한 호감도가 상승하는 경향이 있다는 것이다. 내가 한 말과 100% 같지 않은가? 본인 분야에 대해 능력이 있다면 작은 실수는 인정해도 된다. 아니, 오히려 인정해야 호감도와 신뢰도가 올라간다.

"직원의 환심을 사는 가장 좋은 방법은 당신의 무지나 약점을 인정하는 것입니다."

– 미국 코넬대 명예교수, 켄 블렌차드 Ken Blanchard

"리더가 할 수 있는 가장 강력한 말은 '내가 틀렸다'입니다."

– 경영 컨설턴트, 패트릭 렌시오니 Patrick Lencioni

그래서 수많은 조직 관리의 대가들은 하나같이 솔직함이 사람을 움직인다고 얘기한다. 여기에서 내가 말하는 솔직함은 '직설적 표현'을 의미하는 것이 아니다. 허투루 자존심 부리지 말고 단점도 인정할 줄 알아야 한다는 얘기다. '인간미'라고 표현할 수도 있겠다. '솔직함', '인간미'를 보여 줬을 때 얻을 수 있는 유익은 뭐가 있을까? 모두가 적극적으로 일하고 참여하는 회사의 문화를 만들 수 있다.

직원들이 꿀 먹은 벙어리처럼 의견을 내놓지 않는다고 답답해하는 리더들이 많다. 직원들이 말하지 않는 건 괜히 얘기했다가 '그럼 ○○ 님이 한번 추진해 보시죠.'라고 일을 떠맡거나, 말해 봤자 어차피 받아들여지지 않을 것이 뻔하니까 그런 거다. 게다가 '누가 틀렸다고 하면 어떡하지?'라는 걱정까지 더해져 확신이 들 때까지 말을 아끼게 되는 것이다.

솔직함이 이런 문제를 해결해 준다. 하버드 경영대학원의 에이미 에드먼슨Amy Edmondson 교수는 직원들의 입을 열려면 '심리적 안전감Psychological safety'이 필요하다고 말한다. 심리적 안전감을 쉽게 표현하면 '뭘 말해도 아무도 이상하게 생각하지 않아'라는 느낌이다.

직원들이 심리적 안전감을 느끼려면 사장인 내가 먼저 자유롭고 솔직하게 얘기해야 한다. 다소 엉뚱한 질문을 하기도 하고, 모르는 것을 인정하며 겸손하게 질문을 하기도 해야 한다. 직원들도 사장을 보면 대충 '견적'이 나온다. 이 사람이 뭘 잘하고 뭘 못하는지, 어느 정도 능력 있고 잘하는 사람인지. 그걸 숨기려고 할수록, 능력 있는 척할수록 더 처량하고 없어 보인다.

작은 회사 사장이라면 웬만한 경우 직원과 능력이 3배 이상 압도적으로 차이 나긴 어렵다. 작은 회사라면 체계건 사람이건 제품이건 서비스건 부족한 것 천지일 것이다. 그러니 그냥 인정해라. 본인의 부족함, 회사의 부족함을 인정하고 대신 앞으로 어떻게 개선하고 발전해 나갈 것인지를 얘기해라.

그것만으로도 직원들은 설득되고 마음이 움직인다.

그리고 조심할 것이 있다. 솔직하라고 해서 "요즘 회사가 힘들잖아.", "나도 힘들다."와 같이 앓는 소리를 하라는 것이 아니다. 작은 회사에서 사장의 약한 소리는 직원들의 불안감을 증폭시킨다. 인간은 자기 확신이 강한 사람에게 모인다. 모두가 어렵다고 얘기하는 상황에서도 사장만큼은 '할 수 있다', '어떻게든 해낼 것이다'라는 강력한 확신을 보여 줘야 한다. 특히 회사의 규모가 작을수록 직원들에게는 안정감이 필요하다. 대기업의 사장이 '요즘 시장 상황이 좋지 않다'고 얘기한다고 해서 직원들이 진짜 망할 것이라는 생각을 하지 않는다. 그래서 대기업 사장은 조직에 위기의식을 불어넣기 위해 힘들다고 얘기할 수도 있다. 그러나 5명 규모 작은 회사가 똑같은 얘길 하면 직원들은 뒤에서 이렇게 얘기하고 다닐 것이다. "우리 회사 망하기 일보 직전인 듯. 요즘 다른 일자리 알아보는 중이야." 위기의식을 불어넣으려다가 진짜 위기가 될 수 있다. 사장이 앞장서서 내가 책임지고 어떻게든 위기를 이겨 내겠다는 헌신과 노력이 필요하다. 어차피 회사가 작으면, 성과가 좋지 않을 때 바로 티 난다. 직원들도 알고 있을 위기를 굳이 더 이야기하지는 말자.

5. 감사 표현하기

가끔 내 앞에서는 직원들의 장점을 칭찬하시면서 정작 직원들 앞에서는 표현하지 않는 분들이 있다. 아무리 좋은 마음을 가지고 있다고 해도 표현하지 않으면 직원들은 모른다. 가볍게 표현해 보라고 별의별 숙제를 드려도 쑥스러워 말을 못하겠다는 분들이 계신다. 난 이런 분들을 볼 때마다 이해하는 마음과 동시에 아쉬운 마음이 너무나도 커진다.

한 분야를 통달한 사람들은 하나같이 진리는 단순하다고 말한다. 나도 직원관리에 대해 열과 성을 다해 공부하고 연구하며 깨달은 단순한 진리가 있다면 '표현해야 한다.'라는 것이다. 특히 긍정적 감정은 숨김없이 표현해 줄 필요가 있다. 사장이 어떤 말을 자주 하느냐에 따라 회사의 체질이 결정된다. 특히 작은 회사의 분위기는 사장의 평소 모습을 그대로 닮아 간다. 감사 표현은 큰 비용이나 복잡한 절차 없이도 회사의 분위기를 긍정적으로 바꿔 줄 수 있는 강력한 방법이다. 직원 시절, 평소 차갑고 냉정한 상무님이 내 자리를 지나치며 해 주었던 칭찬 한마디가 아직도 뇌리에 남겨져 있다. 멘트가 특별한 것도 아니었지만 이상하게 내겐 오래 기억에 남는다. 이처럼 누군가에겐 별 것 아닌 한마디일 수도 있는 것이, 과거의 나와 같은 또 다른 누군가에겐 팀원들 사이에서 으쓱해지고 동기가 부여되는 한마디일 수도 있다.

가끔 주변 지인들이나 수강생 대표님들의 반응에 의아할 때가 있다. 나는 큰 의도 없이 던진 이야기였는데, 인사이트를 얻고 무언가 배웠다고 말한다. 반대로 내가 깊게 사유해서 얻어 낸 생각을 공유해도 별다른 반응이 없는 때도 있다. 말의 힘은 내가 의도했다고 반드시 발휘되는 것도 아니고, 의도하지 않았다고 발휘되지 않는 것도 아니다. 씨앗을 어디에 뿌려야 할지 모르겠다면 최대한 다양한 곳에 많이 뿌리는 게 성공 전략일 것이다. 그러므로 사장 또한 일상 속에서 꾸준히 감사의 마음을 표현하는 습관을 길러야 한다. 칭찬 한마디 한마디를 너무 깊게 고민하거나 아낄 필요가 없다. 평상시 느낀 긍정적 감정들을 작게라도 꾸준히 표현한다면, 내가 의도치 않게 직원 한 명쯤은 '얻어걸려서' 감동할 수도 있다.

마지막으로 감사 표현이 어색한 독자들을 위해 나만의 팁을 한 가지 공개하겠다.

그냥 말을 내뱉어라. 생각하지 말고 내뱉어라. 습관처럼 내뱉어라. '감사합니다', '존중합니다', '든든합니다' 등등 긍정적 표현을 생각 없이 내뱉으면 실제로 그런 생각이 들게 된다. 인간의 뇌는 합리화의 귀신이다. 자신이 어떤 행동을 했다면 그에 맞게끔 생각을 끼워 맞춘다. 내가 감사하다고 얘기하고 곰곰이 가만히 있으면 뭐가 감사한지 생각이 몇 가지 떠오른다. (당연한 얘기지만 너무 미운 직원을 대상으로는 효과가 없다.)

이렇게 감사 표현을 내뱉기 시작하면 직원에게도 점점 더 자연스럽게 감사의 마음을 표현할 수 있게 될 것이다. 일상 속에서 자연스러운 행동으로 자리 잡게 될 것이다.

이상 다섯 가지의 습관을 당장 오늘 실천할 수 있도록 행동 단위로 계획해 보길 바란다. 리더십은 머리로 학습하는 것이 아니다. 몸으로 습득하는 것이다. 나는 사장님들을 100명 이상 교육하면서 뼈저리게 느꼈다. 내게 교육을 받은 수강생 두 분의 사례를 살펴보자.

    A 사장님은 열혈수강생이다. 자기계발에 관심이 많아 매일 비즈니스, HR 칼럼을 읽어 보고 내게 공유도 해 주셨다. 이 책의 모태가 된 교육 자료의 내용에 대해서도 나보다 더 자세히 외우고 있었다. 반면 B 사장님은 1주일 전 교육했던 내용도 잘 기억하지 못했다. 대신 매주 내 주었던 과제는 바로 당일 혹은 다음 날에 성실히 수행했다. 누가 직원관리를 더 잘하게 됐을까? B 사장님이 훨씬 빠르게 변화하고 성장했다. 학습은 내가 변화하기 위한 도구일 뿐이다. 공부한다고 무언가 습득할 수 있는 게 아니다. 습득은 오로지 내 경험에서 온다. 위에서 설명한 리더십 습관 다섯 가지뿐 아니라 이 책의 내용을 온전히 여러분들 것으로 만들려면 바로 실천해 봐야 한다. 몸에 스며들게끔 해야 한다. B 사장님은 직접 해 보면서 내가 전달하고 싶은 메시지를 몸으로 이해했다.

일 잘하는 사장이 반드시 빠지는 함정

————

어느 날, 마케팅 에이전시를 운영하는 L 사장은 3개월 전 채용한 마케터에게 첫 프로젝트를 맡겼다. 그러나 결과물을 확인한 순간, L 사장은 실망을 감추지 못했다. "내가 했으면 이 정도는 아니었을 텐데…." 아쉬운 점이 눈에 계속 밟혔고, 고객에게 부끄러운 마음도 들었다. 그때부터 L 사장은 모든 일을 하나하나 직접 하기 시작했다. 왜 L 사장은 직원을 두고도 혼자 바쁘게 모든 일을 다 하게 되었을까?

많은 강사, 디자이너, 마케터 출신의 사장들이 사업 초창기에 비슷한 경험을 한다. 자신의 전문 분야에서 뛰어난 성과를 내며 사업을 시작했지만, 직원들의 성과가 기대에 미치지 못해 좌절감을 느낀다. '내가 했으면 더 잘할 수 있었을 텐데'라는 생각에 스스로 모든 일을 떠맡게 되며, 결국 정신적, 육체적으로 지치고 만다. 자신이 곧 결과가 되던 플레이어에서, 직원과 기타 변수에 따라 결과가 좌우되는 리더가 되면서 혼란을 겪는다. 자신이 100만큼 했는데 회사의 결과가 30이 나오면 분을 참지 못한다. 그래서 그 분노를 직원들에게 화를 내거나 채근하거나 탓하면서 풀어 낸다. 직원들에게 실망하고, 그들을 원망하게 되는 악순환이 반복된다.

차분하게 생각해 볼 필요가 있다. 단지 역할이 바뀐 것뿐이다. 리더는 직원들이 더 좋은 성과를 낼 수 있도록 사람을 다루고 시스템을 만들어야 한다. 좋은 플레이어가 반드시 좋은 리더가 되는 것은 아니다. 오히려 일을 잘하는 사람들이 나쁜 리더가 되기 쉽다. 다른 사람들이 답답하게 느껴지기 때문이다. 자신에게는 쉬운 일인데 다른 사람들은 왜 그렇게 하지 못하는지 답답하기만 하다. 그러니 하루 종일 지적질만 할 수밖에 없다. 직원들은 사장의 빡빡한 관리에 숨도 쉬지 못하다, 결국 살기 위해 채용 사이트에 들어가 본다.

일 잘하는 사장들이 빠지는 함정은 높은 기대치로 인해 직원들을 과도하게 평가하고 위임하지 못하는 데에서 비롯된다. 이는 결국 사장 본인의 스트레스와 피로를 가중시키고 직원들의 사기를 떨어뜨린다. 성공적인 직원 관리를 위해서는 이 함정을 인식하고 효과적으로 탈출할 방법을 찾아야만 한다.

많은 연구에 따르면, 리더가 위임을 제대로 하지 못할 때 조직 전체의 성과가 저하된다. 높은 기대치로 인해 직원들에게 과도한 압박을 주면 직원들은 창의성을 발휘하지 못하고 자신의 역할에 대해 불안감을 느낀다. 이는 결국 조직의 전반적인 성과 저하로 이어진다. 반면, 신뢰를 바탕으로 위임할 때 직원들은 책임감을 느끼고 더 나은 성과를 내는 경우가 많다. 일을 잘 맡기는 것이 리더의 능력이다. 혼자 실무부터 관리, 리스크 대응, 서류 작업 등 모든 걸 혼자 하려고 하니 시간이 부족하고 지치는 것이다. 시간에 쫓기고 혼자 바쁜 문제를 해결하려면 일을 잘 맡겨야 한다. 그러려면 먼저 어디에 집중하고 포기할 것인지부터 찾아야 한다. 모든 업무를 전부 적어 보고 맡겨도 큰 문제가 생기지 않는 일부터 위임해 보자. 그런 뒤 당분간은 내가 직접 처리하는 것보다는 늦고 퀄리티도 조금 아쉽더라도 괜찮다는 마음으로 지켜보자. 위임은 단기적으로는 비효율적으로 보일지라도 장기적으로는 효율적인 운영 방식이다.

왜 이렇게 일 잘하는 사장들은 위임을 어려워할까? 본인이 하는 게 훨씬 빠르고 결과물도 좋아서 그렇다. 못 미더운 것도 있지만 차라리 본인이 해버리는 게 마음이 편해서 그렇다. 그러나 아프리카 격언에 이런 말이 있다. "빨리 가려면 혼자 가고 멀리 가려면 함께 가라." 내가 하는 게 편하다는 생각으로 계속 혼자만 일하면, 정말 시키는 것만 하는 수동적인 직원들만 남을 것이다.

종종 위임하는 것을 직원들에게 일을 떠맡기는 것이라며 부정적으로 생각하는 경우가 있다. 그 부담부터 내려놓자. 직원의 첫 3년에 위임을 많이 해야 4년 차 이후 성장한다는 연구 결과가 있다. 이게 핵심이다. 위임은 나만을 위해서 하는 것이 아니다. 직원의 성장을 위해서도 필요하다. 1년, 2년 시간이 흐르면서 점점 더 전문가로 성장하길 바란다면 위임이 필요하다. 위임은 곧 나 같은 후배를 양성한다는 것이다. 일을 떠맡긴다며 죄책감을 가질 필요가 없다. 오히려 모든 중요한 일을 사장이 꽉 쥐고 있다면 직원들은 부품으로써만 존재하고 기능한다. 진짜 죄책감을 느껴야 할 때는 내 근시안적인 시야 때문에 직원들의 성장을 가로막을 때이다. 성장엔 고통이 따르는 법이다.

'나보다 못하면 어쩌나', ' 내가 하면 더 잘할 텐데', '실패하면 어떡하지' 이런 생각이 들 수 있다. 처음엔 당연히 나보다 못하는 게 당연하다. 실패할 확률도 높다. 그러나 이런 기회를 적절한 시기에 주지 않으면, 그 이후에는 직원들도 성장하고 실패할 용기를 내지 못한다. 1~2년 차엔 '실수해도 괜찮다'라는 마음이 드는 반면 4~5년 차쯤 되면 '실수하면 절대 안 된다'는 압박에 사로잡힌다.

너무 착한 사장들을 보면 오히려 회사도 직원도 성장하지 못한다. 상처받을까 지적하지 않고 본인 혼자 모든 일을 하고 과부하 걸린다. 이렇게 상처받을까 두려워서 스트레스 줄까 봐 두려워서 피드백 못 하는 것은 상대를 망치고 회사를 망치는 것이다.

일단 미친 척하고 업무를 넘겨 보자. 당신과는 조금 다를지라도 조금은 늦고 비효율적일지라도 결국 해낸다. 또 그만의 방식이 생긴다. 회사의 매출이나 운영에 전혀 지장이 가지 않아 놀랄 수도 있다. "내가 너무 내 방식만 고집했구나.", "여태 왜 나 혼자 바빴을까?"라는 후회를 느낄 수 있게 될 것이다.

함께 일하고 싶은
1등 리더의 무기는 자기통제력이다

————

내가 회사에 다닐 때 후배 직원들과 자주 대화하고 챙겨 주던 팀장님이 있었다. 우리 팀은 계약직까지 포함하면 팀원이 30명 넘는 큰 팀이었다. 본인의 업무를 처리하면서 팀원 한 명 한 명 신경 쓴다는 것이 불가능에 가까웠다. 그런 상황에도 내게 관심을 가져 주셔서 여전히 기억이 나는 분이다. 지금 일하는 직무는 어떤지, 앞으로 어떻게 커리어를 쌓아 보고 싶은지 나의 커리어패스에도 관심을 가져 줬다. 아무 생각 없이 회사에 다니던 내게 앞으로의 방향성을 생각해 볼 기회를 주신 분이다. 사내 커피숍에서 마주치기라도 하면 "요즘 힘들지?"라며 짧게나마 격려도 해 주시곤 했다.

그 팀장에 대한 우리 팀원들의 평판은 어땠을까? 모두가 따르고 좋아하는 팀장일 것 같지만 실상은 정반대였다. 팀원들은 팀장님과 함께 일하는 것을 불편해했다. 평판은 최악에 가까웠다. 관심 가져 주지 않길 바랐고, 엘리베이터에서라도 마주치면 숨 막혀 했다.

도대체 왜 그랬을까? 이유는 감정이었다. 팀장님은 자기감정을 주체하지 못했다. 기분 좋을 때는 지각하고 실수를 해도 그렇게 너그러울 수 없었다. 인자한 미소로 그럴 수도 있다고 얘기했다. 그러나 임원 회의에서 혼나고 오거나 중요한 프로젝트가 마음대로 진행되지 않을 때는 사소한 실수에

도 "하아… ㅇㅇ 님, 이거 뭐야? 자리로 와요."라며 심각한 표정에 가시 돋
친 말들로 팀 분위기를 망쳤다. 모두가 미어캣처럼 파티션 위로 고개만 빼
꼼 내밀고 팀장님의 눈치를 보곤 했다.

리더로서 누군가가 나를 믿고 따르게 하는 방법은 다양하다. 전문적인 기
술이나 지식이나 정보를 가질 수도 있고 너그러운 관용으로 감화시킬 수도
있다. 되지 않을 일도 되게 만드는 도전 정신이나 솔선수범하는 모습으로
존경심을 얻을 수도 있다. 한 명 한 명 존중하고 공감하고 경청하면서 마음
을 살 수도 있다. 그러나 그에 앞서 준비해야 할 것이 있다. 나 자신을 관리
하는 것이다. 내 감정부터 이해하고 관리해야 한다. 내가 나 하나 관리하지
못하는데 누구를 관리할 것인가.

수신제가修身齊家 치국평천하治國平天下

유교 경전 사서 중 하나인 대학에 나온 공자의 가르침이다. 몸과 마음을
닦아 수양해야 집안이 가지런해지고, 집안이 가지런해져야 나라가 다스려
지고, 나라가 다스려져야 천하가 태평해진다는 뜻이다. 리더인 내가 내 마
음 하나 제대로 닦지 못하면 팀을 가지런히 만들고 하나로 이끌어 갈 수 없
다. 많은 리더십 교육에서 경청과 공감이 중요하다고 말한다. 나는 경청과
공감의 첫 대상은 후배 직원이 아니라 '나 자신'이어야 한다고 생각한다. 내
마음을 제대로 알고 다스리는 연습이 필요하다.

화를 잘 내고 감정을 다스릴 줄 모르는 사람은 사실 '나약한 사람'일지도 모른다. 지금 내 감정이 분노인지, 속상함인지, 실망감인지, 배신감인지 구분할 수 있고 그렇다면 왜 그런 감정이 드는지 멀리서 관망하듯이 파악할 수 있는 사람이 강한 사람이다. 리더가 자신의 감정을 제대로 통제하지 못하면 직원들은 본능적으로 리더의 그릇이 작다는 것을 느낀다. 나를 담을 그릇이 아니라고 생각하고 자발적으로 따르는 것을 거부한다. 그러곤 뒤에서 이렇게 얘기한다. "지나 잘했으면 좋겠어."

감정을 통제하지 못하는 것보다 더 위험하고 조심해야 할 상태가 있다. 자기 자신도 통제하지 못하는 리더가 오히려 자신은 굉장히 잘하고 있다고 착각할 때이다. 성수동에서 디자인 사업을 하시는 M 사장님이 정확히 이런 문제를 겪고 있었다. 본인이 굉장히 깨어 있고 열려 있으며 소통도 잘한다고 생각했다. 그러나 내가 직원들을 직접 만나서 들어 본 회사 내 평판과 신뢰도는 충격적이었다. 아무도 M 사장님을 좋아하지 않고 그저 돈 때문에 회사를 다닌다고 말했다. 자기감정도 통제하지 못하면서 본인은 너무 좋은 사장이라고 착각하는 모습이 얄밉고 꼴 보기 싫다고 말했다. 내가 이런 이야기들을 전달하자 인정하기 힘겨워했지만 M 사장님은 결국 본인이 바뀌어야 한다는 사실을 인정했다.

리더의 시선은 언제나 내부에서부터 시작해야 한다.

진심으로 따르고 싶게 만드는
리더의 비결은 행복함이다

———————

요즘 직원들은 어떤 사장을 따르고 싶어 할까?

돈 많이 주는 사장, 능력 있고 유명세가 있는 사장, 인간미 있는 사장, 공감을 잘해 주는 사장 등등… 의견이 다양할 것이다. 그런데 많은 사람이 완전히 놓치고 있는 기본적인 사실 한 가지가 있다.

사장은 행복해야 한다.

리더십을 이야기하는데 '행복'이라는 단어가 나오는 것이 뜬금없다고 생각할 수도 있다. 지금 들려드릴 이야기를 들으면 아마 이해하기 쉬울 것이다.

나는 대기업, 경제 단체, 중소기업 등 근무 경험과 두 번의 인턴 생활, 10개 이상의 아르바이트, 대외 활동 등 많은 사회 경험을 통해 주변에 알고 지내는 직장인이 100명이 넘는다. 그리고 최근 들어 대퇴사시대라는 말이 무섭도록 체감된다. 주변에 이미 퇴사를 경험해 본 지인들이 수십 명이 넘는다. 그런데 퇴사자 친구들을 자세히 살펴보다 보니 그들 중에 특이한 케이스를 발견했다. 1~6년 차 직원들이 퇴사하는 이유는 크게 세 가지로 분류해 볼 수 있다.

1. 회사의 성장 가능성이 없다
2. 직무가 마음에 들지 않는다
3. 같이 일하는 사람들이 별로다

그런데 특이한 몇몇 퇴사자들은 회사가 나름 건실하고, 원하는 직무로 일하는 데다가, 같이 일하는 사람들도 나쁘지 않은데 일을 그만뒀다. 나는 직업병이 도져서 견딜 수 없었다. 네 번째 새로운 분류를 만들고 싶은 마음에 바로 찾아가 물어봤다.

"도대체 왜 퇴사하세요? 로또 당첨되셨어요?"

그러자 그분들은 내게 이렇게 얘기했다.

"지금 선배들의 모습이 내 N년 뒤 미래라고 하잖아요. 팀장님이 내 미래 모습일 텐데 너무 힘들고 행복하지 않아 보였어요."

이야기를 듣고 나는 고개를 끄덕였다. 직장인 당시 나도 똑같이 느꼈던 감정이기 때문이다. 늘 어두운 표정으로 일하던 옆자리 A 과장님처럼 살고 싶지는 않았다. 리더는 누군가를 이끌려면 나부터 행복해야 한다. 생각해보자. 맨날 돈 돈 거리고, 고객들이 이상하다면서 불평하고, 일하면서 힘들고 괴로워하는 사장을 보면서 누가 배우고 싶어 할까? 여러분이라면 그런 사장을 보면서 존경심이 들고 함께하고 싶을까? 아마 저렇게는 살지 말아야겠다고 생각하게 만드는 반면교사의 대상이 될 수도 있다.

우리는 행복하려고 사업을 시작했지만, 누군가를 잘 이끌기 위해서는 행복해야 한다. 고통과 번뇌에서 해방된 현자가 되라는 얘기가 아니다. 적어도 내 일을 대할 때에는 진정성 있게 몰입할 수 있어야 하고, 삶을 대하는 자세가 긍정적일 필요가 있다는 것이다.

자기 일만 잘하는 것은 리더가 아니다. 직책만 높다고 리더가 아니다. 누군가의 본보기가 되고 마음을 움직일 수 있는 사람이 리더다.

상대를 판단하지 않는 것에서부터 시작하라

_____

강남역인 줄 알고 내렸는데 역삼역이었다. 외부 일정을 소화하고 사무실로 돌아가는 길에 정신이 없어서 착각하고 잘못 내린 것이다. '아이고… 바보인가. 미팅 늦었잖아!' 자책했다. 다음 열차까지 시간은 7분. 가방도 무겁고 시간도 남았겠다 의자에 앉으려는 찰나, 할아버지 한 분이 순식간에 날아와 앉았다. 1초간 어안이 벙벙했다. 순간 감정이 올라오기도 했지만 달리 방법이 없었다. '오늘은 단단히 안 풀리는 날인가 보다' 체념하고 근처에 멀뚱멀뚱 서 있었다.

눈을 감고 호흡을 고르며 마음을 가라앉히고 있었다. 얼마 지나지 않아

할아버지가 옆자리 여성분에게 말을 거는 소리가 들렸다. 대뜸 "몇 살이야?", "어디 가요?" 질문 폭탄을 던지셨다. 20대 초중반으로 보이는 여성분은 얼떨떨한 표정이지만 성실하게 대답해 주고 있었다. 나는 속으로 '저래도 되는 거야? 너무 불편할 것 같은데.' 싶었다. 안타깝게도 할아버지는 질문 몇 가지에서 그치지 않았다. 면접을 보러 간다는 여성분의 대답에 5분 동안 쉴 틈 없이 조언해 주고 있었다. 정확히 무슨 이야기인지 들리지는 않았다. 나는 그저 속으로 '할아버지, 그러시면 상대가 불편해해요….'라고 걱정할 뿐이었다. 5분간의 릴레이 조언 끝에 다음 열차가 들어온다는 안내음과 열차 진입음에 소란스러워졌다. 나는 그 틈을 타서 슬쩍 뒤를 돌아봤다.

충격적인 광경이었다. 여성분께서 울고 있었다. 더더욱 놀라운 사실은 감사하다며 울고 있었다. 똘망한 눈, 바른 자세로 할아버지의 이야기를 경청하면서 "위로해 주셔서 감사해요."라며 눈물을 또르르 흘리고 있었다.

솔직히 나는 할아버지를 꼰대라고 생각했다. 독자분들도 잠시나마 그렇게 생각했을 수 있다. 그러나 진짜 꼰대는 멋대로 상황을 판단하고 해석한 '우리'가 아닐까? 할아버지는 여성분의 얼굴에서 위로가 필요하다는 걸 알아보셨을 수도 있다. 할아버지는 따뜻한 오지랖을 부리셨고 여성분은 편견 없이 수용했다. 세상에 정답은 없다.

내 방식, 내 생각이 정답이라고 못 박아 두면 이런 일은 생길 수 없다. 내 기준에 맞춰 상대방을 재단하는 순간 세상은 온통 미친 사람들 천지로 보인다. 그들은 답답하고 멍청하며 이해가 되지 않는 사람이 되어 버린다. 직원들이 모두 답답하다면 미안하지만 그건 모든 직원을 자기 기준에서만 판단하는 당신 문제일 수 있다. 그렇다면 왜 직원을 함부로 판단하면 안 될까? 우리는 필연적으로 이해가 되지 않는 사람과도 일해야 하기 때문이다. MZ세대와 함께 일하는 사장들이 늘 하는 푸념이 있다.

"직원들이 도대체 무슨 생각인지 이해가 안 돼요."

이해가 되지 않는 것 자체는 문제가 아니다. 직접 그 삶을 겪어 보지 않은 이상 타인의 사고방식을 완전히 이해할 수는 없다. 모든 것을 이해한 현자가 될 필요는 없다. 다만 이해되지 않는 상황에서의 태도는 문제가 될 수 있다. 가끔 직원들과 이야기하다 보면 설득이나 논리로는 도저히 좁힐 수 없는 격차란 게 느껴진다. 그럴 땐 정답을 찾으려는 태도를 버려야 한다. '나와 다르구나.', '그렇게 생각할 수도 있구나.' 생각하고 넘기는 것이 지혜로울 때가 있다. 그래야 직원을 대하는 나의 태도에 너그러움이 생긴다. 리더는 심리적 공간에 약간의 공백을 마련해 둘 필요가 있다. 너무 빡빡하게 자기 생각으로만 가득한 사람, 즉 너그러움이 없는 사람은 다양한 사람을 이끌 수 없다. 자신과 맞는 사람과는 시너지가 나겠지만, 맞지 않는 사람과는 관계가 파국으로 치닫고 성과도 나오지 않을 확률이 높다. 나랑 완전히 맞는 사람은 100명 중에 1~2명이다. 추후 다룰 채용 파트에서도 최대한 맞는 사람을 뽑는 방법에 관해 이야기하겠지만 확률을 높이는 방법일 뿐이다. 우리는 필연적으로 나와 똑같지 않은 직원들과 일해야 한다. 생각이 다른 직원과도 윤택한 관계를 맺고 한 팀이 되기 위해서는 정서적 교감이 필요하다. 이때 중요한 역할을 하는 게 대화다.

대화를 잘한다는 것은 '티키타카'를 잘한다는 것이다. 계속 이야기를 주고받아야 '오, 우리 주파수가 좀 맞는데?'라는 동질감과 유대감을 느낀다. 그러려면 너그러움이 필요하다. '그럴 수도 있겠구나.' 하는 마음이 필요하다는 것이다. 티키타카가 어려운 이유는 말 같지도 않으면 끊으려고 하는 마음 때문이다. 만약 대화하는데 '그건 아닌데?', '뭔 말 같지도 않은 소리야?'라는 생각이 드는 순간 대화는 이어질 수가 없다. 그때부턴 대화가 아니라 각자가 옳으냐 그르냐를 따지는 토론의 장이 된다. 경계, 편견, 선입관, 상처, 콤플렉스가 많으면 생산적이고 건전한 대화가 어려운 이유다. 그래서 리더인 내 마음을 건강하게 만드는 것부터 시작해야 한다.

세대 간 소통의 시작은 상대방의 말을 선입견 없이 경청하는 것에서부터 시작한다. 위 지하철 이야기 속 여성분의 태도를 배워야 한다. 할아버지를 꼰대라고 생각하고 경계했을 수도 있지만, 여성분은 편견 없이 받아들였다. 그 덕분에 본인도 마음의 위로를 얻어갈 수 있었다. MZ세대 직원들과 이야기할 때 납득이 가지 않으면 우리는 쉽게 판단하고 낙인을 찍는다. '쟤는 MZ라 그래.' 설령 MZ세대다운 이야기여도 우리가 받아들이는 태도를 바꾸면 분명 얻을 점이 있다. 직원들의 이야기를 듣다 보면 내가 완전히 생각지 못하고 놓쳤던 이야기를 할 때도 있다. 당장은 아프지만 정말 도움이 될 만한 이야기도 해 준다. 그들을 낙인찍고 그들의 이야기를 무시할 때, 직원들은 회사와 사장에 정을 떼며 서서히 이별을 준비한다.

따라서 세대 간 격차가 가속화되는 지금 시대의 리더들은 자기만의 편협한 시각에서 탈피해야만 한다. 사고를 확장하여 세대를 넘나드는 발상을 할 수 있어야 MZ세대 직원들과 공존하고 상생하며 발전할 수 있다.

✓ 1단계 리더 마인드셋 핵심 정리!

1. 리더십은 타고나는 것이 아니라 학습과 발전이 필요한 능력으로, 좋은 습관의 집합이다.

2. 사장의 행동과 마인드셋이 회사 전체의 모습과 분위기를 결정하므로, 자기관리와 감정 통제가 중요하다.

3. 효과적인 리더십을 위해 짧고 명확한 소통, WHY 설명, 빠른 의사결정, 솔직함 그리고 감사 표현이 필요하다.

4. 위임은 단기적으로는 비효율적으로 보일 수 있지만, 장기적으로 조직과 직원의 성장을 위해 필수적이다.

5. 리더는 행복해야 하며, 자신의 일에 진정성 있게 몰입하고 긍정적인 태도를 가져야 직원들이 따르고 싶어 한다.

2단계_인간 본성: '인간'을 이해한다

이번 2단계만큼은 절대 대충 넘기지 않길 바란다. 직원관리 8단계의 근간이 되는 가장 중요한 핵심 중의 핵심이다. 도대체 무슨 내용이길래 이토록 강조하는 걸까?

방송인으로 유명한 전직 씨름선수 강호동 씨는 1989년 3월 대전 천하장사대회 8강전에서 데뷔했다. 강호동은 당시부터 이미 씨름 유망주로 유명했고, 후일 천하장사에 등극할 정도의 압도적인 실력자였지만 데뷔전 결과는 패배였다. 어떻게 된 일인지 그 날의 경기로 돌아가 보자. 경기 도중 강호동과 상대 선수 모두 순간적으로 샅바를 놓치는 상황이 생겼다. 강호동은 당연히 경기가 중단되었다고 생각하고 무방비 상태로 서 있었다. 상대 선수는 경기를 멈추지 않고 그대로 밭다리 공격을 시도해 성공시켰다. 미래의 천하장사 강호동은 그대로 대大자로 뻗어 코피를 흘렸다. 심판은 즉시 패배를 선언했다. 강호동은 억울함을 토로했지만 결과는 바뀌지 않았다. 당시 경기 전까지는 두 선수 모두 샅바를 놓으면 경기가 즉시 중단되는 것이 규칙이었다. 그러나 해당 경기 직전 규칙이 바뀌었다. 심판의 중단 신호가 있기 전까지는 계속 진행한다는 것이다. 바뀐 룰을 알지 못했던 강호동은 허무하게 패배했다.

스포츠에서 승리하기 위한 가장 첫 번째 조건은 규칙을 완벽히 이해하는 것이다. 직원관리에서의 규칙은 무엇일까? 모든 사장과 직원은 인간이라는 사실이다. 지구상 모든 조직에 적용되는 공평한 규칙이다. 앞으로 직원관리에서 승리하기 위해서는 모든 직원이 가지고 있는 인간의 뿌리 깊은 본성에 대해 이해해야 한다. 인간이라는 동물이 도대체 어떻게 작동하는 것인지를 알아야 관리할 수 있다.

관점의 한계가 관리의 한계다.

인간은 돈이면 무엇이든 다 하는 동물이라는 왜곡된 관점을 가지고 있다면, 직원관리 또한 돈으로 해결하려고 할 것이다. 인간은 이성적이라는 왜곡된 관점을 가지고 있다면, 직원들을 항상 논리로 설득하려고 할 것이다. 이런 문제를 미연에 방지하려면 인간을 제대로 이해하는 수밖에 없다.

2단계에서는 나와 함께 인간에 대한 올바른 관점 여덟 가지를 알아가 보자. 여러분이 이미 한 번쯤 생각해 봤을 관점도 있고, 완전히 생각지 못한 신선한 관점이 있을 수도 있다. 원래 가지고 있던 생각이라면 '내가 맞았구나' 확신을 가지면 되고, 신선한 관점이라면 앞으로 맞닥뜨릴 직원과의 상황을 이해하는 데에 활용해 보자. 이번 2단계를 이해하지 못하면 이후 단계는 무용지물이다. 이해하지 못했다면 빠르게 넘어가기보다는 다시 읽기를 추천한다. 이해하지 못한 상태로 다음 단계를 진행하는 것은 사상누각沙上樓閣일 뿐이다.

인간은 100% 이익에 따라 움직인다

살면서 나의 세계관에 균열을 생기게 만든 충격적인 사건이 몇 가지 있다. 친하게 지내던 사업가 형과 있었던 일이다. "우리 어쩌다 친해졌지?"라는 식의 대화를 나누다 그 형은 이렇게 얘기했다. "너랑 친하고 자주 보는 건 재밌어서지." 그 이야기를 들은 나는 그러면 재미가 없으면 안 만날 거냐고 물었다. 형은 그렇다고 말했다. '정이란 게 없는 건가?' 처음엔 약간 서운하고 섭섭했다. 그런데 형의 설명을 듣다 보니 묘하게 설득됐다.

"모든 인간이 결국 자기 이익에 따라서 움직이는 거 아니냐? 너랑은 가치관도 비슷하고 관심사가 같아서 대화하는 것도 즐겁고 편안하니까 그게 좋아서 만나는 거지. 너는 내가 대화가 안 통하고 불편해도 매일 만날 거야?"

"형 T야? 왜 이렇게 정이 없어. 나는 형 자체를 좋아하는데?"

"나 자체를 좋아한다는 것도 깊게 따지고 들어가면 너한테 뭔가 이익이 있다는 거지. 같이 있으면 든든하고 편안하다거나, 배우는 게 많다거나, 밥을 얻어먹는다거나."

"그래도 정이 있지…."라는 말과 함께 왠지 모르게 거부감이 들었지만 집으로 돌아가 곰곰이 생각해 보니 틀린 얘기도 아니었다. 그 형은 인간의 가장 솔직한 날것의 마음을 잘 알고 있는 사람이었다.

인간을 움직이는 동기는 무엇인가. 인정이 아니다. 애정도 아니고 동정도 아니며 의리도 아니다. 이익利益이다. 인간은 100% 자신의 이익에 따라 움직인다. 기부, 봉사와 같은 이타적인 행위도 궁극적으로는 '타인에게 도움을 주는 나'에게 느끼는 만족감이나 자기효능감이 동기의 원천이다. 우리의 직원관리는 '인간은 이익에 움직인다'라는 사실에서부터 출발할 것이다. 너무 당연한 사실 같지만 의외로 많은 사람들이 인정하지 않거나 외면하거나 깊게 생각하지 않는다. 사회 통념상 자신의 이익에 따라 움직인다는 말이 그 자체로 도덕적이지 않다는 느낌을 주기 때문인 것 같다. 그러나 명백한 진화생물학적 사실이다. 진화생물학에 따르면 인간 행동의 제1목적은 생존과 번식이다. 인간의 모든 행동은 결국 자신의 생존과 번식에 도움이 되는 방향으로 움직인다. 내 이익에 따라 움직이는 것이다.

2030 직원들에게 지금 이 일을 하는 이유가 무엇인지 물으면 다양한 답변을 한다.

1. 돈 때문에
2. 언젠가 창업하려고
3. 인정받고 있고 만족감이 있어서
4. 배울 점 많은 리더가 있어서
5. 새로운 것을 배우려고

6. 복지가 좋아서

7. 안정적인 직장이라서

8. 일이 적성에 맞아서

9. 재밌어서

표면적 이유야 어떻든 모두 자기 자신에게 이익이 있기 때문이라는 것을 알 수 있다. 이익의 종류는 돈, 복지와 같은 금전적 이익부터 창업의 기회, 만족감, 안정감, 재미 등 비금전적 이익까지 다양하다.

서울대학교 인류학과 박한선 교수는 저서 『인간의 자리』에서 이렇게 말한다.

"인간은 다정하지도 악덕하지도 않다. 단지 전략적일 뿐이다."

인간의 모든 행위는 전략이다. 이해되지 않는 직원들의 행동을 볼 때는 "쟤 왜 저래?"가 아니라 "저 선택을 하면 어떤 전략적 이익이 있을까?"를 생각해 보는 게 낫다. 이를테면 직장 내 자신의 능력을 100% 발휘하지 않는 직원도 사장의 시선에서는 답답하기 그지없지만 그 직원에게는 전략적으로 이익이 있다. 이런 직원들은 최선을 다해서 일했을 때 일을 잘한다며 더 많은 업무를 받은 경험이 있을 것이다. 그렇다고 그에 상응하는 보상은 받지 못하고, 주변에 적당히 일한 동료들과 다를 바가 없으니 억울하고 불공정하다고 느꼈을 것이다. 혹은 그런 동료를 목격했을 것이다. 여기서 영리한 전략적 선택은 일을 적당히 대충 하며 마감 기한에 딱 맞춰 주는 것이다. '회사에서는 적당히 하는 게 이득'이라는 말이 항간에 떠돌아다니는 이유는 이런 사례가 많기 때문이다. 이때 단순히 그 직원을 탓하고 욕해 봤자 바뀌는 것은 없다. 일을 더 하는 것이 본인에게 이익이 되는 상황을 세팅해 주는 것이 훨씬 빠르고 경제적이며 효과적이다.

이와 관련하여 게임이론이라는 경제학의 개념을 가져와 설명해 보고자 한다. 게임이론이란 상대방의 반응을 고려해 자신의 최적 행위를 결정해야 하는 상황에서의 의사결정을 연구하는 경제학 이론이다. 그중에서도 죄수의 딜레마는 가장 대표적인 게임이론 중 하나다.

		죄수 1	
		자백	침묵
죄수 2	자백	죄수 1: 10년 형 죄수 2: 10년 형	죄수 1: 20년 형 죄수 2: 무죄
	침묵	죄수 1: 무죄 죄수 2: 20년 형	죄수 1: 1년 형 죄수 2: 1년 형

죄수 1과 죄수 2는 사기죄로 기소된 공범자다. 경찰은 아주 작은 단서를 발견했지만 결정적인 증거나 자백이 필요한 상황이다. 그래서 죄수 1과 죄수 2를 각각 독방에 넣어 두고 심문하기 시작한다. 만약 당신이 죄수 1이라면 어떤 결정을 내리겠는가? 위 그림의 테이블을 알고 있는 죄수라면 둘 다 침묵하여 둘이 합쳐 총 2년 형을 받으려고 할 것이다. 그게 모두에게 좋은 합리적 선택이다. 그 외의 선택은 모두 둘이 합쳐 20년 형을 받는다. 그러나

실제 현실에서는 자백을 하는 경우가 대다수다. 분명 협동(침묵)하면 둘 모두에게 이익이 되는 결정을 할 수 있는데 왜 자백으로 공멸할까?

기본적으로 그게 본인에게 이익이 되는 전략적 결정이 되기 때문이다. 죄수 1의 입장에서 죄수 2가 자백을 한다고 가정해 보자. '자백=10년형', '침묵=20년형'으로 함께 자백하는 것이 이익이다. 죄수 2가 침묵을 한다면 어떨까? '자백=석방', '침묵=1년형'으로 여전히 자백하는 것이 이익이다. 죄수 1 입장에서는 죄수 2가 어떤 결정을 내리든 자백을 하는 것이 이익이 된다. 물론 여기서 죄수 2가 침묵할 것이라고 생각하면 그래도 침묵을 선택할 가능성이 높아진다. 나 혼자 무죄를 받자고 죄수 2에게 20년을 준다면 큰 죄책감에 시달릴 수 있기 때문이다. 이익이라는 것은 이런 죄책감이나 심리적 압박감까지도 포함하는 개념이다.

그런데 여기에 변수가 하나 더 있다. 상대가 반드시 침묵할 것이라는 믿음이 없다. 상대가 혹시라도 나를 배신하고 협력하지 않는다면, 침묵했을 때 나 혼자 20년 형을 독박 쓸 수도 있다. 이렇게 죄수 2가 침묵할 것이라는 선택지가 사라지는 순간 죄수 1에게는 '자백'을 선택하는 것이 매우 합리적인 결정이 된다.

반면 똑같은 상황에서 협력을 통해 이득을 보는 경우가 있다. 바로 기업 간 담합이다.

	(단위: 억)	기업 1	
		높은 생산량	낮은 생산량
기업 2	높은 생산량	기업 1: 160 기업 2: 160	기업 1: 150 기업 2: 200
	낮은 생산량	기업 1: 200 기업 2: 150	기업 1: 180 기업 2: 180

　유제품 시장을 독점하는 기업 1과 2이 있다. 이들은 서로 치열하게 가격 경쟁을 하며 높은 생산량을 유지하고 있다. 그렇게 각각 영업이익을 160억씩 달성하고 있다. 어느 한 기업이 생산량을 줄이기라도 하면 시장의 파이를 경쟁자에게 빼앗기니 서로 생산량을 높게 유지한다. 그러다 어느 날 두 기업의 대표는 만나서 이렇게 얘기한다. "우리 이러지 말고 서로 생산량은 줄이고 그만큼 가격을 올리시지요." 그 결과 두 기업의 영업이익은 160억에서 180억으로 상승했다. 담합의 힘이다.

　마찬가지로 게임이론을 직원관리에 적용해 보면 이렇게 설명할 수 있다. (이해를 돕기 위해 각자의 편익을 임의로 수치화.)

		사장	
		태만	성실
직원	태만	사장: -100 직원: -100	사장: -200 직원: +100
	성실	사장: +100 직원: -200	사장: +200 직원: +200

사장이 성실하다는 것은 직원에게 합당한 보상을 주고, 성장시키려고 노력하고, 회사를 발전시키려고 최선을 다하는 것이다. 태만하다는 것은 직원들을 소모품으로 보고 부려먹으려고 하는 것이다.

당연하지만 사장과 직원 모두 태만하면 결과는 최악이다. 도합 −200. 사장은 직원이 대충 일해서 답답하고, 직원은 사장이 자꾸 부려 먹으려고 하니 불만이다. 둘 다 성장할 수 없고 일에서 만족감을 느낄 수 없다.

둘 중 하나만 성실한 것도 바람직하지 않다. 도합 −100이다. 사장만 성실하다면 소위 '꿀' 빨고 있는 직원만 좋은 셈이고, 좋은 의도로 직원을 대하는 사장 입장에서는 자신의 감정과 교육 비용 등 잃는 것이 더 많아진다. 직원만 성실하다면 노동을 착취당하고 그에 합당한 보상을 받지 못하는 직원만 손해를 본다. 둘 모두에게 가장 좋은 선택지는 함께 각자의 역할을 성실히 수행하는 것이다. 사장은 직원을 진정성 있게 대하고 적극적으로 성장할 수 있도록 지원하며 내실 있는 회사를 만들고, 직원은 주어진 업무에 최선을 다하고 적극적으로 성장하여 매출에 기여해야 한다. 본인의 커리어에도 도움이 되고 회사에서 기여감과 공헌감을 느끼며 만족도를 높일 수 있다. 이게 내가 궁극적으로 추구하는 사장과 직원이 Win-Win 하는 관계다. 기업 간 담합은 시장경제를 좀먹는 불공정 거래의 하나로 공정거래위원회에서 엄하게 다스리고 있지만, 사장과 직원이 회사가 잘되자고 한마음 한뜻으로 담합하는 행위는 아무도 막지 않는다. 오히려 경제 발전을 위해 부추겨야 할 일이다.

그런데 회사 내에서의 사장과 직원들의 관계는 늘 담합이 아니라 죄수의 딜레마처럼 서로를 불신하는 형태로 흘러간다. 문제는 '신뢰'다. 한국의 직장인들에게는 중소기업 사장들은 자신들의 이익만 좇는 사람이라는 편견이 있다. 몇몇 악덕 사장들이 보여 준 언행에서 비롯된 일이겠지만, 실제로 사장의 이익만 생각하는 경우도 많다. 사장이 태만할 것이라고 믿는 순간, 직원들에게 최고의 전략적 선택은 무엇일까? 같이 태만하는 것이다. 내가 성실히 일해 봤자 사장만 좋은 일 시켜 주고 본인은 손해라는 것을 알기 때문이다. 그래서 우리가 해야 할 첫 번째 일은 사장이 태만하지 않고, 성실할 것이라는 사실을 직원들 머릿속에 강하게 심는 것이다. 사장이 100% 성실할 것이라는 확신만 있다면 직원 입장에서도 함께 성실한 것이 이득이다. 게다가 의외로 많은 직원들이 내게 진정성 있게 대해 주는 사람에게 최소한의 보답은 해야 한다는 일종의 책임감을 갖는다. 이를 심리학에서는 상호성의 법칙이라고도 한다. 사장이 성실하다는 것을 확인하기만 하면 태만이라는 결정을 쉽게 내리지 않는다.

그렇다면 사장인 우리는 구체적으로 어떻게 행동해야 할까? 죄수의 딜레마 게임을 수없이 반복했을 때 가장 승률이 높았던 전략을 그대로 적용하여 활용해 볼 수 있다. 미시간대학교 정치학 교수 로버트 액설로드는 반복되는 죄수의 딜레마 속 가장 성공적인 행동 전략을 알아보기 위해 1980년 컴퓨터를 활용한 모의 시뮬레이션 대회를 열었다. 그 결과 토론토대학교의 아나톨 라파포트Anatol Rapaport 교수가 내세운 팃포탯Tit for Tat 전략이 두 번이나 우승했다. 과연 그 전략은 무엇일까?

전략은 생각보다 단순하다. 먼저 처음엔 무조건적으로 협력하여 불필요한 갈등을 야기하지 않는다. 그런 뒤 상대방이 협력하면 계속 협력하고, 배신하면 똑같이 배신한다. 그런 뒤, 같이 배신을 했다면 바로 다음 순서에는 협력을 선택한다. 혹시나 실수했거나 후회하고 있을 상대방을 포용하는 것이다. 그리고 한 번 배신했던 상대라도 협력으로 돌아온다면 언제든 뒤끝 없이 함께 협력한다. 이렇게 협력의 가능성은 열어 두면서 관계를 회복할 수 있도록 한다. 그리고 이런 패턴을 익숙하게 만들어 나의 전략에 대해 상대방에게 인지시킨다. 그렇다면 이런 생각을 심어 줄 수 있다. "나만 협력하면 무조건 협력해 주는 상대구나." 이런 팃포탯 전략에 대응해 프리드먼, 랜덤, 나이데거, 다우닝 등 수많은 전략이 나왔지만 결국 우승을 차지한 것은 팃포탯 전략이다. 팃포탯 전략이 우리에게 전달하는 메시지는 간결하다.

기본적으로 신뢰하고 베풀되, 원칙을 깨는 자는 강력히 처벌한다.

팃포탯 전략을 실전 직원관리에 적용하려면 두 가지가 필요하다.

1. 함께 Win-Win 하겠다는 마음가짐

세상을 제로섬게임으로 바라보면 직원관리를 잘하기 쉽지 않다. 직원에게 월급 10만 원 더 주면 사장은 10만 원을 잃었다고 생각하는 사람에게는 최대한 내 주머니를 지키고 직원들은 착취하는 것이 좋은 전략이 된다. 사장과 직원이 공동의 목표를 향해 공감대를 형성하고 함께 성실하면 100만 원, 1,000만 원의 추가 가치를 창출하는 것은 일도 아니다. 궁극적으로 서로 협력해서 Win-Win 하는 것이 우리의 목표임을 명심하자. 함께 성장하고 함께 만족할 수 있는 환경을 만들려는 사장의 노력이 필요하다.

2. 내가 직원에게 무엇을 줄 수 있는지 먼저 고민하는 태도

사람은 모두 이기적이다. 그래서 나도 모르게 직원에게 기대하고 바라는 것만 생각한다. "네가 제대로 일하면, 그때 나도 잘 챙겨 줄래."라고 조건부 Win-Win을 기대한다면 서로 신뢰하지 못해서 결국 공멸의 길로 빠지게 된다. 내가 뽑은 직원이라면 먼저 믿고 베풀자. 그런 뒤 기본적인 원칙도 지키지 않는다면 그때는 단호하게 훈육하거나 내보낼 수 있어야 한다. 그리고 언제든 직원이 우리 회사에 맞게 행동한다면 다시 진심으로 믿고 베풀어 주자.

논어 팔일八佾 중 "군사신이례君使臣以禮 신사군이충臣事君以忠"이라는 말이 있다. 임금이 신하에게 예를 갖추고 신하는 충을 다하면 된다는 뜻이다. 이때 공자는 신하가 충을 다하면 그때 임금이 예를 갖추라고 가르치지 않는다. 예와 충은 동시에 이뤄져야 한다. 임금은 신하에게 무례하면서 일방적으로 충성만을 요구한다면 신하 또한 불충할 뿐이다.

이기심은 중립적이다. 회사에 도움이 되는 방향으로도, 도움이 되지 않는 방향으로도 이끌 수 있다. 사장의 역할은 직원의 이기심을 회사에 도움이 되는 방향으로 이끌게 하는 것이다. 직원들의 이기심을 어디로 드라이브 거느냐가 리더의 실력이다.

세상에 나쁜 인간은 없다

인류 역사에서 수천 년 동안 이어져 온 논쟁이 있다. 인간의 본래 타고난 성품은 선하냐 악하냐 하는 인성론이다. 선하다고 주장하는 사람과 악하다고 주장하는 사람들이 결론을 내리지 못하고 현재까지도 논쟁하고 있는 주제다. 여러분은 맹자로 대표되는 성선설과 순자로 대표되는 성악설 중 어떤 것을 믿는가? 정답은 사람마다 다를 수 있다. 나는 성선설과 성악설, 둘 다 믿지 않는다.

세상에 나쁜 인간은 없다. 그리고 세상에 착한 인간도 없다.
인간은 그저 '환경'에 취약하고 '이익'에 취약한 동물일 뿐이다.

한국교육방송 EBS에서 방영하는 〈세상에 나쁜 개는 없다〉라는 프로그램이 있다. 반려견의 문제 행동 원인을 분석하고 해결책을 제시하는 프로그램이다. 에피소드마다 반려견들의 문제 행동은 다양하다. 공격적으로 달려들기도 하고, 분리불안이 있어 집 곳곳에 배설하는 경우도 있고, 시도 때도 없이 짖는 일도 있다. 혼내도 보고 사랑으로 달래도 봐도 쉽게 바뀌지 않는다. 각기 다른 이야기 같지만 모든 에피소드를 관통하는 공통점이 있다. 반려견이 왜 그런 문제 행동을 일으켰는지를 파고 들어가다 보면 결국 그 끝에는 보호자의 무지하거나 잘못된 행동이 있다는 점이다. 강아지의 행동은 주위 환경과 보호자의 일상 속 행동 하나하나에 큰 영향을 받는다. 그래서 프로그램을 보다 보면 종국엔 이런 결론을 내리게 된다. 세상에 나쁜 개는 없다.

강아지들이 보호자라는 환경에 영향을 크게 받듯이, 작은 회사의 직원들은 결국 사장이라는 절대적 환경에 영향을 크게 받을 수밖에 없다.

1년에도 몇 번씩 뉴스에서는 회사의 돈을 횡령한 직원들의 이야기가 나온다.

"특허비 67억 원 횡령한 변리사 등 2명, 항소심서도 징역형"
"3년간 1억 넘게 횡령… ○○○ 공립학교 교직원 경찰 조사"
"비트코인 3억 횡령한 가상화폐 거래소 직원… 1심 징역 2년"

나는 이런 사람들이 특별히 악하기 때문에 횡령을 저질렀다고 보지 않는다. 이들의 재판 중 발언을 듣다 보면 공통적으로 하는 말이 있다. "아무도 모르길래 그랬어요." 횡령을 미리 방지하고, 점검하는 이중삼중의 꼼꼼한 시스템이 마련되지 않아 담당자들이 돈을 개인 목적으로 쓰거나 빼돌려도 아무도 모르는 환경이었다. 횡령해도 걸리지 않을 환경에 노출되어 있었을 뿐이다. 만약 이들이 특별히 악한 것이라면 다른 사람들을 똑같은 직책에 앉혀 놨을 때 문제가 근절되어야 한다. 그런데 횡령 문제는 어느 조직에서든 꾸준히 발생한다. 비단 뉴스에 나오는 큰 기업들뿐 아니라 우리 주변에 자영업자, 중소기업에서도 수도 없이 발생한다. 인간은 모두 악하기 때문일까?

인류 역사에서 가장 악한 사건 중 하나인 홀로코스트를 통해 그 질문에 답해 보자. 제2차 세계대전 중 나치 독일은 수용소를 만들어 유대인을 대학살 했다. 히틀러 치하의 독일에서 학살된 유대인은 무려 600만 명에 이른다. 그야말로 악마가 따로 없는 천인공노할 끔찍한 일이다. 제2차 세계대전이 종전되고 약 15년 뒤 유대인 학살을 이끌었던 독일의 나치 친위대 장교이자 1급 전범인 아돌프 아이히만Adolf Eichmann이 체포되었다. 재판이 열린다는 이야기를 듣자 당시 사람들은 아이히만이 얼마나 포악한 성정을 가진 괴물 같은 존재일지 그의 실체에 대해 궁금해했다. 재판이 시작되자 많은 사람이 경악했다. 아이히만은 주변 어디서나 볼 수 있는 평범한 중년 남성이었다. 그는 군인 공무원이 되기 전까지 광산 노동자, 세일즈맨으로 일했던 평범한 가장이었다. 나치당에 가입했던 것도 오로지 생계를 책임지기 위함이었다. 해당 재판에 참관했던 독일의 정치철학자 한나 아렌트Hannah Arendt의 이야기에 따르면 아이히만의 말과 행동이 너무나도 평범한 일반 사람과 같았다고 한다. 나치의 이념에 깊게 빠져 있지도 않았다. 같은 동네에 거주한 주민들의 증언도 이를 뒷받침했다. 대다수 주민은 아이히만은 평범하고 오히려 가정적인 남편이었다고 말한다. 아이히만은 그저 명령에 비판 없이 복종했을 뿐, 특별히 악마 같은 인간이라고 보기는 어려웠다. 한나 아렌트는 이후 「예루살렘의 아이히만」이라는 보고서를 통해 이러한 인간의 모습을 '악의 평범성'이라고 표현했다.

인간의 본성은 선하지도 악하지도 않다. 누군가의 행동은 상황에 따라 선하게 보일 수도 있고, 다른 사람에게는 악하게 보일 수도 있다. 아이히만이

나 범죄를 저지른 사람들을 옹호하려는 것이 아니다. 또한, 모든 것이 상황에 의해 결정된다고 주장하는 것도 아니다. 당연히 그런 환경 속에서도 선택은 개인의 책임이다. 다만, 인간이란 동물이 그만큼 환경에 취약한 동물이라는 뜻이다. 평범한 사람도 어떤 환경, 조직, 사회, 사람들과 함께 있느냐에 따라 나쁜 행동도 할 수 있다. 상황이 사람을 만든다.

환경의 중요성에 대한 재미있는 실험이 있다. 1971년 스탠퍼드대학교 심리학과 교수 필립 짐바르도Philip Zimbardo는 24명의 대학생을 선발하여 무작위로 죄수와 교도관 역할을 맡게 했다. 이들은 스탠퍼드대학교 심리학과 건물인 조던 홀의 지하실에 있는 감옥처럼 만들어 놓은 공간에서 생활했다. 놀랍게도 실험은 6일 만에 종료되었다. 교도관들이 죄수들에게 권위적으로 행동하고 가혹 행위를 저질렀기 때문이다. 실험이 순조로웠던 것은 첫날뿐이었다. 이틀 차에 죄수들이 처우를 개선해 달라며 항의하자 교도관들은 이들을 독방에 가뒀다. 더러운 화장실을 맨손으로 청소하게 시키는가 하면 죄수들 사이를 이간질하기도 했다. 소화기로 죄수들을 공격하기도 하고 생리 현상을 억지로 참게 하기도 했다. 실험이 진행될수록 몇몇 교도관들은 더욱 폭력적으로 변했다. 더욱 놀라운 것은 죄수들이 처음에는 반항했지만 이내 순종적으로 변했다는 것이다. 참가자들은 각자의 역할에 완전히 흡수됐다. 교도관 역할을 맡은 사람들이 하필 악인이었을까? 죄수 역할을 맡은 사람들이 하필 선해서 반항하지 못한 걸까?

역시나 선과 악의 문제가 아니다. 쟁점은 환경이다. 교도관과 죄수의 역할이 반대로 정해졌더라도 비슷한 문제가 발생했을 것이다. 참가자 전원은 중산층 가정 출신의 심리적으로 안정되고 육체적·정신적으로 문제가 없으며 범죄 이력이 없는 사람들이었음에도 폭력적으로 변해 갔다. 횡령이나 학살, 가혹 행위 등 '악'의 이야기의 끝에 가 보면 늘 이런 결론을 내린다. '세상에 나쁜 인간은 없구나.' 그 사람의 인생을 직접 살아 보지 않고 함부로 판단하는 것은 굉장히 위험한 사고방식이다.

인간은 본질적으로 악하지 않다.

이를 직원관리에 적용하면 어떤 배움과 전략을 도출할 수 있을까? 직원들의 모든 행동을 선과 악으로 나누지 말자. 환경의 관점에서 바라보아야 한다. 따라서 의지를 바꾸려고 하지 말고 환경을 바꿔 주어야 한다.(구체적인 환경 설계 방법은 4장에서 알아보자.)

직원들에게 동기부여를 해 주고 싶다며 매일 아침 동기부여 유튜브를 단톡방에 공유하는 사장이 있었다. 이렇게 개인의 의지만 북 돋우려는 전략은 전혀 효과적이지 않았다. '열심히 살아도 인생은 바뀌지 않아.'라는 믿음을 가진 직원에게는 동기부여 영상을 보는 것이 오히려 자신의 이익에 반한다고 생각했다. 사장에겐 삶에 열의를 불어 주는 귀중한 한 문장이었지만, 그 직원에겐 아무런 의미 없는 시간 낭비일 뿐이었다. 사장이 자신을 더 열심히 착취하기 위해 쓰는 꼼수라고 생각하기도 했다. 반드시 봐야만 하는 환경도 아니었다. 직원들이 사장님의 기대만큼 동기부여 영상을 보고 의욕이 생기지 않았던 것은 해당 직원들이 게으르고 못된 사람들이라서가 아니었다. 그저 '이익'과 '환경'에 취약한 존재라는 것을 활용하지 못했을 뿐이다. 사실 동기부여 유튜브를 직원들에게 막무가내로 공유했던 그 사장은 다름 아닌 과거의 나다. 지금은 수습에서 정규직원으로 진급하기 위한 퀘스트 중 하나로 해당 영상을 보고 글을 적게 한다. 정규직원 진급이라는 '이익'에 유인될 수 있게끔 했다. 그 외에도 전달하고 싶은 메시지가 있다면 출근 후 5분 동안 모여서 전달한다. 집중해서 생각하기 좋은 '환경'으로 유도한다. 업무 외 시간에 영상을 보라고 공유해 봤자 직원들은 보지 않을 확률이 높다. 스마트폰은 도파민 덩어리다. 카톡 알림, SNS 알림, 나의 관심사를 파고드는 광고 등 주변의 유혹이 많은 '환경' 탓이다. 사장이라면 직원을 못한다, 엉망이다, 부족하다고 판단할 것이 아니라 어떤 환경과 이익을 제시해야 할 것인지 고민해야 한다.

그런데 애초에 '열심히 살아도 인생은 바뀌지 않아.'라는 믿음을 가진 직원이 있다면 어떻게 접근해야 할까? 말이 통하지 않는 직원들에 대한 고민이 클 때마다 이렇게 생각해 보자. "어떤 환경 속에서 자라 오고, 어떤 경험을 했길래 그런 생각을 하게 되었을까?" 나는 이런 사고방식을 가진 뒤로 직원과의 관계가 개선되고, 직원들의 역량도 성장시킬 수 있었다. '나는 맞고 너는 틀렸다'는 식의 화법을 자연스레 버릴 수 있었기 때문이다. 당연히 저들에게도 나름의 이유가 있었을 것이라 짐작하고 대화하니, 깊이 있는 대화를 통해 직원들을 이해하게 됐다. 직원들도 존중받는다고 느낄 수 있었을 것이다.

인간은 선하지도 악하지도 않고 환경과 이익에 취약하다는 것은 이제 지겹도록 들었으니 이해했을 것이다. 그렇다면 작은 회사의 직원들에게 가장 큰 환경은 무엇일까? 단연코 사장이다. 모든 리더십 관련 고전의 첫 장으로 솔선수범이 나오는 것은 우연이 아니다. "회사의 룰이 중요하니 반드시 지켜!"라는 백 마디 말보다 자신부터 룰을 철저히 지키는 사장의 언행일치가 더 큰 영향을 준다. 작은 회사의 사장은 자신의 행동에 더 큰 책임감을 느껴야 한다. 나는 훌륭한 사장 밑에 엉망인 직원들이 있는 것을 본 적이 없다. (사장 다음 중요한 환경은 시스템이다. 뒤에 나올 3~8단계의 시스템을 만드는 데에 집중해 보자.)

인간은 돈만 많이 준다고 움직이지 않는다

퓨리서치센터에서 2021년 조사한 바에 따르면 17개의 선진국 중 한국은 유일하게 '물질적 풍요'를 삶에서 가장 중요한 가치로 꼽았다. 해당 조사의 타당성에 논란이 있긴 하지만, 우리 사회에서 돈이 황금 그 이상의 지위를 누리고 있다는 것만큼은 사실이다. '돈이면 다 된다'라는 물질만능주의가 사회에 만연해 있다. 실제로 직장인들과 소통하다 보면 돈만 많이 주면 뭐든지 할 수 있다고 얘기하기도 한다. 작은 회사의 사장들은 돈을 많이 주지 못하는 여건 탓에 직원관리가 어렵다고 말한다. 직원이 퇴사하면 돈을 더 많이 받는 곳으로 이직했다고 생각한다. 그러나 글로벌 컨설팅 회사 맥킨지의 연구에 따르면 의외로 퇴사자들은 보상이 아닌 사람 문제로 퇴사하는 경우가 훨씬 많다. 돈이면 무엇이든 해결할 수 있을 것이라는 보편적 생각과 달리, 적어도 직장 내에서는 돈이 직원 문제를 모두 해결해 주지 않는다.

돈은 중요한 동기부여 수단이지만, 그것만으로는 사람들을 움직일 수 없다. 사람들은 금전적인 보상 외에도 자아실현, 인정, 소속감 등의 비금전적 요인에 의해 더 강하게 동기부여를 받는다. 인간은 의미 있는 일을 하고 싶어 한다. 단순히 돈만 벌기 위한 일이 아니라 세상에 도움이 되는 일을 할때 강하게 동기부여된다. 인간관계도 매우 중요하다. 좋은 동료와 함께하는 시간은 돈으로 살 수 없다. 개인의 성장과 발전도 큰 동기가 된다. 새로운 것을 배우고 더 나은 사람이 되고 싶어 하는 마음, 이건 돈으로 살 수 없다.

인간의 기본 욕구를 설명하는 매슬로우의 욕구 단계 이론에 따르면, 금전적 보상은 가장 기본적인 생리적 욕구와 안전 욕구를 충족시키지만, 그 이상의 욕구를 충족시키기에는 부족하다. 사람들은 인정받고, 자신이 하는 일이 의미 있다고 느낄 때 더 큰 동기를 부여받는다.

하버드 대학의 연구에 따르면, 직원들이 일에 만족하고 동기부여를 느끼는 주요 요인은 금전적 보상이 아니라, 일에 대한 자율성과 도전감 그리고 직장 내 인간관계라는 결과가 나왔다. 이 연구는 돈이 일정 수준 이상으로 제공될 때부터는 더 이상 동기부여의 주요 요소가 아니며, 다른 비금전적 요인들이 중요해진다는 것을 보여 준다. 이를테면 비영리 단체에서 일하는 사람들은 일반적으로 기업에서 일하는 사람들보다 낮은 급여를 받지만, 그들은 자신이 하는 일이 사회에 긍정적인 영향을 미친다는 사실에 큰 보람을 느끼고, 이로 인해 높은 동기부여를 유지한다.

내 친구 민수도 대표적인 예가 될 수 있다. 민수는 대기업에서 일하며 많은 돈을 벌었다. 하지만 그 일이 의미 없게 느껴져 결국 그만뒀다. 대신 학원에서 아이들을 가르치는 선생님이 됐다. 급여는 대기업 시절보다 적게 받지만, 민수는 지금이 훨씬 행복하다고 말한다. 아이들의 웃는 얼굴을 볼 때마다 삶의 보람을 느낀다고 한다.

결론적으로 돈은 물론 중요하다. 하지만 그것만으론 부족하다. 돈만 많이 준다고 해서 사람들을 움직일 수 있는 것은 아니다. 우리를 진정으로 움직이는 건 금전적 보상 외에도 의미 있는 일, 좋은 인간관계 그리고 개인의 성장 등의 비금전적 요인이다. 이런 것들이 있을 때 직원들의 만족감을 높이고 동기를 심어 줄 수 있다.

돈으로 모든 것을 해결하려는 사장들은 그냥 게으른 것일 뿐이다. 직원 문제를 고민하고 싶지 않으니 모두 돈으로 해결하고 싶어 하는 것이다. 돈은 절대 모든 문제를 해결할 수 없다. 인간의 욕심은 끝이 없기 때문에 돈은 한번 주면 점점 더 많이 줄 수밖에 없다. 회사가 무제한으로 성장하지 않는 이상 언젠가 벽에 부딪힌다.

힘들어도 인간을 움직이게 만드는 원동력 1가지

————

때는 2020년, 한창 코로나 19로 한국 사회가 혼란스러울 때였다. 코로나 만큼이나 많은 사람이 관심을 가진 것은 다름 아닌 주식시장이다. 코로나 19 발병 직후 주가가 대폭락했지만, 저점을 찍고 반등하기 시작하면서 한국엔 '주식 열풍'이 불었다. 미국 연방준비제도에서 기준금리를 0%대까지 인하하면서 재테크에 관한 관심이 높아지고, 시중에 자금이 많이 풀리면서 기적같이 주가가 상승하기 시작한 것이다. 4월을 기점으로 연말까지 주가는 끝 모르고 상승했다. 당시엔 주식을 하지 않으면 바보 취급받을 정도로 시장이 호황이었다.

나도 시대의 흐름에 동참했다. 당시 주식에 문외한이었던 나는 PER주가수익비율만 보고 주식을 구매했다. 순이익이 똑같이 1억인 회사가 두 군데 있다면, 주가가 더 저렴한 종목을 매수한 것이다. 바보 같은 이야기지만 그때는 지극히 당연한 논리라고 생각했다. 그러나 현실은 차가웠다. 주변 지인들은 주식으로 얼마를 벌었는지 자랑했지만 내 주식 계좌는 온통 파란색이었다. 큰 손실을 보지는 않았지만, 수억씩 벌었다는 사람들의 이야기를 듣자 박탈감이 어마어마했다. 이때 나는 인간을 제대로 알지 못했다.

주식시장을 보면 인간의 욕망을 알 수 있다고 한다. 그들의 욕망이 그대로 시장에 투영되기 때문이다. 이때 내가 놓친 사실은 인간은 현실보다 '희망'에 따라 움직인다는 것이다. 주식의 가격은 '기대심리'를 반영한다. 현재의 당기순이익이 높아도, 앞으로 성장하지 않을 것으로 생각되면 주가는 오르지 않는다. 은행 등 금융주는 매년 조 단위 당기순이익을 내지만, PER은 평균 4~5배 수준이다. 내년에도, 내후년에도 비슷한 수준의 이익을 낼 것이라고 뻔히 예상되기 때문이다. 금융주 중에서도 카카오뱅크만큼은 예외적으로 PER이 38배나 된다. 기존 은행 대비 당기순이익은 1/10 수준이지만, 기존의 금융업의 틀을 깨고 IT를 결합해 더 성장할 것이라는 '희망'이 주가에 담겨 있기 때문이다.

이렇게 인간은 희망에 움직인다. 주식의 가격이 기대심리에 영향을 받듯이, 직원의 동기부여도 희망에 영향을 받는다. 당연한 이야기지만, 직원관리에 치이는 사장들이 잊고 사는 것 같아 다시 한번 강조한다.

직원들 이야기까지 갈 것도 없이 사장만 해도 그렇다. 사업을 하면서 가장 재미있는 순간이 언제일까? 많은 돈을 벌었을 때? 그것도 맞다. 하지만 큰 성공을 이뤄 낸 창업자들은 이렇게 이야기한다. "현실은 시궁창 같아도 꿈과 희망을 품고 뭔가에 몰입했던 때." 쉽게 말하자면 비록 지금은 어둡고 축축한 터널 속에 있어도, 저 멀리 빛이 보이기 시작하면 의욕이 생기고 재미를 느낀다. 나도 사업에 고민이 있을 때 이 문제가 해결될 거라는 희망이 보이기 시작할 때가 가장 설레고 의욕이 가득하다. 사업은 문제 해결의 연속이다. 그래서 며칠 전까지도 '이 문제를 어떻게 풀지?' 고통스럽게 머리를 싸매며 괴로워했다. 아무리 가도 답이 안 보이는 끝없는 터널 속에 있는 듯

했다. 반대로 이 글을 쓰는 지금은 설레고 웃음이 난다. 전부터 존경해 오던 선배 사업가와의 커피챗이 예정돼 있기 때문이다. 문제 해결의 실마리를 찾을 수 있다는 희망 하나로 며칠 사이 기분이 180도 바뀌었다. 여전히 문제는 남아 있고, 해결하지 못한 현실은 하나도 바뀌지 않았는데 오로지 희망하나로 활기와 의욕을 되찾았다. 직원들도 마찬가지다. 저 멀리 어딘가(3년 뒤, 5년 뒤)에 지금보다 나아질 거라는 희망이 보이기 시작해야 의욕이 불붙는다. 그리고 이 희망이 확신에 가까울수록 그 효과는 훨씬 커진다. 그러니 직원들에게 터널의 끝을 보여 주자. 저 멀리 빛이 있다는 것을 보여 주자.

그럼 희망은 어떻게 불어넣을까?

답은 명쾌하다. 직원의 삶과 커리어에 대해 진정성 있게 같이 고민해야 한다. 유명 건축가인 유현준 교수는 직원들에게 "언젠가 내 곁을 떠나라."라고 말한다고 인터뷰에서 밝힌 바 있다. 특히 건축업계는 결국 자기만의 사무실을 목표로 일을 배우는 사람들이 많다. 유현준 교수는 자신도 늘 독립을 생각했기 때문에 직원들의 독립도 응원한다고 말한다.

"직원들의 퇴사를 부추겨도 된다고요?"

퇴사를 부추긴다기보다는 포용하고 조언해 주는 것에 가깝다. 미래에 본인 사업을 하려면 지금 우리 회사에서 어떤 경험과 실력을 쌓아야 하는지 진정성 있게 조언해 주고 고민해 주고 지원해 준다는 말이다. '내가 이 회사에서 일하다 보면 N년 뒤에는 이런 역량도 생기고, 저런 역량도 생기겠구나' 이런 희망이 보일 때 비로소 직원들은 일에 집중한다. 만약 이 회사에서 5년, 10년 일해도 월급은 여전히 쥐꼬리에 야근만 많을 거라고 예상된다면 어느 누가 열심히 일하겠는가?

정확히 내가 그랬다. H그룹에서 일할 때 팀 리더들을 보면서 그들처럼 살고 싶지 않았다. 연봉의 큰 틀은 이미 정해져 있었다. 내가 여기서 일하면 행복해질 것이라는 희망이 전혀 없었다. 그래서 퇴사했다. 지금 이 글을 읽고 있는 여러분의 직원들이 세 달 만에 퇴사하거나 일을 성실히 하지 않는 이유도 결국은 '희망'의 부재다. 이 회사에서, 이 사장과 함께 일했을 때 1년, 3년, 5년 뒤에 내가 원하는 삶을 살 수 있고 행복할 수 있을까? 그에 대한 답을 'NO'라고 했다는 것이다.

물류 회사 영업팀에서 근무하는 내 고등학교 친구 A는 누구보다 열심히 일한다. 내가 아는 직장인 중 최고다. 열정의 비결이 뭘까? 동기부여 이론 중 하나인 블룸의 기대이론을 토대로 자세히 살펴보자.

성과만큼 보상을 받을 수 있나?

| 노력 | ➡ | 성과 | ➡ | 보상 |

노력한 만큼 성과가 나올까?　　　　　　내가 원하는 보상인가?

먼저 개인의 노력이 성과로 이어졌다. A가 열심히 야근하고 주말에도 고객사와 미팅을 하는 열정을 보이는 것은 그러한 노력이 실제 매출 실적으로 이어졌기 때문이다. '내가 노력하니까 그만큼 좋은 결과가 나오네?'라는 긍정 경험이 생긴다. 종종 직원들의 실력이나 성향을 고려하지 않고 부적합한 업무를 시키는 경우가 있다. 이때 직원들은 나름대로 노력을 해 보지만 결국 원하는 수준의 결과물을 만들지 못하고 이렇게 좌절한다. "열심히 해 봤자 뭐 해. 되지도 않는데." 노력이 성과로 이어질 것이라는 희망을 놓치지 않게 해 주어야 한다.

두 번째로는 성과가 보상으로 적절히 연결되었다. 4년 차임에도 불구하고 팀 내 매출 수위권을 달리는 A는 그에 합당한 보상을 받았다. 실적에 비례한 인센티브는 물론이고, 팀 내 발언권도 생겼다. 팀장부터 팀원들까지 A를 능력에 맞게 존중, 대우해 줬다. 그리고 눈에 보이는 보상은 아니지만, 임원급 직원들 눈에 들어 함께할 기회를 많이 얻었다. 골프 모임을 함께한다거나 외부 세미나에 동행한다는 식이다.

마지막으로 그러한 보상들이 모두 A의 궁극적 목표에 부합했다. 수백억 매출의 사업을 운영하는 아버지 밑에서 자란 A는 사업에 대한 꿈이 있었다. 언젠가 자기 힘으로 사업을 시작하고 싶어 했다. 그런 측면에서 회사에서 얻을 수 있었던 보상은 하나같이 귀한 기회였다. 자신이 업무에 집중하고 노력하기만 하면 사업에 필요한 자금도 비교적 빠르게 모을 수 있고 조직 내에서 인정받으며 리더 역할을 연습해 볼 수 있었고 사업에 도움을 줄 수 있는 인적 네트워크를 쌓을 수 있었다. 같은 업계에서 창업할 생각이다 보니 회사의 임원급 직원도 중요한 인적 자원이었고, 자신이 맡은 고객사 담당자들 또한 중요한 인적 자원이었다.

결국, A가 야근도 마다치 않고 회사의 일을 자기 일처럼 열심히 하는 이유 또한 '희망'이다. 누군가는 그저 영업직이라 일한 만큼 인센티브를 받아서, 즉 돈 때문 아니냐고 반박한다. 그게 전부일까? 그럼 모든 영업직이 다 열심히 해야 하는 게 아닌가? 다른 영업직원들과 A가 다른 이유는 다시 말하지만 희망이다. 무슨 희망이냐? 내가 노력하면 성과를 낼 수 있겠다는 희망, 성과를 낸 만큼 회사에서 적절하게 보상해 줄 거라는 희망, 일하며 만나는 거래처들이 나중에 자기 사업할 때 도움 될 인적 자산이 될 거라는 희망, 이렇게만 가면 5년 뒤에는 내 사업을 해도 성공하겠다는 희망이다.

동기부여 = 희망 관리

직원들 동기부여를 잘 시키고 싶다면 현실의 조건을 잘 챙겨 주는 것도 중요하지만, 미래의 희망을 잘 관리해 주는 것도 중요하다. 인간은 희망에 움직인다는 사실은 1~2년 뒤에 바뀔 트렌드가 아니다. 100~200년 지나도 변하지 않을 '인간 본성'이다. 인간은 희망이 보이지 않으면 삶의 이유를 잃고 고장 난다. 과거 직장인들이 힘들어도 꾹 참고 다닌 이유는 '유달리 끈기가 있어서'가 아니라 희망이 보였기 때문이다. 이렇게 몇 년 버티면 집도 사고 승진도 하고 다 되겠다는 희망. 지금은 상황이 다르다. 2018년 이후 자본 소득의 비중이 크게 늘었다. 근로 소득으로는 집 사기 어려운 세상이 됐다. 이런 상황에서 직원들은 희망보다 절망을 느낀다. "일 열심히 해 봤자 뭐 하나…. 집 하나 못 사는데." 직원들의 삶과 커리어에 귀 기울이고 내가 무엇을 도와줄 수 있을지 진심으로 고민하자. 그들이 희망을 느낄 수 있도록.

직원들의 희망을 긍정적으로 자극하기 위해서는 기대이론 속 단계들의 연결 고리를 탄탄하게 만들어 놓아야 한다.

1. 노력한 만큼 성과로 이어질 수 있게 도와주어야 한다
   (6단계_온보딩, 7단계_성과 관리)
2. 성과를 낸 걸 보상을 제대로 해 준다 (8단계_평가/보상)
3. 직원 개인의 목표에 대해 깊이 있게 이해한 상태를 유지한다
   (4단계_소통)

그 외에도 가능하다면 나와 일했던 직원 중의 성공사례가 있으면 좋다. 같이 일하다가 더 좋은 곳으로 이직했거나 성공했거나, 혹은 나와 이미 오

래 일하고 있는 직원의 사례 말이다. 인간은 백 마디 말보다 다른 사람들의 사회적 증거에 약하다.

✓ 리더십 핵심 정리

1. 인간의 의욕은 희망의 수준에 따라 달라진다.
2. 동기부여를 잘하려면 현재의 보상뿐 아니라 앞으로의 희망을 그려 줘야 한다.
3. 그러려면 사업에 직원관리 8단계 프로세스를 더해야 한다.

충성스러운 직원은 선불이다

새로운 일을 맡기거나 새로운 문화, 제도를 도입하려고 하면 "굳이 그런 걸 해야 되나요?"라고 반문하는 직원들이 있다. 일 좀 가르쳐 놓으면 3개월 만에 퇴사하는 직원도 있다. 이럴 때 사장들은 답답함의 크기만큼 충성심 있는 직원에 대한 갈망도 커진다.

"저를 믿고 따라 줄 충신은 어떻게 만들 수 있을까요?"
"직원들의 충성도를 높이는 방법은 없나요?"
그래서 나를 찾아오는 사장님들의 절반 이상이 한 번쯤은 이런 질문을 던진다. 내가 뭘 해도 믿고 따라 줄 직원, 나와 같은 마음으로 일해 줄 직원 한 명만 있으면 모든 직원관리 고민이 절반은 해결될 것 같다는 생각이 들기 때문이다. 실제로도 성공적으로 사업을 키워 나가는 분들을 보면 하나같이 믿고 맡길 수 있는 핵심 인재가 있다.

도대체 어떻게 해야 직원의 충성도를 높일 수 있을까? 절대적인 진리는 없다. 하지만 수많은 직간접 경험을 통해 내가 찾은 답이 하나 있다.

힘들 때 대가 없이 먼저 도와주는 것이다.

먼저 충성심이 무엇인지부터 정의해 보자. 충성심忠誠心의 사전적 의미는 "임금이나 국가에 대하여 진정으로 우러나오는 정성스러운 마음"이다. 즉 우리가 직원에게 기대하는 충성심은 '회사나 사장을 향해 진정으로 우러나오는 정성스러운 마음'이다.

어떻게 하면 직원이 나를 향해 진정성 있게 정성스러운 마음이 들게 할까? 당연하지만 내가 먼저 직원을 향한 정성스러운 마음이 있어야 한다. 그래서 핵심은 '힘들 때'도 아니고 '대가 없이'도 아니다. '먼저 도와주는 것'이다.

왜 먼저 도와주냐고? 이에 대해 심리학적으로 접근해 보자. 1968년, 하버드대학교 심리학과 교수 로버트 로젠탈은 「교실 안의 피그말리온」이라는 보고서를 발표한다. 그 내용을 간단히 줄이자면 다음과 같다.

1. 1964년 샌프란시스코의 초등학생들을 대상으로 지능을 테스트했다.
2. 실제 IQ 결과와 상관없이 무작위로 학생 일부를 뽑은 뒤 교사에게 IQ가 높은 학생들이라고 전달했다.
3. 교사는 당연히 그것이 사실인 줄 알고 그들을 칭찬하고 독려했다.
4. 8개월 후 해당 학생 군의 성적이 다른 학생들보다 눈에 띄게 향상되었다.

비슷한 수준의 학생들이었음에도 결과가 달랐던 것은 교사가 가진 '기대'였다. 당연히 이를 곧이곧대로 우리 회사에 적용할 수는 없다. 아무리 우리가 직원들에게 기대한들 구글, 애플의 직원들만큼 업무 역량이 커지기는 어렵다.

그러나 우리가 '피그말리온 효과'에서 배울 수 있는 것이 있다. 먼저 믿고 기대해야 좋은 결과를 얻을 확률이 높다는 사실이다. 종종 이런 말씀을 하는 사장님들을 만난다. "직원을 믿어 주라고요? 잘해야 믿죠." 틀린 말이 아니다. 하지만 우리가 통제할 수 있는 것은 오로지 우리 하나뿐이다. 직원들이 내게 진정으로 정성스러운 마음이 우러나오길 바란다면, 내가 먼저 진정으로 직원들을 대해야 한다.

이와 관련한 또 다른 심리학적 개념이 있다. '자기실현적 예언'이라는 개념이다. 내 선입견이 내 행동을 바꾸고, 내 행동이 타인의 행동을 바꾸는 현상이다. 이해를 돕기 위해 내 경험 하나를 들려드리고자 한다. 대학생 시절 유럽으로 여행을 갔을 때의 일이다. 나는 당시 다양한 미디어의 영향으로

'흑인은 위험할 수 있다'라는 잘못된 선입견을 품고 있었다. 그런 상태로 프랑스 파리에 도착하자 걱정의 연속이었다. 길거리를 지날 때마다 많은 흑인분을 마주쳤다. 나는 흑인을 처음 마주했다. 신체 조건이 워낙 커서 위압감을 느꼈다. 그래서 나도 모르게 경계하는 눈으로 몸을 피하며 지나쳤다. 그러다 한 번은 190cm는 될 법한 흑인분이 내게 기분 나쁜 표정으로 호통을 치며 위협하고 갔다. 심장이 벌렁거렸지만 일단 무사했다는 사실에 안심했고 한편으로는 억울했다. "나한테 갑자기 왜 저러는 거야? 진짜 이상한 사람이네!"라는 생각이었다. 나중에야 깨달았다. 내가 보인 미묘한 표정과 행동이 상대방을 자극했다는 사실을. 난 내가 경계하는 티를 내지 않았다고 착각했다. 허나 상대방에게는 내 기분 나쁜 선입견이 고스란히 느껴졌고 그게 실제 폭력적인 행위로 이어졌다.

사장-직원 관계에서도 이런 경우를 많이 볼 수 있다. 대표적인 예가 강원도 원주에서 세무사무실을 운영하는 H 대표님의 사례다. H 대표님에게는 마음에 드는 직원과 썩 내키지 않는 직원이 있었다. 그런데도 본인은 둘을 공평하게 대하고 있다고 자신 있게 말씀했다. 하지만 옆에서 모든 상황을 지켜보았던 부인분의 이야기는 달랐다. 내가 '자기실현적 예언'의 개념에 관해서 설명해 드리자마자 "맞아요! 우리 남편이 못마땅해하는 직원을 대할 때는 표정도 어둡고 말도 시큰둥하게 해요."라며 크게 공감하셨다. 그렇다. 사장은 모른다. 나는 그렇게 차별하는 사람이 아니라고 생각한다. 그러나 내가 의식하지 못한 사이 생각이 행동으로 드러나게 된다. 나중에 들어 보니 실제로 해당 직원은 차별받고 있고 소외감을 느꼈다고 밝혔다. 게으르고 일도 못한다는 사장의 생각이 차가운 말과 표정으로 이어지고, 그런 언행을 본 직원은 위축되어서 업무에 더더욱 집중하지 못하게 된다. 이런 상황에서 충성심이 생기길 기대하는 것은 욕심이다.

인식이 관계를 결정한다. 직원들의 충성심을 기르기 위해서는 직원을 향한 내 인식부터 바꿔야 한다. 내가 먼저 직원을 진심으로 대해야 한다. 가슴에 손을 얹고 곰곰이 생각해 보자. '나는 진심으로 직원이 잘되기를 바라는가?' 솔직히 말하면 나도 그렇게 못했고, 대부분의 사장님들도 미처 거기까지 생각하지 못한 채 자기 자신만 생각한다. 그러니 애초에 충성스러운 직원이 생기기 어려운 구조인 것이다. 직원에게 호구처럼 무조건 퍼 주라는 얘기가 아니다. "연인을 진심으로 사랑하세요!"라는 말이 물질적 선물만 퍼 주는 호구가 되라는 말이 아닌 것처럼, 직원을 진심으로 생각하라는 나의 말도 오해하지 않았으면 좋겠다. 진심과 진정성만 있다면 말 한마디로도 감동을 줄 수 있다.

직원의 충성심을 기르고자 할 때 또 한 가지 중요한 것은 기대하고 재촉하지 않는 것이다. 많은 대표님이 내게 교육을 받으면 의욕적으로 직원들을 존중하려고 한다. 그러나 불과 2~4주만 지나도 직원들이 바뀌지 않는다며 금세 의욕을 잃는다. 그런 분들을 위해 미리 설명해 드리고 싶다. 요즘 패스트푸드점에 가면 키오스크로 주문하고 음식을 받는다. 내가 먼저 돈을 내야 영수증과 함께 햄버거 세트를 받을 수 있는 권리가 생긴다. 그러나 그렇다고 해서 바로 받을 수 있는 것은 아니다. 주문이 밀릴 때는 10분씩 기다려야 할 때도 있다. 직원들의 마음을 사는 것 또한 똑같은 원리다. 내가 먼저 '진정성과 진심'이라는 비용을 지불해야 한다. 그러곤 내가 원하는 무언가가 나오기까지 시간이 필요하다. 3개월, 6개월 길면 1년 이상도 시간이 필요할 수 있다. 이런 사실을 이해하지 못할 때 문제가 생긴다. '내가 너를 이렇게나 챙겨 주니까 너도 이만큼은 해야 해.'라는 보상 심리 때문에 직원을 보채기도 하고 사장 혼자 실망하기도 한다. 그러다 마음이 지쳐서 '직원들은 배은망덕하고 이기적인 존재'라는 의미를 부여하기도 한다. 이런 선입견은 악순환의 시작이다. 나의 자의적 판단이 내 행동으로 드러나고, 내 행동을 본 직원들은 더더욱 나를 신뢰하지 못하게 된다. 그러니 충성심 있는 직원을 키우고 싶다면 반드시 맥도날드의 키오스크를 떠올려라. 충성스러운 직원은 선불이다.

물론 인간을 대하는 것은 품이 많이 든다. '진정성'이라는 단어가 읽기엔 쉽지만 느끼게 하는 것은 어렵다. 큰 노력이 필요하다. 그러나 아이러니하게도 그게 '진정성'의 힘이다. 품이 들고 노력이 필요해서 아무도 하지 않는다. 하기만 하면 99%의 사장들과 차별화된다. 누군가는 그러다 호구가 되는 것 아니냐고 걱정할 수도 있다. 당연히 그럴 가능성도 있다. 숱하게 많은 사장님이 직원들을 믿고 품어 줬다가 뒤통수를 맞은 것을 보았다. 언제든 배신할 수도 있다고 생각하고 여러 장치를 마련해 두는 것은 필요하다. 절대 배신하지 않을 것이라는 착각도 위험하다. 오히려 언젠간 배신할 수도 있다고 생각해야 한다. 그럼에도 불구하고 함께 일하는 동안은 진심으로 대해야 한다. 다시 말하지만, 진심으로 대하라는 것은 모든 것을 다 내어 주고 퍼 주라는 얘기가 아니다. 그 사람이 진심으로 잘되길 바라고 도와줄 수 있는 선에서 도와주라는 의미다.

신뢰했던 사람에게 배신당하는 경험은 죽고 싶을 만큼 괴롭고 고통스럽다. 하지만 그럼에도 우리는 앞을 보고 나아가야 한다. 직원이 배신할 수 있다고 기계적으로 대하는 것은 과거의 상처 때문에 새로운 사랑을 거부하는 것과 같다. 물론 개인의 선택이다. 하지만 우리는 알고 있다. 과거의 아픔에도 불구하고 얼마든지 건강한 관계를 다시 시작할 수 있다는 것을. 분명 어딘가에 나와 잘 맞는 사람이 있다. 직원과의 관계에서도 마찬가지다. 배신하는 직원이 있을 수 있지만, 그건 그 개인의 문제일 뿐이다. 오히려 그러한 경험들이 사장으로서의 안목, 단단함, 나만의 기준을 세우는 데 도움이 될 것이다.

다시 한번 강조하지만 충성스러운 직원은 선물이다. 먼저 직원을 진정성 있게 대해 보길 바란다. 직원의 삶과 가치관에 관심을 두고 응원해 줄 때 놀랍게도 소중한 인연이 생기기 시작할 것이다.

미움받을 줄 아는 사장이 성공한다

"직원들한테 잘해 주기도 해 보고 엄하게 대해 보기도 했는데 둘 다 소용이 없는 것 같아요."

"다정하게 하는 게 좋을까요? 엄격하게 하는 게 좋을까요?"

"저는 직원들한테 잘해 주고 싶은데, 잘해 주다 보니 속된 말로 기어오르는 것 같을 때가 있어요."

"그렇다고 혼내자니 애들이 기가 죽는 것 같은데 어떡할까요?"

초보 사장이라면 누구나 겪는 문제다. 사장으로서 직원들에게 어떤 스탠스를 취해야 할지 갈피를 잡지 못하는 사람들이 많다. 각자의 성향에 따라 부드럽게 대할 수도 조금 엄하게 대할 수도 있다. 앞서 말했다시피 '모두의 정답'은 없다. 다만 놓치지 말아야 할 중요한 원칙 두 가지가 있다. 그 원칙에 관한 이야기다.

1. 미움받기를 두려워 마라

아주대학교 심리학과 김경일 교수는 '기업가 정신의 심리학적 이해'라는 강연에서 이렇게 말했다. "성공하는 사업가는요, 높은 개방성과 적절한 우호성이 있어야 해요." 김경일 교수가 왜 이렇게 얘기했는지 하나하나 뜯어 보자.

먼저 개방성에 관해 얘기해 보자. 개방성이라는 것은 새로운 것들에 대해 얼마나 열린 자세를 갖는가에 관한 성격 요소다. 개방성이 높은 사람들은 처음 마주하는 낯설고 다양한 생각, 의견, 문화도 잘 받아들일 수 있다. 심리적 장벽이 낮아 다른 사람의 이야기에 "오, 그건 몰랐네."라고 말하는 사람이다. 개방성이 높을수록 성공할 확률이 높아지는 것은 당연하다. 사업을 하다 보면 항상 예상치 못한 결과를 마주해야 한다. 경제 상황이 바뀔 수도 있고 시장의 트렌드가 바뀔 수도 있다. 개방성이 높은 사람들은 자신이 틀리거나 일이 잘못되었을 때 빠르게 비판을 수용하고 수정해 나가면서 사업을 정상 궤도에 올릴 수 있다.

개방성보다 주목해야 할 부분은 '적절한 우호성'이다. 우호성은 다른 사람들과 친밀한 관계를 맺고 유지하고 싶어 하는 성격 요소다. 우호성이 높은 사람은 모든 사람과 잘 지내고 싶어 한다. 우호성이 높을수록 대체로 '좋은 사람'이라는 평가를 받기 쉽다. 내가 딱 우호성이 과도한 유형이었다. 중학생 시절 친구들에게 따돌림을 당하며 심리적으로 힘든 시기를 겪은 이후, 모든 사람과 우호적인 관계를 맺고 잘 지내고 싶어 했다. 또 누군가가 나를 미워하고 소외되고 싶지 않았다. 사실 사업을 시작하기 전까지는 이런 높은 우호성이 장점으로 작용했다. 어떤 모임에서건 '선하고 싹싹한 사람'이라는 이미지를 얻을 수 있었다. 그러나 사업을 시작하고 직원을 이끌어야 하는 위치에 놓이자 높은 우호성은 오히려 짐이 되었다. 우호성이 높은 사람들의 특징이 한 명이라도 관계가 틀어질까 불안해한다는 것이다. 그래서 나도 직원들에게 웬만하면 '좋게좋게' 넘어가려고 했다. 욕이나 싫은 소리를 듣지 않기 위해 노력했다. 직원에게 쓴소리해야 할 때도 제대로 하지 못하고 억지로 웃으며 달래는 경우가 많았다. 솔직히 인정한다. 나는 직원들에게 휘둘리고 있었다.

사장은 '내가 모든 사람과 잘 지낼 수 없다'라는 사실을 인정해야 한다. 직원 10명 중에서 10명을 모두 만족시키는 사장의 결정은 없다. 회식하자고 했을 때 '회삿돈으로 맛있는 거 먹는다!'라며 좋아하는 직원도 있고, '퇴근하고 내 시간 보내고 싶은데….'라며 불만을 품는 직원이 있기 마련이다. 모두의 의견을 다 들어 주고 만족시키려고 하면 사장의 정신이 나갈 수도 있다. 사장이 기본적으로 가져야 할 마음가짐은 '미움받기를 두려워하지 않는 것'이다. 내가 모든 사람을 만족시킬 수 없다는 것도 인정하고, 동시에 나도 상처를 받을 수 있다는 것도 인정해야 한다.

작은 회사의 사장은 나만의 주장과 의견을 강하게 피력해서 밀고 나가야 한다. 작은 회사는 사장을 중심으로 추진력 있게 움직여야 하는 민첩한 조직이다. 이때 직원들에게 해야 할 얘기도 제대로 하지 못하는 것은 성장의 물결을 가로막는 방파제와 같다. 직원들도 겉으로는 '사장님은 좋은 사람'이라고 표현하겠지만, 내면 깊숙한 곳에는 '만만하다'라는 생각이 가득해진다.

"사랑을 받는 것보다는 두려움의 대상이 되는 것이 훨씬 안전하다…(생략) 인간은 이익을 취할 기회가 있으면 언제나 사랑을 내팽개치기 때문이다."

그렇다면 이런 사장님도 있을 수 있다.

"미움받는 것을 두려워하지 않으면 그게 내 마음대로 하는 꼰대 아니에요?"

"저는 원래도 직원들 신경 안 쓰는데 그러니까 오히려 직원들이 너무 무서워하던데요."

좋은 지적이다. 이 말을 꼭 기억하길 바란다.

착하기만 하면 성공이 어렵지만, 나쁘기만 하면 지속이 어렵다

미움받아도 된다는 얘기가 사장 멋대로 하라는 얘기가 아니다. 그건 진짜 '나쁜 꼰대 사장' 소리 듣기 딱 좋다. 미움받기를 두려워하지 말아야 할 상황은 따로 있다. 그때가 언제냐? '기준, 룰, 선을 넘었을 때'다. 직원이 선을 넘는 순간 미움받기를 각오해야 한다.

핵심은 기준이다. 나와 회사의 기준이 있어야 한다. 나와 회사의 기준, 룰, 선이 선명하게 그어져 있고 그것을 넘는 순간 강하게 하는 것이 포인트다. 그 외의 모든 순간엔 너그러우면 된다. "착한 사람이 화내면 더 무섭다."라는 말이 있다. 사장이라면 이런 말을 듣는 걸 목표로 해야 한다. 인간은 '착하지만 화낼 땐 무서운 사람'을 상대할 때 어떤 포인트에서 화내는지 본능적으로 감지하고 피해 가려고 한다. 착한 사장이 늘 착하면 호구 사장이다. 직원들에게 언제 너그럽게 대하고 언제 강하게 대해야 할지 모르겠다는 사장에게 내가 해 줄 수 있는 유일한 답변이다.

"폭력은 빠르고 강하게, 선함은 천천히 느긋하게."

이걸 잘하는 대표적인 사례가 축구 국가대표팀 주장 손흥민이다. 손흥민은 항상 밝고 웃는 얼굴로 유명하지만 늘 선한 모습만 보여 주는 것은 아니다. 몇 년 전, 베트남과의 평가전이었던 걸로 기억한다. 베트남 선수가 아무 이유 없이 손흥민을 밀치자 손흥민은 지지 않고 더 강하게 대응했다. 또한 번은 영국에서의 일이다. 경기가 끝난 뒤 팬들에게 웃으며 싸인을 해 주다가, 자신의 싸인을 받아 되파는 전문 리셀러가 싸인을 요구하자 싸늘하게 욕설을 날리기도 했다. 손흥민은 자신만의 기준이 명확하게 있었고 그 선을 넘으면 강하게 대응했다. 대체로 든든하고 따뜻한 사람인 것 같으면서도 만만하게 보이지 않고 국가대표팀을 강하게 이끌 수 있는 비결이다. 물론 주의할 점도 있다. 나만의 기준이 일관돼야 한다. 만약 자신만의 기준을 기분에 따라 변덕스럽게 적용하면 직원들에게 반감만 살 수 있다.

만약 나만의 선이 명확히 없거나, 선을 넘었음에도 미움받기 두려워 제대로 억제하지 못한다면 어떻게 될까? 일상 속 예시들을 보며 확인해 보자. 최근 몇 년 사이 TV에 아이들이 나오는 예능이 많아졌다. 그중에서도 흥미롭게 보는 프로그램은 일명 '금쪽이'들이 나오는 육아 관련 프로그램이다. 육아 멘토로 유명한 오은영 박사는 자녀들의 이상행동에 어쩔 줄 모르는 부모들을 대신해 아이들의 행동을 교정해 준다. 그중에는 부모에게 욕설과 폭력을 행사하는 아이도 있고, 게임에 중독된 아이도 있고, 집에만 오면 떼를 쓰는 아이도 있다. 거짓말과 도둑질을 일상처럼 저지르는 아이도 있다. 이 아이들은 어쩌다 이렇게 심각한 상황까지 오게 됐을까? 아이가 선을 넘었을 때 부모가 바로 훈육하지 못해서 그렇다. 아무런 문제가 없다가 하루아

침에 극단적인 문제가 생기는 아이는 없다. 처음부터 부모에게 무차별 폭력을 저지르는 아이는 없다. 모든 진화는 단계를 거친다. 처음에는 소심하게 자기주장을 하며 반항해 봤을 것이다. '이래도 별문제가 없네?'라는 생각에 다음에는 대꾸도 해 봤을 것이다. 그래도 큰 문제가 생기지 않으면 다음에는 욕도 해 보고 밀쳐도 보고… 이런 식으로 문제가 확장됐을 가능성이 크다. 실제로 해당 프로그램의 부모 행동을 분석해 보면 알 수 있다. 자녀들의 문제 행동들을 조기에 억누르지 못하고 내버려 뒀거나 오히려 문제를 심화시켰던 경우가 많다.

군대나 남성이 많은 조직에서는 흔히 '먹힌다.'라는 표현을 쓴다. 후배가 선배에게 위계질서를 어기는 행위를 했음에도, 선배가 제지하지 못할 때 사용한다. 일명 먹히는 과정이 금쪽이가 되는 과정과 똑같다. 후배가 처음부터 무례한 행위를 시작하지 않는다. 교묘하게 단계를 높여 간다. 처음엔 사소한 장난을 쳐 보고 반응이 괜찮으면 반 존댓말을 써 보고 그래도 괜찮으면 슬쩍 어깨동무하며 너스레도 떨어 본다. 뒤늦게 정신 차리고 잘못을 지적하면 "맨날 하던 건데 오늘 갑자기 왜 그러십니까?"라며 오히려 내가 이상한 사람이 되어 버리기 쉽다. 그래서 내 선을 확실히 알고 넘는 순간 단호하게 대처하는 것이 중요하다. 사람마다 선은 다르다. 다만 자신의 선을 넘었을 때 확실하게 경고하거나 눌러 주지 않으면 나중에는 돌이킬 수 없다. 정신 차려 보면 어느새 우리 직원은 금쪽이가 되어 있을 수 있다.

이러한 기준과 선은 사장 개인에게도 필요하고 조직에도 필요하다. 조직에서의 기준은 사내 규칙이나 우리가 함께 설계할 5단계: 온보딩 내용이 될 것이다.

2. 목적 중심으로 생각해라

유교 문화가 뿌리 깊은 한국에서는 어릴 때 "좋은 사람이 되어라.", "착하게 살아라."라는 이야기를 많이 듣고 자랄 수밖에 없다. 나 또한 그런 환경에서 자란 만큼 맹목적으로 '선함'을 추구해야 한다는 고정관념이 있었다. 이게 내 직원관리의 발목을 잡았다. 직원의 잘못을 피드백해 주고 싶은데 이런 사소한 거로 말을 해도 되나부터 시작해서 혹시나 듣고 기분이 상하면 어쩌나 고민했다. 모든 문제를 '좋게 좋게' 해결하려고 했다. 결국, 괜히 긁어 부스럼 만들지 말자는 생각으로 그냥 넘어가는 경우가 부지기수였다. 그러다 보니 회사의 규칙은 유명무실해지고, 아주 자연스럽게 체계 없이 굴러가는 주먹구구식 회사로 운영됐다.

"할 수 있다면 착해져라. 하지만 필요할 땐 주저 없이 사악해져라. 군주의 가장 큰 업무는 나라를 지키고 번영시키는 것이다."

— 마키아벨리, 『군주론』, 현대지성, 2021년

돌이켜 보면 나는 나도 모르게 내 행동을 선함과 악함으로 구분 지어서 생각하고 있었다. 직원들을 배려하는 것은 좋은 것, 직원들에게 화를 내는 것은 나쁜 것. 이렇게 생각했다. 마키아벨리의 『군주론』이라는 책이 500년 넘는 세월 동안 살아남으며 많은 리더에게 읽히고 끊임없이 회자되는 비결이 무엇일까 생각해 본 적이 있다. 인간사회의 지배적인 사고방식과 구도를 비틀었기 때문이다. 리더라면 선과 악의 구도가 아니라 합리와 도덕의 구도로 판을 바꿔야 한다는 그 냉철하면서도 신선한 관점 때문이다. 사장이라면 무엇이 선한 결정이고 무엇이 악한 결정일까를 고민하지 말라는 얘기다. 그저 내가 합리를 선택할까 도덕을 선택할까 중에서 고르는 것이다. 그리고 마키아벨리의 결론은 "합리와 도덕이 싸우는 순간엔 결국 합리를 선택해야 한다."라는 것이다. 리더는 목적 달성이 제1 임무인 사람이다. 즉 사장의 모든 행동은 목적 중심적이어야 한다. 목적이라는 것은 뭘까? 결국, 조직의 이익이다. 사장 개인의 이익도 아니고 직원의 이익도 아니고 조직의 이익이다. 내가 직원들 관점에서 생각해 보고, 직원들에게 진정성 있게 대하라고 말하는 것도 그게 조직의 목적 달성에 부합하는 길이기 때문이다. 내가 특별히 따뜻한 사람이어서가 아니다. 사장의 가장 큰 업무는 회사를 키우고 더 큰 가치를 창출시켜서 오래 유지하고 직원들에게 더 많은 보상을 주는 것이다. 이게 사장도 좋고 직원도 좋은 방향이다.

그래서 모든 의사결정을 내릴 때는 이런 질문을 던져 봐야 한다. "지금 이 행동이 조직에 장기적으로 도움이 되나?" 그래서 화도 전략적으로 내야 한다. 내가 직원들에게 화를 내야 하는 건지 참아야 하는 건지 모호할 때는 '내가 지금 화를 내는 게 우리 조직에 장기적으로 도움이 되나?'를 기준으로 생각하면 된다. 화를 내거나 엄정하게 경고하고 혼내는 것이 필요한 경우도 많다. 예를 들어 한 직원만 계속해서 우리 구성원 모두가 지키는 룰을 어겼을 때, 아무렇지 않게 넘어가 버리면 조직 내에는 암묵적으로 '룰은 별로 중요하지 않아.'라는 잘못된 믿음이 생긴다. 이럴 때는 강경 대응이 답이다.

사장의 압도적 카리스마는 자기 확신에서 온다

─────────

중학교 2학년 때였다. 가장 가깝게 지내던 친구들에게 왕따를 당했다. 그 뒤로 "나는 왜 친구 무리에서 버림을 받았지?", "주변에 사람이 끊이질 않는 사람의 비밀은 뭘까?" 줄곧 고민해 왔다. 학교에서 인기 많고 잘나가는 친구나 선배처럼 카리스마 있게 사람들을 이끌고 싶은 욕구가 가득했다.

그래서 그때부터 나는 사람들을 남몰래 관찰했다. 내가 따르고 싶고 끌리는 사람이 있다면 그 끌림의 원천이 무엇일지 곰곰이 생각했다. 친구, 선배, 팀장님, 사장님 누구든 상관없이 내가 경험하는 모든 사람은 모두 연구 대상이었다. 그러다 최근 몇 년간 사업가 수백 명을 만나며 카리스마의 원천이 무엇인지 나만의 답을 찾을 수 있었다.

먼저 카리스마란 무엇일까? 포스 넘치고 냉철한 사람을 상상하겠지만 내가 말하고자 하는 바는 다르다. '타인의 마음을 사로잡고 영향을 끼치는 능력'이 내가 말하는 카리스마다.

"카리스마가 굳이 필요할까?"
"너무 시대에 뒤떨어진 개념 아니야?"

이렇게 생각할 수 있다. 그러나 나는 확신한다. 적어도 우리가 살아 있는 동안은 카리스마 있는 리더가 더 많은 것을 성취하고 성공할 수밖에 없다. 인간은 강한 리더를 따르게끔 설계되어 있기 때문이다. 인간은 수천 년 전부터 생존을 위해 집단을 이뤄 살게끔 진화했다. 집단에는 반드시 우두머리가 있다. 어떤 우두머리 밑에 속해 있느냐에 따라서 나와 가족들의 생존이 결정된다. 그래서 인간의 DNA에는 내 생존과 번식에 도움이 될 수 있는 강력한 리더, 카리스마 있는 리더를 찾고 따르는 본능이 있다. 이런 본능은 100년 전에도 작동했고 100년 후에도 작동할 인간의 본성이다. 앞으로 사람을 사로잡고 영향을 끼치는 사람의 힘은 점점 커질 수밖에 없다. 많은 일이 AI로 대체되고 있다. AI가 기술적인 일은 인간 대신 할 수 있어도 사람 다루는 일은 할 수 없다. 카리스마의 가치는 점점 더 높아질 것이다.

"그래도 요즘은 수평적 문화가 대세 아닌가요?"

수평적 문화가 시대적 흐름이라고 해서 앞으로 위계 서열이 완전히 사라지리라 생각하면 착각이다. 위계질서의 강도가 조금 약해질 뿐이다. 네덜란드의 심리학자 홉스테드Hofstede는 문화차원이론Cultural Dimensions Theory에서 권력 거리Power Distance라는 개념으로 이를 설명한다. 권력 거리가 높은 사회일수록 권위와 위계질서에 순응하는 것이고, 권력 거리가 낮은 사회일수록 계층과 서열을 인정하지 않는 경향이 있다. 과거 20~30년간 한국 사회는 권력 거리가 과도하게 높았을 뿐이다. 그에 대한 반작용으로 권력 거리가 적정 수준으로 낮아지고 있는 것일 뿐, 권력 거리가 0이 될 수는 없다. 정리하자면 인간사회는 원하든 원치 않든 위계 속에서 움직인다. 위계 서열이 없는 조직은 필연적으로 망하게 되어 있다.

이를 잘 드러내는 재미있는 실험이 2001년 구글의 디스오그 프로젝트 Disorg Project다. 수평적인 조직으로 유명한 구글은 '만약 우리가 더 자유로워지면 어떻게 될까?'라는 아이디어로 소프트웨어 팀에서 리더 역할(팀장)을 없애는 실험을 해 본다. 1년 뒤 팀원들은 뭐라고 얘기했을까? 제발 팀장 좀 만들어 달라고 요구했다. 팀원들은 보고 배울 롤 모델과 더 좋은 의사결정을 내려 줄 사람 그리고 팀원 간 관계를 중재해 줄 사람이 필요했다.

요컨대 위계 속에서 살아가는 인간이라는 존재는 언제나 리더가 필요하다. 그리고 강력하고 카리스마 있는 리더에게 끌리는 것은 본능이다. 그렇다면 카리스마는 어떻게 가질 수 있을까?

나는 사람을 만나고 연구하는 일을 한다. 그래서 그 사람의 기운이 얼마나 강한지, 즉 카리스마 있는지 본능적으로 느낄 수 있다. 그 중 기억에 남을 만큼 카리스마 있다고 느꼈던 대표님들이 있다. 그들의 공통점은 눈빛이다. 때로는 무섭다고 느껴질 정도로 강렬한 눈빛을 가지고 있다. 그렇다고 심성이 악독하다거나 나쁘고 무서운 사람들은 아니었다. 나보다 키가 작고 왜소한 경우도 많았다. 그러나 눈빛만큼은 호랑이와 같았다. 대체로 직원 규모가 50명 이상 넘어가는 회사의 대표님들이 많았다.

이때 카리스마는 눈빛과 아우라에서 온다는 사실을 알았다. 그럼 그 눈빛과 아우라는 어디에서 올까? 직원을 50명 규모까지 키우기 위해서는 수없이 많은 시행착오를 겪게 된다. 사업적으로 풀어내기 어려운 크고 작은 문제에 봉착할 수밖에 없다. 이런 문제를 머리 싸매고 몸으로 부딪쳐 가며 해결해 본 사람은 자기 자신에 대한 확신이 생긴다. 고로 눈빛은 자기 확신에서 온다. 그렇다면 무엇에 대한 자기 확신일까? 자신의 역량이다. 전문성, 실행력, 도전 정신, 세밀함, 인적 네트워크 등등 문제를 해결하는 데에 도움이 되었던 것이라면 무엇이든 역량이 될 수 있다. 여태껏 그래 왔듯이 앞으로 어떤 어려운 문제가 주어져도 결국은 해결할 수 있다고 확신하는 사람은 눈빛부터 다르다. 즉 강렬한 눈빛은 자기 확신에서 오고, 자기 확신은 역량에서 온다.

"무력을 갖추지 못한 군주는 경멸당한다."

－ 마키아벨리, 『군주론』, 현대지성, 2021년

카리스마는 결국 역량에서 온다. 사장은 힘이 없으면, 즉 나만의 무기나 역량이 없다면 경멸당하기 쉽다. 한 유튜브 채널에서 20~30대 직원들에게 일 잘하는 '싸가지 상사'와 일 못하는 '천사 상사' 중에서 누구와 함께 일하고 싶냐고 질문한 결과 90%의 응답자가 싸가지 상사를 택했다. '일'을 매개로 모인 공간인 회사에서 일을 못하는 것만큼 답답한 게 없다는 것이다. 내 주변 직장인들에게 물어봐도 결과는 같다. 착한데 일 못하면 오히려 더 답답하다는 게 주류 의견이었다. 차라리 못되고 일 못하면 시원하게 욕을 하면 될 텐데, 착하니까 괜히 욕도 하지 못하고 답답하다는 것이다. 심지어는 천사 상사를 일 못한다고 미워하는 본인이 나쁜 사람이 되는 것 같아서 더 싫다고 말하기도 한다. 그만큼 직장에서 일을 잘하는 것은 중요하다. 특히 작은 회사의 사장이라면 압도적인 역량을 보여 줄 필요가 있다. 안타깝게도 직원들은 자영업자나 작은 회사의 사장을 동네 아저씨, 아줌마쯤으로 무시하는 경향이 있다. 비록 회사는 크지 않지만, 사장이 가진 사고의 깊이와 문제 해결 능력, 전문성 등이 압도적일 때 직원들은 비로소 사장을 무시하지 못한다.

앞에서 언급한 『군주론』에서 저자 마키아벨리는 군주의 성공 공식을 이렇게 설명한다.

군주의 성공 = Virtu + Fortuna

Virtu는 역량, Fortuna는 운명이다. 운명(또는 운)은 필연적으로 변하는 것이다. 위에서 아래로 흐르는 물처럼, 우리가 통제할 수도 없고 계속 변화할 수밖에 없는 것이다. 그래서 사장은 실패했다고 낙담하지 말고, 성공했다고 자만하지 말아야 한다. 계속 변화하는 운명에 어떻게 적응해서 대처해 나가는지가 중요하다. 반면 역량은 우리가 통제할 수 있다. 반드시 명심하자. 직원관리의 운은 내가 어찌할 바 없어도 역량은 내가 키울 수 있다. 아무리 내가 선해도 능력이 부족하면 무시당한다. 그 누구도 나를 일으켜 세워 줄 것이라고 기대하지 마라. 회사의 안전을 책임지는 것은 오로지 사장뿐이다. 사장이 뭐 하나는 특출나야 조직을 강력하게 휘어잡을 수 있다. 그래야만 진짜 휘어잡은 것이다. 그쯤 되어야 직원들이 자발적이고 지속적으로 팔로우한다. 능력도 없이 빡빡한 규칙과 벌칙 등으로 억지로 조직을 잡으려고 하면 지속하기 어렵다.

사장님들에게 컨설팅, 교육을 진행하다 보면 간혹 안타까운 감정이 들 때도 있다. 선하게 대하는 것으로 직원들의 문제 행동을 해결하려는 경우다. 이런 분들은 양심과 감정에 호소하려고 한다. 안타깝지만 군주의 성공 공식에는 선함이 없다. 오로지 역량과 운명뿐이다.

"무릇 군주라면 압도적인 역량과 냉철함, 확신이 필요하다."
— 마키아벨리, 『군주론』, 현대지성, 2021년

직원 입장에서도 생각해 보자. 만약 원시시대에 살고 있는데 내가 속한 부족장이 사냥도 못하고 늘 옆 부족과의 전쟁에서 패배한다면 어떨까? 식량도 부족하고 내 가족들이 언제든 포로로 잡혀갈 수 있는 상황에서 족장을 믿고 따를 수 있을까? 강력한 힘을 가진 옆 부족이 언제든 다양한 부족을 포용하겠다고 유혹한다면 넘어갈 확률이 높을 것이다. 이렇듯 역량 없는 리더 곁에는 아무도 남지 않는다. 자기 곁을 떠났다고 배신했다고 생각하는 것은 하수다. '내가 줄 수 있는 게 별로 없구나', '사업적으로든 인격적으로든 더 성장해야 한다는 뜻이구나' 생각하는 것이 바람직한 자세다.

요컨대 사장이라면 역량 강화에 사활을 걸어야 한다. 나는 직원관리 전문가이지만 어떤 사장들에겐 솔직하게 말한다. "지금 직원관리할 때가 아니라 사장님 역량부터 키우시는 게 급한 것 같아요." 역량과 직원관리 난이도는 반비례한다. 역량이 올라갈수록 직원관리 난이도는 낮아진다. 인플루언서들의 사례만 봐도 알 수 있다. 인플루언서들의 경제적 영향력이 커지면서 작은 회사를 꾸리는 경우가 많아졌다. 100만 이상의 유튜버들은 대부분 직원을 두고 일하는 콘텐츠 기업이라고 보면 된다. 그런 기업의 직원관리를 컨설팅한 적이 있다. 옆에서 지켜보니 채용부터 교육 등 비슷한 규모의 작은 회사들에 비해 비교적 관리가 쉬운 편이다. 왜냐하면, 이미 사장의 영향력을 깊이 경험한 사람들이 직원으로 일하기 때문이다. 사장의 역량을 잘 아는 일종의 fan들이 일하고 있으니 관리 난이도가 낮아질 수밖에 없었다.

사장의 역량은 왜 그토록 중요한 걸까? 앞서 말했듯 인간은 기본적으로 자기 이익에 따라 움직인다. 물질적으로든 비물질적으로든 자신이 얻을 것이 많으면 많을수록 그 사람 곁에 붙어 있기 마련이다. 사장의 역량이 크다는 것은 직원에게 줄 수 있는 것이 많아진다는 뜻이다. 직원 입장에서는 리더 옆에 붙어만 있어도 콩고물이 떨어지리라는 기대를 할 수 있다. 단순히 물질적 무언가만 이야기하는 것이 아니다. 무언가 '배울 수 있는' 사장과 함께 일하는 것도 누군가에겐 큰 '콩고물'이다. 일과 삶에 대해서 배울 것이 많으니 존경하며 옆에 남아 있게 된다.

요약하자면 카리스마는 역량에서 온다. 역량이 있어야 자기 확신이 생기고, 자기 확신이 눈빛과 아우라로 드러난다. 자 그러면 이런 의문이 생길 수 있다. "아직 초보 사장이라 역량이 압도적이지 않은데 어떡하죠?" 이런 분들을 위해 역량 없이도 자기 확신을 높이는 방법에 관해 설명해 보고자 한다. 가장 먼저 알아야 할 사실은 '인간은 단언에 약하다'라는 것이다. 나의 어머니는 연말·연초가 되면 항상 사주, 운세를 보러 간다. 사업을 시작하고 나서야 생각보다 많은 사람이 사주, 운세를 보러 간다는 사실을 알게 됐다. 분명히 과학적으로 검증되었다고 보기는 어려운 영역인데 왜 이렇게 많은 사람이 시간 쓰고 돈 써서 사주, 운세, 점을 보러 갈까? 답은 '확신'이다. 누군가의 단언을 통해서 확신을 얻고 싶은 마음이다. 점을 보러 가면 "너 올해는 힘들고 내년엔 잘 풀리네." 이렇게 명쾌하게 답을 딱딱 내려 준다. 몇년 뒤, 돌아보면 틀린 답일 때가 많지만 그 순간만큼은 시원하게 말해 준다. 만약 사주 운세 보는 사람이 "올해 잘될 수도 있고 안될 수도 있어."라고 모호하게 얘기하면 어떨까? 그 집 신기가 없다면서 혹평하고 다시는 가지 않을 것이다.

인간은 원래 자주 불안하다. 누구나 불안함을 마음 한편에 숨기고 살 뿐이다. 연애, 결혼을 잘할 수 있을지 불안하고 취업, 승진을 할 수 있을지 불안하고 사업이 망하진 않을지 불안하고… 맨날 불안하다. 그게 인간이다. 그래서 인간은 확신하고 단언하고 마음이 단단해 보이는 사람에게 무의식적으로 끌린다. 불안함은 증폭되기 때문이다. 입만 열면 걱정하고 불안해하는 사람을 겪어 본 적이 있을 것이다. 처음에는 응원해 주고 위로해 주다가 가면 갈수록 함께 있는 것이 불편해진다. 불안은 전이되기 쉬워서 내게도 금세 부정적 영향을 끼친다. 반대로 강한 확신을 가진 사람들은 나의 불안함마저 치유해 주는 느낌을 준다. 불안한 사람들 사이에서 자신과 자기 일에 대해 굳게 믿고 강하게 확신 하는 것. 이게 카리스마의 원리다.

그래서 나는 확신 값이 큰 사람이 작은 사람을 잡아먹는다고도 표현한다. 이건 직원관리뿐 아니라 연애, 세일즈, 대인관계 전반에 걸쳐서 똑같이 적용된다. 결론적으로 역량이 아직 부족하지만 자기 확신을 키우고 싶은 분들은 어떤 말을 할 때든 주저하거나 망설이지 않고 얘기하는 습관이 필요하다. 이미 결정 내린 일이라면 100% 맞다는 확신으로 추진해야 한다.

"근데 내 생각이 맞는다고 너무 확신하면 꼰대 되는 거 아닌가요?"라고 의문이 들 수 있다.

좋은 지적이다. 꼰대와 카리스마는 종이 한 장 차이이므로 자칫하면 꼰대로 가기 쉬우니 유의해야 한다. 꼰대는 나의 확신을 남에게 강요하는 것이고, 카리스마는 나의 확신을 강요하지 않는 것이다. 예를 들어서 '베푸는 사람이 성공한다.'라는 믿음으로 일관되게 기부하고, 베풀고, 나눠 주는 사람은 카리스마고 베푸는 사람이 성공한다면서 남에게도 기부하라고 강요하고 멋대로 판단하는 사람은 꼰대다.

✓ 2단계 인간 본성 핵심 정리!

1. 인간은 자신의 이익에 따라 움직이며, 이는 진화생물학적 사실로 직원관리에
   도 적용된다.

2. 세상에 나쁜 인간은 없고, 인간은 환경과 이익에 취약한 존재이므로 직원관리
   시 환경 설계가 중요하다.

3. 돈만으로는 직원을 움직이기 어려우며 희망과 성장 가능성, 의미 있는 일 등
   비금전적 요인도 중요한 동기부여 수단이 된다.

4. 인간의 의욕은 희망의 수준에 따라 달라지므로, 직원들에게 미래에 대한 긍정
   적인 비전을 제시하는 것이 중요하다.

5. 충성스러운 직원을 얻기 위해서는 사장이 먼저 직원을 진정성 있게 대하고,
   힘들 때 대가 없이 도와주는 자세가 필요하다.

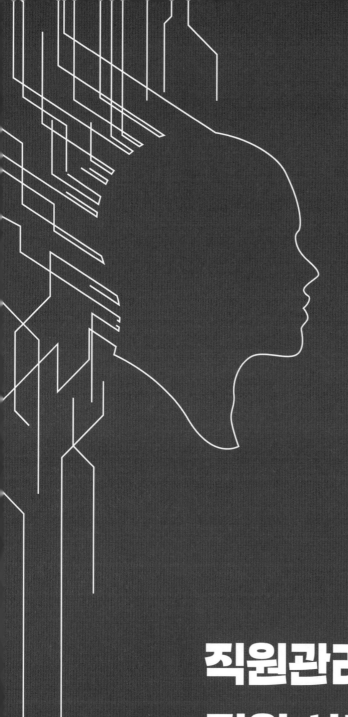

3장

직원관리 중급
: 직원 사로잡기

인간은 감정에 따라 움직인다

절대 하지 말아야 할 오답을 피했고, 직원관리에 있어서 불변의 규칙인 인간에 대해 이해했다. 직원관리에 필요한 이론은 빠삭하게 배웠다. 이제부터 우리 회사의 현실에 맞게 적용할 시간이다.

본격적으로 시스템을 설계하기 전, 먼저 직원의 마음을 사로잡아야 한다. 인간은 감정에 따라 움직인다. 아무리 좋은 체계가 있고 이성적으로 좋은 조건의 회사일지라도 회사와 사장에 마음이 가지 않으면 끝이다. 오래 함께 할 수 없다.

우리 회사의 스토리를 만들고, 사장의 커뮤니케이션 실력을 높여서 직원의 마음을 사로잡아 보자.

3단계_비전하우스: 회사에 스토리를 부여한다

"옛날 어느 지역에 여섯 마을이 있었다. 그중 한 마을 촌장이 물을 길으러 우물을 갔을 때, 웬 흰 말 하나가 무릎을 꿇고 있었다. 이를 이상히 여겨 가 보았더니, 말은 온데간데없이 사라지고 알만 하나 놓여 있더라. 놀랍게도 알을 깨 보니 아기가 태어났고 이 아이는 열세 살에 임금이 된다. 박에서 나왔으므로 성을 박이라 하고, 세상을 밝게 다스린다는 뜻으로 이름을 혁거세라 하였다고 한다."

한국에서 자란 사람이라면 누구나 들어 봤을 신라의 시조 박혁거세의 건국신화다. 동서고금을 막론하고 대부분 국가에는 건국신화가 존재한다. 이는 우연이 아니다. 건국신화는 그 나라나 민족의 정체성, 기원 그리고 역사적 정당성까지 설명하는 중요한 역할을 한다. 각계각층의 사람들을 국가라는 틀에 소속될 수 있게끔 하나로 묶어 준다. 이야기 하나로 공동체 의식이 생기고 결속력이 생긴다.

중요한 포인트는 건국신화는 스토리로 이루어져 있다는 것이다. 단순히 우리나라가 언제 건국되었고, 수도는 어디였으며, 인구는 몇 명이었는지와 같은 역사적 사실을 나열해 놓은 것이 아니다. 왜 스토리일까? 인간의 감정을 움직이는 가장 효과적인 방법의 하나기 때문이다. 큰 감정을 불러일으킬 수록 기억에도 오래 남는다.

이렇듯 수천 년 역사에서 검증된 스토리와 조직력의 관계를 기업들이 놓치고 있을 리 없다. 실제로 많은 기업이 창립신화와 같은 스토리를 가지고 있으며, 이를 활용해서 브랜드 가치를 강화하고 있다. 내 기억에 남아 있는 것만 해도 수십 개에 달한다.

스티브 잡스와 스티브 워즈니악이 1976년 부모님의 차고에서 컴퓨터를 만들기 시작했다는 애플의 스토리, 하워드 슐츠가 이탈리아의 한 카페를 들렀다가 커피만 파는 게 아니라 사람과 사람이 연결되는 공동체 문화를 파는 듯한 모습에 시작했다는 스타벅스의 이야기 등 우리가 모두 아는 글로벌 대기업부터 중견기업까지 창립신화가 없는 곳은 드물다. 작은 회사라고 못할 이유가 있을까? 그럴 리 없다. 규모가 크건 작건 누구에게나 스토리는 존재한다.

다시 말하지만, 스토리는 사람의 마음을 움직인다.

이번 3단계에서는 우리 회사만의 스토리를 만들어 직원들의 마음을 움직이고, 나아가 앞으로의 방향성까지 설정해 볼 것이다.

회사에도 WHY가 있다

"명분이 없다 아입니까! 명분이!"

〈범죄와의 전쟁〉이라는 영화 속 한 조폭 두목의 대사다. 아무리 막 나가는 조폭일지라도 명분 없이는 전쟁을 벌일 수 없다고 말한다. 그만큼 인간의 행동을 끌어내는 데에는 명분이 중요하다. 역사 속에서도 명분이 얼마나 중요했던가. 2차 세계대전 당시 미국은 일본에 두 차례에 걸쳐 핵폭탄을 투하했다. 무고한 희생자가 수없이 발생했지만, 미국을 '악의 축'으로 보는 사람은 드물다. 일본에 진주만 공습을 당했던 미국은 자국민의 희생을 막고 전쟁을 빠르게 종결시키겠다는 확실한 명분이 있었기 때문이다. 이렇게 명분은 특정 행동을 합리화하고 타당성을 부여해 준다.

인간은 대의명분에 움직인다. 대의명분이란 '왜(Why)'다. 이 전쟁을 왜 하는 건지 이유가 없으면 우리 편도 상대편도 설득시킬 수 없다. 이유를 알지 못하면 사람은 진심으로 움직이지 않는다. 강제로 시킨다면 몸은 움직이겠지만 영혼 없는 좀비처럼 움직인다.

리더십 전문가 김영기 박사는 저서 『MZ세대와 꼰대 리더』에서 MZ세대의 특성 중 하나로 'Voice'를 꼽는다. 지시하면 순순히 따르던 기성세대와 달리 이해가 되지 않으면 당당히 자신의 목소리를 낸다는 것이다. 우스갯소리로

오늘부터 당신은 직원관리가 쉬워진다

MZ세대를 3요 세대(왜요? 이걸요? 제가요?)라고 부르는 것도 같은 이유다. MZ세대의 DNA에 갑작스러운 변화가 생겨서 Why가 중요해진 것이 아니다. 원래 인간은 대의명분에 움직인다. 그저 기성세대는 궁금한 게 있고 납득되지 않아도 수직적 구조의 한계 탓에 묻지 못했던 것뿐이다. MZ세대는 사회 구조가 수평화되면서 눈치 보지 않고 솔직하게 물어보기 시작했다.

따라서 회사 내에서도 Why를 충분히 강조할 필요가 있다. 업무를 지시할 때에도 단순한 지시보다는 그 일의 목적과 의미를 알려 줘야 한다. "시키는 대로 해"라는 식의 권위적인 리더십 스타일에서 탈피할 필요가 있다. 내가 회사에 다닐 때, WHY의 중요성을 체득했던 적이 있다. 우리 파트에는 회사 내에서 에이스로 인정받는 5년 차 대리가 있었다. 다른 선배들과 달리 그 선배는 항상 일의 맥락을 설명해 줬다.

"지금 상무님이 관세 문제 때문에 수출입 데이터를 러프하게 보고 싶어 하셔. 공식 자료 아니고 전체 금액만 확인하고 싶어 하니까 디테일하게 분석하지 말고 빠르게 뽑아 오자."

만약 다른 선배였다면 이렇게 말했을 가능성이 크다.

"팀장님이 수출입 데이터 5년 치 뽑아 오래. 뽑아서 보내 줘."

해당 자료는 세관, 거래처, 품목, 담당 부서 등등 분류하고 분석하자면 끝도 없이 디테일하게 들어갈 수 있는 자료였다. 만약 맥락에 대한 설명 없이 대뜸 자료 가져오라고 지시를 받았다면 어땠을까? 나는 자료의 목적을 모르니 모든 상황과 니즈에 대비할 수 있게 세세한 부분까지 신경 써서 자료를 만들었을 것이다. 불필요하게 시간과 에너지를 낭비할 수밖에 없다. 목적과 맥락이 중요하다는 말은 너무 당연한 것 같지만 '이런 것도 말해 줘야 알아?'라거나 '당연히 알겠지.'라는 생각으로 일의 배경과 목적을 충분히 설명해 주지 않는 분들이 많다.

회사에서의 Why는 지시하고 설명할 때만 중요한 것이 아니다. 더욱 중요한 것은 우리 회사의 존재에 대한 Why다. 즉 우리 회사의 존재 목적이 필요하다. "당신의 회사는 왜 존재하는가?"라는 질문을 던지면 많은 사장님들이 혼란을 겪는다. 가장 흔한 대답은 "돈을 벌기 위해서"이다. 하지만 우리 회사의 존재 목적이 단순히 사장인 나만 돈을 많이 벌고 행복해지기 위해서일까? 경제적 이익을 위해 사업을 시작하는 것은 당연하다. 그러나 그것은 단지 시작점일 뿐이다. 사업을 통해 돈을 벌고 있다면, 그것은 우리 회사가 어떠한 가치를 제공하고 있다는 의미이다. 돈은 곧 가치이기 때문이다. 돈을 보고 시작했을지라도, 사업을 지속하기 위해서는 'Why'가 필요하다. 앞서 언급했듯이, 명분이 없으면 누구도 설득할 수 없다. 고객과 직원뿐 아니라 나 자신조차도 설득하지 못한다. 이럴 때 사장도 직원도 방향성을 상실하고 의욕을 잃게 된다.

건강식품을 제조하고 유통하는 4인 회사 대표님의 실제 사례다. 그분은 오로지 '돈'만 보고 달려 왔다. 그 결과 몇 년간의 노력 끝에 월 순수익 2~3억 수준의 비즈니스 모델을 만들었다. 일도 직원들에게 많이 위임했다. 누군가에겐 참 행복한 모습이지만 그 대표님은 직원과의 관계에서 오는 스트레스가 상당했다. 직원들이 시킨 일, 주어진 일은 어떻게든 해냈지만 계속해서 겉돌고 문제를 일으켰다. 지각이 잦았고, 가불을 해 달라고 하기도 했다. 일에 대해 더 배우고 성장하려는 생각이 없었다. 회사의 존재 목적은 오로지 사장의 돈이었고, 직원들은 사장을 돕는 기계일 뿐이었기 때문이다. 대표님은 동기부여를 하고 싶다고 말씀하셨지만, 소속감이나 성취감을 느낄 수 없는 지금 구조에서 동기부여는 불가능하다고 답할 수밖에 없었다. 이럴 때는 직원 개인의 의지를 바꾸려 하기보다 구조와 환경을 바꿔 줘야한다. 가장 기본으로 돌아가 회사의 존재 목적부터 찾아야 한다.

작은 회사는 사장 인생에서 시작한다

그렇다면 존재 목적은 어떻게 찾을 수 있을까? 또 그렇게 찾은 존재 목적을 어떻게 우리 회사의 스토리로 승화시킬 수 있을까? 우리가 제공하는 가치를 찾아 사장의 삶과 잘 버무리면 된다. 작은 회사의 스토리는 반드시 사장 인생에서 출발한다.

먼저 제공하는 가치부터 찾아보자.

우리의 주요 고객은 누구일까?

고객이 우리 제품을 구매하는 이유가 뭘까?

우리는 고객에게 어떤 유익한 일을 해 주고 있는 걸까?

만약 우리가 없다면 고객은 무엇을 가장 불편해할까?

경쟁사는 줄 수 없는 우리만의 가치는 무엇일까?

궁극적으로 우리 회사를 통해 세상에 어떤 가치가 발생할까?

이런 질문을 꼬리에 꼬리를 물고 하다 보면 우리 회사가 제공하는 가치를 찾을 수 있다. 나의 사례를 살펴보며 쉽게 이해 보자.

주요 고객:

- 직원관리에 어려움을 겪는 10인 이하 작은 회사 사장

제품 구매 이유 :

- 직원관리 문제에 도저히 방법을 찾지 못한다. 주변에 도움을 줄 선배도 없고, 책에서는 모두 대기업 얘기만 한다. 이대로 가다가는 스트레스도 너무 심하고 사업이 성장하기 어려울 것 같다.

제공하는 유익:

- 채용비용과 관리비용을 절감한다
- 직원들의 생산성 향상을 통해 성과(매출)를 높인다
- 직원의 만족도는 높이고 퇴사율은 감소한다

- 장기적으로 성장할 수 있는 구조를 만든다
- 일할 때 겪는 감정적 스트레스를 줄인다.
- 사장과 직원이 모두 성장할 수 있는 구조를 세팅한다.

우리가 없다면 겪을 불편:
- 효과적인 직원관리 방법에 대한 정보 부족으로 잘못된 방식 고집 → 시
  간, 비용, 감정 낭비
- 세대 차이로 인한 소통 문제 지속 → 사업에 대한 회의감
- 반복되는 퇴사와 재교육의 악순환 → 성장하기 어려움

경쟁사는 줄 수 없는 가치:
- 작은 회사에 딱 맞는 방법론
- 순서대로 따라 하기만 하면 되는 명확한 프로세스
- 기존 사장, 교수의 관점에 젊은 직원 관점을 더한 통섭적 사고
- 1:1 관리

궁극적으로 전하는 가치:
- 사장과 직원의 상생, 협력, 공존

나는 이런 질문을 통해 '사장과 직원이 Win-Win 하도록 돕는다'라는 회사의 존재 목적을 찾아냈다. 단순히 사장 입장에서 착취하는 경영이 아닌, 직원과 함께 성장하는 직원관리 시스템을 전수하고 있다는 것을 알아차렸

기 때문이다. 물론 처음부터 지금처럼 정리된 한 줄을 찾은 것은 아니다. '일하고 싶은 세상을 만든다'라거나 '사람이 존중받는 경영을 돕는다'와 같이 표현했던 때도 있다. 보다 명료하게 내 존재 목적을 나타내는 문장이 있다면 언제든 바꿀 수 있다. 조금 편안한 마음으로 우리 회사만의 존재 목적에 대해 적어 보자.

그다음에는 사장의 삶을 되돌아봐야 한다. 유아기, 청년기, 성인기에 걸쳐 가장 기억에 남는 일이나 전환점이 됐었던 일들을 생각나는 대로 무작위로 적어 보자. 일상적이더라도 유난히 즐거웠거나 괴로웠던 경험이라면 적어 보고, 이유는 모르겠지만 뇌리에 깊이 박힌 일이 있다면 그것도 적어 보자. 그러면 정말 신기하게도 우리 회사의 존재 목적과 연결 지을 수 있는 재료가 나온다.

내 예시를 살펴보자.

내 20대 시절 가장 큰 전환점이자 기억에 남는 사건 중 하나는 퇴사였다. 나는 평생 긍정적인 것을 자부하며 살아왔던 사람이다. 그러던 내가 대기업에 입사하고 2년 만에 우울증에 걸려 퇴사했다. 나뿐만 아니라 동기 27명 중 21명이 2년 안에 퇴사했다. 처음 입사하고 떠났던 1박 2일 워크숍에서 그리던 이상적인 모습과는 거리가 먼 최악의 시나리오였다. 회사의 입장에서도 신입급 직원들의 대규모 퇴사는 신규 채용 비용, 재교육 비용, 조직 내 어수선한 분위기를 고려하면 막심한 손해다. 일부 직원들 사이에선 "우리회사 탈출은 지능순"이라는 자조적인 말들이 나돌았다. 회사뿐 아니라 당연히 나 같은 직원의 입장에서도 유쾌하지 않은 결말이다. 경력 단절, 우울증 등 치러야 할 대가가 컸다. 나는 3~4개월간의 휴식 끝에 정신을 차린 뒤 문득 이런 의아함이 들었다. "회사, 직원 모두 손해 보는데 왜 이런 바보 같은 결과가 반복되는 거지?" 나는 서울대 출신의 똑똑한 사장님이 어쩜 이렇게 비효율적인 행동을 반복하는지 이해하기 어려웠다. 그래서 그때부터 사장과 직원이 서로 협력하며 같이 Win-Win 할 수 있는 구조에 대해 연구하기 시작했다.

이렇게 내 삶의 일부인 '퇴사할 때 느꼈던 답답한 경험'을 우리 회사의 가치와 버무리니 하나의 스토리가 나왔다. 여러분도 존재 목적에 삶 속 여러 경험들을 연결지어 보자. 처음부터 거창한 창립 이념이 필요한 게 아니다. 작은 회사 99%는 처음 시작할 때 그저 경제적 목표를 위해 시작한다. 그러나 회사를 성장시키고 직원들을 한 팀으로 묶고 연결하기 위해서는 스토리와 가치가 필요하다.

허우적대는 바람 인형 같은 회사가 되지 않으려면

아름답고 멋진 이성과 연애를 시작했다. 마냥 행복할 것이라는 핑크빛 기대가 부풀어 올랐다. 그러나 그 기대는 3개월 만에 깨지기 시작했다. 나는 효율적인 것을 좋아하는데 상대방은 feel에 따라서 즉흥적으로 움직이길 좋아한다. 나는 많은 사람과 어울리는 것을 좋아하는데 상대방은 적은 사람들과 노는 것을 즐긴다. 나는 술을 긍정적으로 보는데 상대방은 술을 부정적으로 본다. 사소한 일 하나하나에 끊임없이 충돌한다. 서로가 답답하고 밉기 시작한다.

이렇게 가치관이 다른 두 사람은 과연 오래도록 행복하게 연애할 수 있을까? 노력으로 맞춰 볼 수도 있겠지만 한계가 있다는 것은 자명하다. 가치관은 오랜 세월 축적되어 온 결과물이기 때문에 단기간에 바뀌는 것이 아니다. 회사와 직원, 사장과 직원의 관계도 연애와 크게 다르지 않다. 둘의 가치관이 다르면 관계를 오래 지속하기 어렵다. 특히나 '일에 관한 생각'이 다르면 큰 문제가 된다. 작은 회사는 구성원 모두가 마치 하나의 몸처럼 일사불란하게 움직일 때 최고의 성과를 낼 수 있다. 그런데 구성원 간의 가치관이 다르면 어떻게 될까? 일할 때마다 병목현상이 생겨 원 팀으로 일할 수 없다.

만약 여러분이 '효율성'을 중요시하는 사장이라고 해 보자. 그렇다면 기존의 방식대로 안정적으로 빠르게 처리하는 것을 선호할 것이다. 그런데 직원은 '창의'를 중요시하는 사람이라면 당장은 덜 효율적이더라도 새로운 방식으로 일을 처리해 보길 원할 것이다. 둘은 서로의 방식에 불만이 생길 수밖에 없다. 여기에 정답은 없다. 두 개의 다른 가치관이 있을 뿐이다. 궁극적으로 우리가 이루고 싶은 것은 대표와 직원의 가치관을 최대한 일치시키는 것이다. 그래야 불필요한 갈등과 소통 비용이 발생하지 않는다. 한마음 한

뜻으로 같은 결과물을 목표로 일한다.

가치관을 통일하는 방법에는 크게 두 가지가 있다. 채용과 교육이다. 애초에 채용 단계에서 나와 비슷한 가치관을 가진 사람을 뽑던가, 우리 회사의 방침을 끊임없이 교육해서 납득시켜야 한다. 보통은 이게 어렵다거나 방법을 모르겠다는 이유로 포기한다. 이는 직원관리 자체를 포기하겠다는 것이나 마찬가지다. 이게 얼마나 바보 같은 소리인지 살펴보자.

대한민국 헌법 제1조
① 대한민국은 민주공화국이다.
② 대한민국의 주권은 국민에게 있고, 모든 권력은 국민으로부터 나온다.

만약 헌법 제1조가 없었다면, 지금 우리나라는 어떤 모습을 하고 있을까? 다들 자기가 왕이라고 난립하며 난장판이 되지 않았을까? 독재자가 지배하고 있지 않았을까? 북한처럼 가난에 허덕이고 있지 않았을까? 대한민국은 '우리는 민주공화국'이라는 하나의 강력한 원칙에서 시작해서 국가를 성공적으로 운영해 왔다. 헌법은 국가 운영의 방향성과 기준을 제시한다. 모든 운영시스템의 뿌리가 된다. 그런데 왜 회사를 운영할 때에는 헌법을 만들지 않을까? 직원이 1명 있건, 5명 있건, 10명 있건 규모와 상관없이 회사에도 헌법이 필요하다. 우리가 중요시하는 꿈과 가치, 원칙들을 담아 놓은 헌법이 있어야 그 밑에 조직을 운영하는 모든 시스템이 파생되는 것이다.

"말은 쉽지. 가치관을 어떻게 맞춰요? 눈에 보이지도 않는데."

너무 좋은 지적이다. 가치관은 눈에 보이지 않는 게 문제다. 그래서 눈에 보이게 만들어야 한다.

1. 우리 회사는 왜 존재하지? 나는 이 일을 왜 하지? (미션)
2. 3년 뒤 우리는 어떤 모습이 되고 싶지? (비전)
3. 그러려면 어떤 목표를 이뤄야 하지? (목표)
4. 어떻게 그 목표를 달성할 수 있지? (전략)
5. 어떤 것들을 기준으로 일하지? (핵심 가치)

만약 당신이 사장이라면 이 모든 질문에 답할 수 있어야 한다. 이런 질문에 답을 하기 어렵다? 혹은 할 수 없다? 그러면 당신 직원이 일 못하는 것에 푸념할 자격 없다. 애초에 선장이 우리 배가 어디를 향해 가는지, 언제까지 갈 건지, 어떻게 갈 건지, 왜 가는 것인지 설명을 안 해 주는데 어떻게 선원들이 믿고 따라서 시키는 일의 100% 혹은 그 이상을 하겠는가.

사람을 움직이는 방법은 두 가지가 있다. 첫 번째는 개개인에 대한 관리와 지원을 통해 구성원 하나하나를 움직이는 방법이다. 그들의 커리어와 인생의 목표에 대해 같이 고민하며 지지하고 회사 내에서 그것을 이룰 수 있도록 만들어 움직이게 한다. 이 부분은 '4단계_소통', '7단계_성과 관리' 파트에서 집중적으로 다룬다. 그러나 이 방법은 약간의 한계가 있다. 우선 소모 값이 크다. 리더가 구성원 한 명 한 명에게 시간과 에너지를 쏟아야 하고 수시로 확인해야 하기 때문이다. 5명 이하일 때는 큰 문제가 없지만 5~10명 단계에서는 슬슬 부하가 걸리기 시작해 지속 가능하기 어려워진다. 그래서 두 번째 방법을 적극적으로 활용해야 한다. 커다란 틀과 방향으로 조직 전체를 움직일 수 있게 설계하는 방법이다. 구성원 모두가 동의하는 방향성을 설정하고 그 안에서 자발적으로 움직일 수 있도록 만든다. 이게 조직의 헌법이라고 할 수 있는 비전하우스다. 모든 조직에는 구성원들이 이해하고 있는 중심적인 조직 논리가 있어야 한다.

우리가 왜 이 일을 하는지 → 어떤 일을 해내면 그 목적을 달성했다고 할 수 있는지 → 그 일을 해내려면 어떤 원칙을 가지고 일해야 하는지 → 그 원칙을 잘 지킬 수 있는 인재상은 무엇인지 → 인재들과 어떤 방식으로 일할 것인지 → 어떤 행동을 얼마나 해야 그 방식대로 일을 잘하고 있다고 할 것인지… 등등

회사의 토대가 되는 중심 논리·원칙을 누구에게나 막힘없이 설명할 수 있어야 한다. 그게 안 된다면 일의 방향성을 잃었다는 말과 같다. 그때부터는 중구난방으로 구성원 각자의 생각과 감정에 따라 일할 수밖에 없어진다. 이런 비일관성은 제품, 서비스에 고스란히 담겨 결국 고객들에게도 드러나기 마련이다. 일관성을 세우기 위해 회사가 반드시 갖춰야 할 비전하우스의 세 가지 요인을 함께 살펴보자.

1. Mission 미션

기독교, 불교, 힌두교, 이슬람….

나는 종교가 없다. 그럼에도 불구하고 수천 년 동안 인류와 함께 살아온 생명력 넘치는 종교의 힘에 대한 경외심이 있다. 특히 직원관리, 조직 관리의 관점에서 보면 참 재밌다. 요즘 말로 '누가 칼 들고 협박하지도 않는데' 종교인들은 자신의 돈, 시간, 에너지를 써 가며 종교 활동에 적극적으로 참여한다. 수십억의 사람들을 자발적으로 움직이게 하는 그 근본적인 힘은 무엇일까? 확고한 미션과 대의명분이다. 오래 살아남는 종교는 대체로 세상을 더 선하게, 행복하게, 사랑이 가득하게 만들겠다는 확고한 대의명분을 가지고 있다. 인간은 큰 뜻을 가진 사람에게 모인다. 그리고 그 사람을 응원하고 지지한다. 세상을 더 좋게 만드는, 선한 영향력을 퍼트리는 사람에게 힘을 실어 준다. 단순히 돈만 보고 달려가는 것이 아니라 세상을 바꾸려는 사람을 따른다.

좋은 리더가 이끄는 회사는 그저 돈만 좇지 않는다. 직원들이 자발적으로 믿고 따르고 싶게 만드는 확실한 철학과 신념 체계가 있다. 직원들이 매일 회사를 출근하는 데에는 돈 벌 수 있다는 이유 말고도 다른 확실한 이유가 있어야 한다. 물론 돈을 목표로 하는 것은 전혀 문제가 없다. 그러나 직원 몇 명 고용하고 일해 보면 돈만으로는 직원들을 움직일 수 없다는 것을 금방 알게 될 것이다. 돈만으로는 동기부여할 수 없다. 어차피 돈을 누구보다 많이 챙겨 줄 수도 없다.

'우리 회사가 왜 존재해야 하나요?'라는 질문에 '내 주머니 두둑하게 챙기려고'라는 답밖에 할 수 없다면 그 누가 우리 회사를 위해 일할까. 'ㅇㅇ을 만든다.' 혹은 'ㅇㅇ을 제공한다.'는 회사의 미션이 될 수 없다. 우리 회사를 예로 들어 보자. '최고 수준의 직원관리 컨설팅과 교육을 제공한다.'는 우리의 미션이 아니다. 직원관리를 돕는 이유와 목적이 빠져 있기 때문이다.

내가 아는 사람 중에 출근이 즐겁다는 사람은 100명 중 1명 수준이다. 왜 그럴까 관찰해 보니 그들은 일의 의미를 깨닫지 못했고 몰입하고 있지 못했다. 대체로 개개인의 의지나 능력의 문제가 아니라 환경의 문제였다. 회사가, 사장이, 리더가 직원들의 잠재력을 끄집어낼 능력이 부족한 경우가 대부분이었다. 그래서 우리 회사의 미션은 '사장과 직원이 Win-Win 할 수 있도록 돕는다'이다. 사장이건 직원이건 회사에서 일에 집중하는 것이 자신의 이익에 부합하게 되면 일할 맛이 난다. 서로 함께 나아간다는 소속감, 성장감을 느낄 때 원 팀으로 일할 수 있다. 깨어 있는 시간의 1/2을 보내는 회사에서 만족도가 높아지면 삶이 행복해진다. 사장도 직원도 일에 대해 긍정적으로 생각할 수밖에 없다. 나는 그런 세상을 꿈꾸기 때문에 작은 회사에 직원관리 컨설팅도 하고 교육도 한다.

이렇게 명확한 미션, 목적이 존재하면 직원관리에 어떤 유익이 있을까?
첫째, 회사의 정체성이 뚜렷해진다. 흔한 회사 중 하나가 아니라 우리만의 색깔이 담긴다. 이는 마케팅적으로도 활용할 수 있고 내부적으로도 결속력을 높여 줄 수 있다.

둘째, 회사 운영의 기준이 생긴다. 모든 의사결정은 우리의 미션에 부합하는가를 기준으로 판단하면 된다. 회사가 점점 커지고 구성원들이 다양해지면서 겪게 될 혼란을 미연에 방지할 수 있다. 극단적인 예로 우리 회사가 직원들을 착취하는 노하우를 알고 있고 그게 큰돈이 된다고 해도, 우리는 그런 서비스를 제공하지 않을 것이다.

셋째, 회사의 지속 가능성을 높인다. 단순히 생산성이 높아지는 것뿐만 아니라 다양한 아이디어를 도출할 수 있기 때문이다. 사장과 직원이 Win-Win 하는 세상을 만들 수 있다면 꼭 직원관리 교육을 돕는 일이 아니어도 무엇이든 시도해 볼 수 있다. 그렇게 단순 교육·컨설팅 회사가 아닌 다른 차원의 업을 수행하는 회사로도 변신하거나 진화할 수도 있다.

나는 H그룹에 입사했을 때 비전하우스를 처음으로 봤다. 비전 2020이니 비전 2030이니 그때는 겉멋용 글귀라고만 생각했다. 어차피 회사 사람들은 읽지도 않고 알지도 못했으니까. 그러나 직접 회사를 운영해 보니 이해가 됐다. 겉멋이 아니라 회사 운영에 있어서 가장 깊은 곳에 있는 본질이라는 것을.

미션은 회사의 정체성과 존재 이유, 방향성을 나타낸다. 만약 미션이 없다면, 지금 당장 만들어라. 직원들과 함께 토의하며 만들어도 좋다. 직원들을 하나로 묶어 주는 가장 중요한 일이다. 그리고 정말 중요한 한 가지 팁을 주자면, 미션은 반드시 가슴이 뛰어야 한다. 현실적으로 이루기 어려울 수도 있는 것을 정하는 것도 좋다. 이루어지는 모습을 상상했을 때 설레고 가슴 뛰는 것이어야 회사의 미션으로서 의미가 있다.

2. Vision 비전

누군가 다이어트의 목표를 '지금보다 날씬해진다.'라고 설정한다면 얼마나 잘 지킬 수 있을까? 딱 봐도 모호해서 그다지 지킬 확률이 높아 보이진 않는다. 중요한 것은 구체적으로 목표를 잘 설정했을 때와는 얼마나 큰 차이가 있냐는 것이다.

『아주 작은 습관의 힘』의 저자 제임스 클리어는 목표를 쉽게 달성하는 방법을 알아내기 위해 '습관화'에 대한 재밌는 연구를 한 바 있다. 3개의 그룹으로 나누었고, 어떤 그룹이 최소 주 1회 운동 습관을 많이 만들었을지 조사했다. A 그룹에는 '운동을 습관화하세요!'라고 지시만 했고, B 그룹에는 운동하면 뭐가 좋은지 설명하고 동기부여를 했다. C 그룹에는 B 그룹과 같은 내용에 더하여 스스로 '나는 언제(몇 월 며칠 몇 시) 어디에서 ○○ 운동을 ○○분 간 한다.'라고 구체적으로 쓰게 했다. 결과는 모두가 예상한 대로 C 그룹이 압도적이었는데, 구체적인 수치를 보면 더욱 놀랍다. 최소 주 1회 운동하는 것을 기준으로 A 그룹의 달성률은 35%, B 그룹은 35~38%였다. (여기에서 알 수 있는 것은 의외로 동기부여를 시켜 주는 것만으로는 인간이 목표를 달성하는 데에 큰 도움이 되지 않는다는 것이다) 마지막으로 C 그룹은 무려 91%의 달성률을 보였다. 이처럼 구체적으로 목표를 설정하고 적는 것만으로도 실제로 이룰 확률이 높아졌다.

회사도 하나의 유기체로서 사람과 크게 다르지 않다. 미션을 통해 회사의 방향성을 설정했다면, 그 방향성대로 잘 가고 있는지 확인할 수 있는 구체적인 목표를 세워야 한다.

- 3년 뒤에 우리 회사는 어떤 모습일까?
- 그때 고객들이 우리를 바라보는 모습은 어떨까?
- 우리 직원들은 몇 명 정도 있을까? 부서는 어떻게 되어 있을까?
- 우리 회사의 매출은 얼마나 될까? 어떤 제품, 서비스를 판매하고 있을까?

이런 질문들에 답해 보며 구체적인 미래상과 결괏값을 생생하게 그리면 그릴수록 우리의 미션을 달성할 확률이 기하급수적으로 높아진다. 물론 당연히 미션과 연결되는 비전을 설정해야 한다.

비전은 말 그대로 눈에 보이는 것이어야 한다. 뚜렷한 목표가 그림이 그려져야 한다. 미션과 혼동하여 추상적인 목표를 설정할 경우, 이를 달성한 것인지 아닌지 판단할 기준이 없어 문제가 생긴다. 다시 한번 말하지만, 비전은 눈에 보일 정도로 구체적이고 뚜렷하고 명확하게 설정해야 한다. 이때 중요한 팁을 하나 주자면, 지나치게 현실적인 생각은 피해야 한다. 종종 '지금 이 정도 수준이니까 앞으로 3년 뒤면 현실적으로 이런 수준까지만….'이라는 생각을 하는 사람이 많다. 과거와 현재의 연장선으로 미래의 그래프를 그리면 안 된다. 백지상태에서 미래 목표를 그려야 한다. 아무런 제약이 없다면 3년 뒤에 어떤 목표를 달성했을 때 우리의 미션이 잘 수행되고 있다고 말할 수 있을까? 라는 관점에서 목표를 설정해야 한다.

그리고 3년 후의 모습, 목표를 상상하고 그렸다면 이것을 기준점 삼아 역산 스케줄링Backward Scheduling해야 한다. 3년 뒤 해당 목표를 이루려면 2년 뒤에는 어떤 목표를 달성해야 하지? 그러려면 1년 뒤에는? 그러려면 6개월 뒤에는? 3개월 뒤에는? 1개월 뒤에는? 2주 뒤에는? 1주 뒤에는? 3일 뒤에는? 오늘은? 이런 식으로 3년 뒤 목표를 잘게 쪼갤 수 있어야 한다.

물리학에는 '아토모스'라는 개념이 있다. 물질을 분해하고 분해하면 원자 단위까지 내려가는데 그때부터는 더 이상 쪼개지지 않는다. 쪼개지지 않는 물질의 기본단위 입자를 말한다. 뛰어난 리더는 아토모스를 찾아야 한다. 사업이건 계획이건 일이건 모두 분해를 잘해야 한다. 사업의 프로세스를 구체적으로 쪼개면 쪼갤수록 비효율을 개선하고 수익성을 개선하기 쉬워진다. 계획을 쪼개면 쪼갤수록 달성률이 높아진다. 일을 쪼개면 쪼갤수록 직원 교육과 위임이 쉬워진다.

3. Core value 핵심 가치

핵심 가치는 모든 구성원의 '원칙'이다. Mission이 방향성이라면 핵심 가치는 나침반과 같다. 우리가 처음에 설정한 방향대로 잘 가고 있는지 확인할 수 있게 해 주는 기준이 된다.

핵심 가치는 단순히 좋아 보이고, 있어 보이는 단어들을 나열해놓는 것이 아니다. 내게 오는 고객 중에도 이미 핵심 가치를 정했다는 분들이 있어서 '어떻게 정하신 거예요?'라고 물으면 십중팔구는 대기업, 글로벌 기업들의 핵심 가치를 그대로 차용했다고 한다. 위에서도 말했지만, 비전하우스는 하나의 조직 논리다. 사장의 철학과 정체성, 세계관, 가치관이 그대로 담겨 일관되게 이어져야 한다. 그런데 '고객 만족', '신뢰', '성장' 이런 좋아 보이는 단어들을 맥락 없이 가져오면 논리가 사라진다. 허울 좋은 뼈대만 남고 실제 직원들에게 내재화되는 것은 아무것도 없다. 요란한 빈 수레 되기 딱 좋다. 실제로 그런 경우를 너무 많이 봐서 하는 말이다.

핵심 가치는 쉽게 말하면 "의사결정을 할 때 어떤 것을 우선으로 할까요?"라는 질문에 미리 답하는 것과 같다. 만약 제1의 핵심 가치가 '고객 만족'이라면 '퀄리티는 조금 떨어트리고 수익성을 높이는 결정'과 '수익성은 조금 낮아지지만 퀄리티는 높아지는 결정' 중 후자를 선택할 수 있어야 한다는 것이다. 나도 회사를 경영하며 제일 힘든 것 중 하나가 핵심 가치를 포기했을 때 단기적 이익이 생기는 경우다. 나는 한 달에도 30명씩 고객을 받아서 더 큰 수익을 올릴 수 있다. 그러나 무분별하게 고객을 받으면 고객들이 느끼는 컨설팅과 교육의 퀄리티가 떨어질 수밖에 없다. 그래서 10명으로 제한을 둔다. 솔직히 나도 사람인지라 '이번 한 명만 더 받을까?'라는 생각이 들 때도 있다. 그러나 우리 직원들은 늘 나를 관찰하고 있다. 내가 설정한 핵심 가치를 내가 지키지 않으면, 직원들 또한 그 가치를 지키지 않을 수밖에 없다. 그래서 진부하지만 솔선수범이 중요하다는 것이 바로 이런 점 때문이다.

다시 한번 강조하지만, 핵심 가치는 돈 대신 선택할 수 있을 정도로 중요한 것이어야 한다. '단순함'이라면 복잡한 제품을 만들어서 돈을 더 벌 기회를 포기하는 것이고, '품질 제일'이라면 품질을 다소 낮춰서 돈을 더 벌 기회를 포기하는 것이고, '즐거움'이라면 비용이 조금 늘어도 즐거움을 줄 수 있는 이벤트를 할 수 있어야 한다.

"회사가 돈을 벌어야죠…. 무슨 핵심 가치 타령입니까?"

물론 나도 돈을 좋아한다. 핵심 가치는 돈 대신 선택하는 것이지만 절대 돈을 포기하는 것이 아니다. 아니 오히려 돈을 벌려면 꼭 가져야만 한다. 이런 명확한 철학과 기준이 있어야 직원들의 불필요한 소통 비용, 관리비용이 줄어든다. 직원들이 같은 목표, 기준을 가지고 일하면 더 좋은 성과를 낼 수 있고 심지어 이를 '지속 가능'하게 해 준다.

핵심 가치를 정하는 것만으로는 충분하지 않다. 오히려 더 중요한 것은 그 가치에 대해 '정의를 내리는 것'이다. 사람마다 같은 단어를 완전히 동일한 개념으로 이해하지 않기 때문이다. 특히 핵심 가치는 다양한 의미를 내포하고 있어 개인마다 해석이 다를 수 있다. 따라서 정의를 명확하게 내리는 것이 필수적이다. 그렇지 않으면 겉으로는 소통이 잘되는 것 같아도 실제로는 오해가 깊어질 수 있다.

예를 들어, '성장'이라는 단어를 들어도 사람마다 다르게 해석할 수 있다. 어떤 이는 개인의 발전으로, 다른 이는 고객의 발전으로 해석할 수 있다. 또한 어제보다 0.1% 나아지는 것을 성장으로 보는 사람이 있는 반면, 1% 이상의 향상을 성장으로 간주하는 사람도 있을 것이다. 이러한 오해를 방지하기 위해서는 각 개념에 대해 명확한 정의를 내려야 한다.

이 정의를 내리는 것은 전적으로 사장의 책임이다. 이를 통해 사장의 철학, 가치관, 세계관이 회사에 반영된다. 특히 작은 규모의 회사일수록 사장의 색채를 회사에 심는 작업이 더욱 중요하다. 따라서 다른 기업을 단순히 모방하기보다는 자신만의 색깔이 뚜렷한 회사를 만들어야 한다. 정의를 내린 후에는 이를 구체적인 행동 단위로 분해하여 보상 및 평가 시스템과 연계해야 한다. 이렇게 함으로써 핵심 가치가 단순한 구호에 그치지 않고 조직문화와 업무 방식에 실질적으로 반영될 수 있다.

이렇듯 미션은 비전으로, 비전은 핵심 가치로, 핵심 가치는 시스템으로 이어진다. 회사의 모든 시스템, 문화는 이렇게 '가치'에서 시작해서 자연스럽게 형성되어야 한다. 신규 입사자 교육부터 성과 관리, 보상·평가, 조직문화까지 하나의 뿌리에서 시작한다. 누군가는 조직문화를 만드는 방법을 알려 준다. 나는 동의하지 못한다. 조직문화는 만드는 것이 아니라 자연스럽게 '형성'되는 것이다. 금Gold을 창조할 수는 없다. 금광에서 금을 캐내고 일련의 제련·세공 과정을 거쳐야만 우리가 아는 금이 된다. 금은 자연 속에서 찾아내고 다듬은 것이다. 조직문화도 그렇다. 비전하우스라는 우리의 '가치'는 이미 존재한다. 그 속에서 모든 구성원이 가치를 잘 지킬 수 있도록 다듬고 수정하는 과정을 거쳐야 비로소 조직문화라는 금처럼 반짝반짝 빛나는 결과물이 나오는 것이다.

비전하우스라는 핵심 신념 체계가 없는 회사는 '뇌와 척추가 없는 회사'다. 길거리에서 허우적대는 바람 인형과 같다. 고객과 직원들의 불평불만 하나에 휘둘리기 쉽다. 작은 회사들이 일하는 방식을 보면 딱 바람 인형과 같다. 그때그때 상황이 닥치면 눈에 보이는 대로 지시하고, 판단하고, 결정한다. 직원을 뽑을 때부터 교육하고 성과를 관리하고 평가하고 보상하는 모든 과정이 그렇다. 체계적으로 관리되지 않으니 직원들의 일하는 방식도 중구난방이 된다. 비전하우스는 회사의 뇌이자 척추다. 모든 것은 비전하우스에서 내려와야 한다.

한편 사람들은 자율적으로 판단하고 행동하고 싶은 본능이 있지만, 동시에 누군가 자신을 잘 이끌어 주길 원하는 본능도 있다. 모순적이지만 사실이다. 불확실한 세계를 살아가는 우리는 누군가를 의지하고 따르고 싶어 한다. 그래서 꿈과 야망이 원대한 사람에게는 사람이 모인다. '저 사람이라면 나를 믿고 맡겨도 될 것 같다.'라는 확신이 드는 사람에게 끌린다. 인간은 그렇다.

"분명하면서도 야심 찬 비전, 달성 가능한 미래에 대한 설득력 있는 이미지를 갖춘 자에게 사람이 모인다."

– 스튜 프리드먼, 미국 펜실베이니아 와튼스쿨 명예교수

나 또한 직장인 시절 이런 모순적인 감정을 많이 느꼈던 바 있다. 회사가, 사장이, 팀장이 "우리 회사는 이런 세상을 만들 거야. 앞으로 3년 뒤에 이렇게 될 거고 5년 뒤엔 이렇게 될 거야. 네가 우리와 함께하면 어떤 업무를 통해 얼마나 성장할 거고 어떤 모습을 하고 있을 거야."라고 명쾌하게 길을 알려 줬더라면 절대 퇴사하지 않았을 것이다.

세상에는 생각보다 햄릿증후군*을 겪는 사람이 많다. 심지어 본인의 일과 인생까지도.

그런 사람들을 이끌 줄 아는 사람이 진짜 리더가 되는 것이다. 당신만의 멋진 야심과 가치와 이상을 직원들에게 선언하고 함께 달려가자고 말해 보자.

---

*여러 선택의 갈림길에서 결정을 내리지 못하고 뒤로 미루거나 타인에게 결정을 맡겨 버리는 선택 장애

사장과 회사와 직원을 연결하라

―――――――

이렇게 회사의 스토리와 비전하우스를 만들었다면 이를 직원들과 연결시켜야 한다. 만약 회사의 방향성에 대한 얘기만 일방적으로 하고 있다면 '그래서 그게 뭐? 어차피 사장 얘기잖아.'라고 밀어내기 쉽다. 남의 얘기처럼 듣는 직원들에게 어떻게 연결할 수 있을까? 앞서 말했듯이 모든 인간은 자신의 이익에 따라 움직인다. 이 부분을 활용해야 한다. 직원 삶에 대한 비전하우스도 같이 만들어야 한다. 앞으로 어떤 삶을 살고 싶은지 진정성 있게 들어보고 이를 회사의 비전하우스와 연결시키면 된다.

비전은 회사에만 있지 않다. 직원에게도 있다. 종종 내 친구들이 퇴사하면서 "이 회사는 비전이 없어"라는 말을 할 때가 있다. 무슨 말인지 이해는 하지만 가끔 이렇게 되묻고 싶을 때도 있다. "회사의 비전 말고 너의 비전은 어때?" 아마 이렇게 말했다가는 인간관계가 파탄 날 수도 있다. 그러나 비전은 누가 주거나 남의 것을 빌리는 게 아니라, 내 일 안에서 찾을 수 있어야 한다.

만약 직원의 비전하우스가 없다면 어떻게 될까?
첫 번째로, 직원 본인이 괴로울 수밖에 없다. 회사에서의 시간이 무의미하게 느껴지고 일은 재미없어진다. 오로지 돈만 보고 일하게 된다. 누구나 돈을 버는 목적과 원하는 삶의 그림이 따로 있다. 그러나 대부분 그걸 인지하지 못하고 흘러가는 대로 살아간다. 일하는 시간이 돈을 벌기 위한 '대가'라고만 생각하니 괴로운 게 당연하다. 연차가 쌓여서 후배를 이끌어야 할 때에도 어려움을 겪는다. 자기 자신도 돈 이외의 동기가 없고 일의 재미를 느껴 본 적이 없는데 어떻게 누군가를 이끌 수 있겠는가. 다른 사람의 목적도 발견시켜 줄 수 있어야 동기도 유발할 수 있고 진정성 있게 다가갈 수 있다.

두 번째로, 진정한 의미의 팀이 될 수 없다. 각자 자신의 이익만 추구하게 된다. 사장이 추구하는 방향이 있고, 각각의 직원들이 나아가고 싶은 방향이 있다. 궁극적으로는 지향점이 다를 수 있다. 그러나 적어도 함께하는 동안 일치하는 지점들, 동의하는 부분을 확인하고 거기에 집중한다면 한 팀이 될 수 있다. 각자 원하는 인생으로 가는 길에 도움을 주고받는 파트너라고 생각할 수 있게 된다. 우리는 누구나 개인의 이익을 추구하지만, 동시에 사회적 존재로 함께하는 사람들의 의무와 어려움을 함께 이겨 낼 때 행복을 느낀다. 단기적 성취를 넘어서 나의 삶과 다른 사람들에게 어떤 기여를 할 수 있는지 생각하면 더 몰입하게 되고, 주변 동료들과도 연결된다.

이렇게 회사와 사장과 직원이 연결되었을 때 모두가 Win-Win 하는 방향을 알 수 있다.

회사를 버스라고 생각해 보자. 사장은 기사고, 직원들은 승객이다. 버스의 목적지는 명확해야 한다. 그래야 승객들이 자신의 방향과 맞는지 확인하고 탑승할 수 있다. 제대로 알고 탄 승객은 버스에 얌전히 앉아 가는 모범 승객이 된다. 동시에 승객들도 자신의 목적지를 명확히 해야 한다. 강원도로 갈지 전라도로 갈지 정하지 않고 아무 버스나 타면 불만이 생길 수밖에 없다. 왜 이렇게 돌아가냐며 항의하고 화낼 수도 있다. 만약 번호도 노선도 적히지 않은 버스에 목적지 없는 승객이 탄다면 어떻게 될까? 모든 게 난장판일 수밖에 없다. 우리 회사와 직원이 이런 상황은 아닌지 되돌아보자. 만약 그렇다면 나도 직원도 목적지를 명확히 할 필요가 있다. 물론 시작부터 끝까지 버스에 있는 사람은 운전기사뿐이다. 승객은 중간에 타기도 하고 중간에 내리기도 한다. 이를 이상하게 여기거나 배신했다고 생각하지 않는다. 직원이 3년 뒤 목표로 이직이나 퇴사를 이야기하더라도 이상하게 여길 필요가 없다. 최종 목적지는 다르지만 목적지까지 가는 과정 속에 일정 기간 방향이 같아 버스에 탔을 뿐이다. 그 기간 동안 어떻게 Win-Win 할 수 있을지가 관건이다.

✓ 3단계 비전하우스 핵심 정리!

1. 회사의 존재 목적(미션)을 명확히 정의하고, 이를 통해 직원들에게 일의 의미와 방향성을 제시할 수 있어야 한다.

2. 구체적이고 측정 가능한 비전을 설정하여 회사의 미래 모습을 명확히 그리고, 이를 달성하기 위한 단계별 목표를 수립한다.

3. 핵심 가치를 정의하고 이를 행동 단위로 분해하여 의사결정과 평가의 기준으로 삼는다.

4. 비전하우스(미션, 비전, 핵심 가치)를 바탕으로 회사의 모든 시스템과 문화를 일관되게 형성한다.

5. 직원 개개인의 비전과 회사의 비전을 연결하여 모두가 Win-Win 할 수 있는 구조를 만든다.

4단계_커뮤니케이션: 직원의 마음을 얻는다

내가 100명 이상의 사장을 컨설팅하고 매일 4시간 이상 직원관리에 대해 연구하며 깨달은 가장 중요한 사실 중 하나를 여러분에게 전해 주고 싶다. 바로 직원들과의 커뮤니케이션이다. 듣기엔 단순해 보일지 모르겠지만, 실제로는 모든 성공의 열쇠가 여기에 달려 있다. 회사는 '사람'으로 구성된 조직이다. 사람과의 관계를 어떻게 맺고 형성하느냐에 모든 것이 달려 있다.

커뮤니케이션은 직원의 마음을 얻는 가장 기본적인 방법이다. 겁먹을 필요 없다. 그냥 말을 잘하고, 정보를 전달하는 게 커뮤니케이션을 잘하는 게 아니다. 진짜 중요한 건 직원들의 마음을 얻는 것이다. 인간은 감정에 따라 움직인다. 사장과 선배 직원이 꼴 보기 싫으면, 직원은 절대 역량을 100% 발휘하지 않는다. 한 팀이 되려야 될 수가 없다. 직원들이 여러분을 진정으로 믿고 따를 때 비로소 회사는 한 팀이 되어 빠르게 성장할 수 있다.

젊은 직원들과 나이 차이가 많이 나는 사장들의 경우 커뮤니케이션에서 큰 오류가 발생한다. 사고방식이 워낙 다르다 보니 어려울 수 있다. 그럴 때 일수록 본질이 중요하다. 커뮤니케이션의 본질은 진정성이다. 그럼 어떻게 진정성을 담아 직원의 마음을 얻을 수 있을지 이번 장을 통해 알아보자.

동료의 스트레스를 줄여 주는 리더의 비밀

결혼한 지 1년도 채 되지 않은 행복한 신혼부부가 있다. 어느 날 밤, 와이프가 화장실에 가려고 깼다가 남편이 잠든 채로 이상한 말을 중얼거리는 것을 발견한다. 남편은 "누가 들어왔었어."라고 말한다. 그날 이후 남편은 잠자리에 들면 완전히 다른 사람처럼 돌변한다.

2023년 9월쯤 개봉한 〈잠〉이라는 미스터리 영화의 줄거리다. 흥미로운 줄거리도 줄거리지만, 내가 이 영화를 선명히 기억하고 있는 이유는 따로 있다. 영화 속에서 일종의 수면 장애에 걸린 남편을 구하기 위해 아내가 고군분투하는 장면이 너무 아름다웠기 때문이다. 이를 상징하는 인상적인 장면이 하나 있다. 영화 속 아내가 남편의 문제를 어떻게든 해결해 보겠다며 마음을 다잡고, 다음과 같은 가훈이 적힌 나무 명판을 만들어 붙이는 장면이다.

"둘이 함께라면 극복 못 할 문제는 없다."

마음을 얻고 싶은 리더라면 직원들이 이런 생각을 하도록 만들어야 한다. '우리 사장님과 일하면 해결하지 못할 문제가 없다'라는 확신을 들게 해야 한다. 일하다 보면 사장과 직원 간의 오해도 생길 수 있고, 사업적으로 어려움을 겪을 수도 있다. 문제는 언제 어디서든 발생할 수 있다. 진짜 문제는 문제 그 자체가 아니라, 그것을 해결할 수 없을 것이라는 암담한 미래다.

    과거 6인 규모 작은 유통 회사에서 인턴으로 근무했을 때의 이야기다. 사장님은 내게 인스타그램 채널 관리를 맡겼다. "젊은 사람이니까 믿고 맡길게요. 젊은 느낌으로 세련되게 마케팅 좀 해 줘요." 이후 나는 외국의 유사 업종을 조사하고 분석하여, 우리 회사 계정의 기본적인 콘셉트를 정했다. 나름 흡족했는지 당당한 마음으로 보고드렸다. 사장님은 영 마음에 들지 않는 표정이었다. 회사의 핵심 컬러라며 고무대야 같은 적갈색 컬러를 앞으로도 밀고 갔으면 좋겠다고 말씀하셨다. 카피 문구도 하나씩 피드백해 주셨다. 직원으로서 사장님의 지시 사항을 당연히 따라야 하긴 하지만, 믿고 맡길 테니 젊은 느낌으로 만들어 달라는 말씀과는 결이 달라 당황했다. 그래서 나는 "네! 그러면 제가 꼭 지켜야 할 부분과 새롭게 시도해 볼 부분이 어떻게 될까요?"라고 묻고 이 부분을 확실히 했다. 인스타그램에 업로드할 콘텐츠의 주제는 자유로워도 된다고 하셔서, 이번에는 우리가 판매하는 상품을 활용하여 유행하는 레시피 소개 콘텐츠를 올려 보았다. 자연스레 우리 상품 판매 링크와 연결했다. 당시에는 익숙지 않았지만 몇몇 선두주자들이 활용하던 방법이었다. 이번에도 사장님은 마음에 들지 않아 하셨다. 아마도 사장님이 추구하는 대기업형 인스타그램과는 거리가 멀었으리라. 이렇게 추구하는 방향성이 다른 것은 문제가 아니다. 사장님이 그냥 시키는 대로 하라고 지시했으면 될 일이다. 혹은 구체적으로 레퍼런스를 주셨어도 될 일이다. 나는 직원일 뿐이었다. 그런데 말씀으로는 '믿고 맡긴다.', '젊은 느낌으로 부탁한다.'라고 말씀하시면서 은근히 싫은 티를 내시니 당황스러웠다.

앞으로도 소통이 잘 안 될 것을 생각하니 이후 인턴 생활이 아득하게 느껴졌다. '앞으로 어떤 문제가 생겨도 사장님과는 해결하기가 쉽지 않겠구나.'라는 생각이 절로 들었다.

과거의 나처럼 직원이 '사장님과는 정말 말이 안 통하네.'라는 생각이 들면 어떻게 될까? 직원들은 "말해 봤자 뭐 해? 바뀌질 않는데."라고 생각하며 아예 대화 시도 자체를 하지 않는다. 작은 문제여도 괜히 말을 꺼냈다가 오해가 생기진 않을까 숨기기 바쁘다. 당연하게도 일하는 내내 불편하고 스트레스를 받는다. 의견이 조금만 달라도 갈등으로 번지지 않을까 걱정하고 눈치 본다. 그러니 정작 중요한 업무에 집중하지 못하고, 불필요하게 감정과 에너지를 소모한다. 사장에 대한 신뢰도 떨어진다.

ChatGPT의 아버지라고 불리며 실리콘밸리의 선도적 인물로 존경받는 OpenAI의 CEO인 샘 올트먼Sam Altman은 이렇게 말한다.

"우리의 경험에 따르면 가장 성공적인 창업가는 함께 일하는 사람들의 스트레스를 줄여 줍니다. 그들과 일할 때면 '이 사람이라면 무엇이든 해결할 수 있다'는 느낌이 들기 때문입니다."
"커뮤니케이션하기 어려운 창업가는 대부분 나쁜 창업가입니다."

직원들이 극복하지 못할 문제가 없다고 확신하게 만드는 방법은 확실한 커뮤니케이션이다. 서로의 의견을 듣고 이해하고 조율할 수 있어야 한다.

결국, 일은 사람이 하고 사람은 감정에 따라 움직인다. 같이 일하는 동료들이 나를 불편하게 여기거나, 함께 일할 때 스트레스를 받는다면 그들이 가진 능력의 100%를 활용할 수 없다. 사장의 커뮤니케이션 역량에 따라 직원의 역량이 달려 있다.

직원 마음의 문을 여는 황금 열쇠

일본의 유명한 소설 『냉정과 열정 사이』는 작가 에쿠니 가오리가 여주인공의 이야기를 쓰고, 츠지 히토나리가 남주인공의 이야기를 써서 한 회씩 번갈아 가며 2년간 잡지에 연재한 것을 두 권의 책으로 출간한 소설이다. 각기 다른 시선에서 같은 사건을 바라보는 것이 이 소설의 큰 매력 중 하나다. 이 소설에서 얻은 교훈은 "의도가 곧 결과로 이어지지 않는다."라는 것이다. 남자 주인공 기준에서는 사랑하는 마음에 좋은 의도로 했던 행동이 여자 주인공에게는 부담으로 다가오거나 오해의 씨앗이 되기도 한다.

직원들과의 관계에서도 종종 이런 경우가 발생한다. 사장은 인간적으로 가까워지고 싶다는 좋은 의도로 "주말에 뭐했어요?"라고 묻는데 사생활에 대해 묻는다며 불쾌해하는 직원이 있다. 사장 입장에서는 억울한 마음도 들고, 다신 인간적으로 대하지 않아야겠다는 왜곡된 결론을 내리기도 한다. 직원들과 소통할 때마다 서로 이런 오해가 누적된다면 하나의 팀이 아니라 원수가 되기 십상이다. 사장이 전달하고자 하는 의도를 온전히 직원에게 연결시키는 것이 커뮤니케이션의 힘이다.

사장의 의도가 제대로 전달되지 않는 이유는 직원 마음의 문이 닫혀 있기 때문이다. 직원들은 사장님이 어떤 의도로 이런 말을 하는지 알지 못해 경계한다. 관계에 긴장감이 있다면 팀의 시너지를 내기도 어렵고, 직원 개개인의 역량을 발휘하기도 어렵다. 또 우리의 스토리나 사명, 핵심 가치를 제대로 이해시키기도 어렵다. 정말 안타깝게도 대부분의 사장과 직원이 이런 식으로 마음의 문을 닫아 놓고 한 공간에서 많은 시간을 보내며 서로 괴로워한다.

그렇다면 어떻게 직원들의 마음의 문을 열어서 사장의 의도를 온전히 전달할 수 있을까? 그 전에 조금 더 본질적인 질문을 던져 보자. 인간은 언제 마음의 문을 여는 것일까? 인간은 자신이 존중받고 있다고 느낄 때 마음을 연다. 여기에 답이 있다. 소통에서 중요한 것은 단순히 말을 조리 있게 하는 게 아니다. 소통의 핵심은 진정성이다. 상대방을 도구나 수단으로 생각하지 않고, 한 명의 인간으로서 존중해 주는 진심 어린 마음이다. 그럼 진정성은 어떻게 느끼게 할 수 있을까? 개인마다 여러 기술과 팁이 있겠지만 나는 한 가지만 꼽으라면 '질문하는 습관'을 강조하고 싶다. 대화의 주도권은 말하는 사람에게 있다고 착각하기 쉽다. 그래서 사장들은 자신이 대화를 주도하고자 한다. 그러나 실은 질문하는 사람이 대화를 진짜 이끄는 사람이다. 사람들은 질문을 받았을 때 반드시 답변해야 한다는 무의식적인 압박감을 느낀다. 질문자는 상황 자체를 통제하고 관망할 수 있는 반면 답변자는 답에만 주의를 기울인다. 질문은 답보다 강하다. 질문하는 습관이 왜 필요한지 세 가지 이유를 통해 조금 더 자세히 알아보자.

1. 특별하다고 느끼게 만든다

미국 중앙정보국CIA에서 공작원을 육성할 때 자물쇠 따기나 미행, 감시와 같은 기술만 가르칠 것 같지만 실제로는 의외로 대화 기술이나 소통법을 더 중점적으로 가르친다. 특정 인물을 우리 편으로 포섭해야 할 상황이 많기 때문이다. CIA가 적국의 스파이를 회유하는 소통의 비결은 무엇일까? 전직 공작원에 따르면 상대방에게 "저 사람이 나를 아끼고 소중하게 생각하는구나."라고 확신하게 만드는 것이라고 한다. 우리와 직원들의 관계도 크게 다르지 않다. "우리 사장님이 나를 특별하게 생각하는구나."라고 여기게 하는 것만큼 진정성을 심어 주는 것이 없다. 그럼 어떻게 해야 소중하고 특별하게 여긴다고 느끼게 할 수 있을까? 바로 그 사람에 대해서 진심으로 궁금해하는 태도다. 그리고 그 태도가 가장 잘 드러나는 행동은 '질문을 던지는 것'이다. 직장인 시절, 내가 유일하게 진정성을 느꼈던 사람은 내 생각과 관점을 더 이해하기 위해 질문을 던졌던 5년 차 대리였다.

2. 존중받는다고 느끼게 만든다

인간은 자기중심적이다. 특별히 의식하지 않으면 내 생각이 곧 정답이라고 여기기 쉽다. 특히 사장들은 그런 경향성이 더 짙다. 풍부한 경험과 상당한 성과를 쌓은 이들은 종종 자신의 인생 경로를 보편적인 성공 모델로 일반화한다. 오히려 성공의 경험들이 자신의 생각이 유일한 정답으로 여기는 오만함을 키우는 함정이 될 수 있다. 그래서 사장들은 때로 무의식적으로 자신의 경험에서 비롯된 견해를 직원들에게 주입하고자 한다. 자기 생각을 주입하려고 하는 사장에게 진정성을 느끼기는 어렵다. 너는 틀렸다는 걸 전제로 하는 일방적 대화이기 때문이다. 이는 심각한 착각이다. 해답은 항상 상대방에게 있다. 물론 이는 직원의 모든 생각이 정답이라는 뜻이 아니라, 사장이 아무리 논리적이고 이성적으로 설명하고 조언하더라도 직원 스스로 깨닫지 못하면 의미가 없다는 뜻이다. 영국의 소설가 새뮤얼 버틀러는 "자신의 뜻에 반하지만 마지못해 따르는 사람은 자기 의견이 바뀐 게 아니다." 라고 말하기도 했다. 여러분 앞에서는 마지못해 동의한다고 말할지는 몰라도 진정으로 견해를 바꾸는 것은 매우 드문 일이다. 따라서 사장은 직원들이 스스로 사고를 발전시키고 생각을 변화시킬 수 있도록 유도해야 한다. 미리 정해진 답을 강요하기보다는, 직원의 의견을 존중하면서 다양한 관점을 고려할 수 있는 질문을 던지는 것이 효과적이다. 이를 통해 직원들은 자발적으로 생각을 확장하고 발전시킬 수 있게 된다.

3. 진정으로 통할 수 있게 만든다

나는 소통을 '서로 통하여 오해가 없는 상태로 만드는 모든 행위'라고 정의한다. 그러려면 상대방이 이해하고 있는 맥락을 똑같이 알고 있어야 한다. "막내가 너무 예의가 없어요."라는 직원의 불평에 바로 내 생각을 덧붙이거나 섣불리 공감하려는 것은 바람직한 소통이 아니다. 그 직원이 막내 직원의 어떤 모습을 보고 예의가 없다고 생각했는지 100% 정확하게 알고 있는가? 아니다. 당신은 아직 모른다. 저번에 말대꾸를 했어서? 청소를 귀찮아해서? 표정이 별로여서? 다 여러분의 짐작이다. 의외로 많은 사람들이 직원의 마음을 자기 관점에서 추측하면서 반쪽짜리 공감을 하며 대화한다. 이는 진정으로 통한 것이 아니다. 자신이 100% 알지 못하는 상태에서 무언가 얘기하는 행위는 둘 간의 연결에 어떠한 도움도 되지 않는다. 이때 필요한 게 질문이다. 막내가 어떻게 했을 때 예의가 없다고 느꼈는지, 말이 문제인지 행동이 문제인지 물어봐야 한다. 상대방이 언제 어떤 것을 보고 어떤 감정을 느꼈는지 모른다면 알려고 해야 한다. 우리는 자꾸만 우리가 직원의 마음을 알고 있다고 착각한다. 유추와 짐작만으로는 직원의 감정과 생각을 절대 정확히 알 수 없다. 심지어 직원 본인도 자기 마음을 정확히 모를 수 있다. 이때 질문을 던짐으로써 상대방도 인지하지 못하고 있던 자신의 생각과 감정을 끄집어내고 알 수 있다. 질문을 던지지 않는다면 직원의 진심을 이해할 수 없고, 말하고자 하는 핵심을 간파할 수도 없다. 그렇다면 만약 내가 직원 마음을 100% 알고 있다는 확신이 들 때는 어떻게 해야 할까? 그때도 질문이다. 질문에는 두 종류가 있다. 궁금한 걸 묻는 질문과 내가 이해한 걸 확인하는 질문. "저는 이렇게 이해를 했는데 제가 이해한 게 맞을까요?"라는 식의 질문으로 우리가 서로 통하고 있는 게 맞는지 확인할 수 있다. 우리 둘의 연결이 끊어지지 않았는지 수시로 질문할 필요가 있다. 신경 쓰지 않으면 어느 순간부터 둘의 연결이 끊어져 있다. 나는 100% 이해했다고 생각하고 확인 차 되물어 봤을 때에도 "음, 그런 건 아니고… (블라블라)"라는 식으로 생각이 달랐던 경우가 열 번에 두세 번은 있었다. 이런 과정을 겪으며 나는 직원의 마음이나 생각을 딱 보면 모두 파악할 수 있다고 속단하지 않게 됐다. 자신은 눈치가 빨라서 상대방의 마음을 다 안다는 사람들을 경계한다. "소통의 가장 큰 문제는 상대와 소통했다는 착각이다."라는 극작가 버나드 쇼의 말을 명심하자.

조직문화 분야의 세계적인 석학 에드거 샤인Edgar H. Shcein은 인간의 관계를 기능적 관계와 인간적 관계로 정의했다. 흔히 비즈니스 관계라고 부르는 기능적 관계에서 진솔함과 신뢰를 쌓으면 인간적 관계로 발전할 수 있다. 작은 회사만의 강점인 소속감, 유대감, 효능감을 더 강하게 자극하려면 사장과 직원은 인간적 관계를 추구해야 한다. 기능적 관계는 높이, 인간적 관계는 깊이를 추구한다. 사람은 그저 돈이라는 '높이'에만 움직이지 않는다. 진정으로 마음을 열기 위해서는 '중심'으로 향해야 한다. 깊이를 더하고 중심으로 향하는 길은 오로지 질문뿐이다.

질문 위주의 소통이 어렵게 느껴진다면, 전문가의 도움을 받는 것이 현명한 선택이다. 소통 능력은 지속적인 연습을 통해서만 향상될 수 있다. 개인마다 고유한 성향, 기질, 말투를 가지고 있어, 자신에게 가장 적합한 소통 방식을 찾는 것이 중요하다. 실제로 나와 함께 일대일 코칭을 통해 소통 기술을 연마한 사장들은 예외 없이 직원들과의 관계가 개선되는 결과를 경험했다. 소통은 이론이 아닌 실전이다.

직원과 의견이 달라도 싸우지 않는 방법

종종 직원이 너무 말도 안 되는 결과물을 가져오거나 주장을 하는 경우가 있다.

"업무가 끝났으면 퇴근 시간 전에 퇴근해도 되나요?"

"저 월급이 부족한 것 같아요. ○○○ 만 원 수준으로 맞춰 주세요."

실제로 겪었던 일들이다. 이때 우리는 어떻게 대처해야 할까? 아마 직원 관리를 배우지 않은 분들이라면 바로 화나 짜증을 낼 가능성이 크다.

"뭔 소리야?"

"그게 말이 된다고 생각해요?"

그렇다면 여기까지 책을 읽은 독자분들이나 내게 교육을 받았던 대표님들은 어떨까? 감히 예상하자면 대부분 순간 감정이 올라와 표정이 싹 굳었다가 1~2초 뒤에야 '화부터 내면 안 되지.'라는 생각에 태연한 척 대화하려고 노력할 것이다. 과연 더 좋은 대처일까? 아니다. 오히려 화가 났다는 것이 티가 난 순간 직원은 본능적으로 무언가 잘못되었다는 것을 감지한다. 그래서 직원과 의견이 다를 때 대처하는 방법의 핵심은 '첫 반응'이다.

리더의 첫 반응은 직원에게 신뢰와 존중을 줄 수도, 반대로 실망과 상처를 줄 수도 있다. 앞으로 직원들은 점점 더 어려질 것이고, 그만큼 예상치 못한 발언을 들을 수밖에 없다. 그럴 때마다 감정에 휘둘리지 않으려면 연습이 필요하다. 첫 반응을 잘하는 방법은 두 가지가 있다. 첫 번째는 몸을 바꾸는 것이고, 두 번째는 말을 바꾸는 것이다. 둘 다 간단하니 이 글을 읽으며 바로 연습해 보자.

먼저 몸을 바꾸는 것이다. 지금 당장 팔을 좌우로 최대한 벌려 보자. 그런 뒤 마음속으로 이렇게 말해 보자. '좋아. 무슨 말이든 해 봐. 다 받아 줄게.', '내 인품과 그릇은 이렇게나 넓어.' 이런 상상을 하며 팔을 벌릴수록 효과가 크다. 직원을 대할 때 항상 이런 '넓은 그릇 자세'를 마음속에 간직하자. 직원과 대화하기 전이나 평소에 실제로 팔을 쭉쭉 펴는 습관을 들여보자. 몸을 바꾸면 마음도 따라 바뀐다. 어떤 말이든 다 품을 수 있을 것 같은 자세를 취하면, 실제로도 넓은 관용을 갖게 된다.

두 번째는 말을 바꾸는 것이다.

"그럴 수 있지."
"그럴 수도 있겠다."
"그렇게 생각할 수 있겠네."

지금 바로 이 말을 소리 내어 내뱉어 보자. 머릿속 생각에 머무는 것과 실제로 내뱉는 것은 천지 차이다. 이런 말들은 혼잣말로 하든 대화에서 하든 말 습관으로 만들어야 한다. 습관처럼 입에 붙어 버리면 실제로도 모든 일에 '그럴 수도 있겠다.'라는 생각이 든다. 이해가 되지 않는 상황에서도 그대로 말해 보자. 1장의 [감사 표현하기]에서 말했듯이 인간의 뇌는 합리화에 능하다. 자신의 생각과 행동이 일치하지 않는 상황을 견디기 어려워한다. '그럴 수도 있겠다'는 말을 하는 '행동'을 하면 실제로 그럴 수도 있겠다는 '생각'을 뒷받침할 증거를 찾게 된다.

이 두 가지 방법을 꾸준히 연습한다면 '첫 반응'에서 발생하는 문제는 크게 줄일 수 있다. 첫 반응을 무난하게 넘겼다면, 그다음은 대화 전반에 걸친 태도가 중요하다. 사장과 직원의 생각에 좁힐 수 없는 격차가 존재할 수 있다. 이때 필요한 사장의 자세는 서로의 주장만 내세우다 끝나지 않도록 언제든 결론이 바뀔 수 있는 열린 대화라고 생각하는 것이다.

종종 어떤 상황에서든 자기 말이 옳다고 주장하는 '답정너'식 사장이 있다. 하지만 내 생각이 항상 정답일 수는 없다. 그러니 내 말이 틀릴 수 있다는 것을 두려워하지 말자. 이러면 내가 무시당하는 거 아닐까 걱정하기도 한다. 그러나 이런 생각은 사장 마음만 더 힘들게 만든다. "○○ 님 말이 맞았네요. 내가 잘못 생각했네요."라고 말하고 넘어가면 된다. 내 생각이 틀리면 모욕을 당하고 권위가 사라질 것이라는 생각을 놓아야 한다. 실제로 직원들 의견이 옳은 경우가 생각보다 많다.

만약 사장이 열린 마음으로 소통했음에도 이견이 좁혀지지 않는다면 어떻게 해야 할까?
이에 대한 내용은 바로 다음 글에서 이어서 알아보자.

내 마음대로 하면서, 꼰대는 되지 않는 비결

"직원들과 수평적으로 소통하세요."

이런 말을 요즘 여기저기서 많이 들어봤을 것이다. MZ세대가 등장하면서 소통의 패러다임이 변화하고, 그에 따라 사장에게 요구되는 직원관리 스킬도 달라지고 있다. MZ세대는 기본적으로 합리성을 중요시한다. 수직적이고 위계질서가 강한 문화에서 '까라면 까'라는 식의 태도에 큰 의문을 갖는다. 왜 해야 하는 건지 납득이 가지 않거나, 비효율적인 방법이라고 생각하면 곧바로 되묻는다. "이거 왜 이렇게 해요? 꼭 그렇게 해야 해요?" 악의가 있다기보다는 순수한 의문에 가깝다. 당연히 사람에 따라 다르겠지만 MZ세대인 나와 내 친구들만 봐도 수평적 문화를 추구하는 경향이 확실히 있다. 직장인 시절, 나는 조직의 문화를 해치지는 않았지만 마음속으로 꼰대형 소통 방식에 불만이 있었다. 그때 나는 다짐했다. '내가 나중에 팀장, 사장이 되면 저렇게는 하지 말아야지.'

실제로 사장이 됐을 때, 나는 직원들에게 수평적 소통을 하려고 노력했다. 구글이나 아마존에서 한다는 '솔직한 소통'을 실천하려 노력했다. "얼마든지 편하게 얘기해도 돼." 그리고 그들의 이야기를 동등한 위치에서 듣는 연습을 많이 했다. 과연 수평적 소통의 결과는 어떻게 됐을까? 아마 리더십이나 소통 분야에 관심이 많아 이미 시도해 보신 분이라면 공감할 것이다.

소위 말하는 '개판'이 되었다. 내게 와서 다른 직원의 어떤 점이 불만이고 아쉬운지 서로 푸념을 늘어놓기 바빴다. 2주에 한 번 북토크 하자고 했을 때는 안 그래도 업무가 바쁘고 머리 쓰느라 힘들다며 불평불만만 가졌다. 1:1 면담 때 대뜸 '우리 회사 이거 별로인 것 같아요.'라고 말하기도 했다.

그렇다 보니 직원들 눈치를 안 볼 수가 없었다. 그들의 반응에 휘둘리며 맞춰 주기도 했다. 직원의 이야기를 공감해 주고 들어 주려다 시간을 다 빼앗긴 적도 있다. 북토크는 결국 시행도 못 했다. 마음속에서는 걱정과 불안, 불만이 피어올랐다. 사장 주도로 일사불란하게 움직여야 하는데 자꾸 발목을 잡히는 느낌이었다. 어딘가 꽉 막혀 있다는 기분이 들었다. 회사가 동아리도 아니고, 사장이 친구도 아닌데 이게 맞는지 회의감이 들었다. 사장으로서 권위가 없는 건 아닌가 걱정도 했다. 분명 수많은 전문가가 수평적 소통을 하라는데 내게는 현실적이지 않다고 느꼈다.

그럼 결국 '수평적 소통' 자체가 문제일까? 결론부터 말하면 그렇지는 않다. 요즘 리더에게 가장 중요한 능력 중 하나라고 생각한다. 효과를 보지 못한 건 순전히 내 문제였다. 소통만 수평적이어야 하는데 결정도 수평적으로 한 것이 문제였다. 사장이라면 의견을 꿋꿋이 밀고 나가는 강한 뚝심과 추진력이 필요한데, 다 들어 주고 맞춰 주려고 하다 보니 생긴 문제였다. 앞서 2단계에서 이야기했듯이 사장에게는 미움받을 용기가 필요하나, 이때의 나는 경험이 부족해 그 사실을 알지 못했다. 그저 내가 직원이었을 때 바라던 것들을 행하고 있었을 뿐이었고, 나만의 무게중심이 단단히 자리 잡기 전이었다.

결국, 한 선배 사업가의 조언을 들었다. 내 이야기를 듣더니 명쾌한 해답을 주었다. "야, 결정까지 수평적으로 하면 어떡하냐. '이건 이렇게 하고, 저건 저렇게 하자!'라는 식으로 결정은 네 줏대에 맞게 내려야 해." 충분히 설득력 있는 조언이었다. 실제로 어디선가 들어 본 듯한 조언이기도 했다. 망설일 필요가 없었다. 곧바로 모든 일을 내 기준에 따라 판단하고 직원들에게 지시했다. 이제 줏대가 생겼으니 모든 문제가 해결될 거라는 희망이 생겼지만, 실제 결과는 정반대였다. 또 다른 문제가 생겼다. 내가 봐도 나 자신이 꼰대처럼 말하고 행동하기 시작했다. 결정만 수직적이어야 하는데 자연스럽게 소통까지 수직적으로 바뀌었다.

직원 A가 불평할 때였다. "직원 B는 일을 마치면 뒤처리를 안 하고 퇴근해서 제가 해야 할 잡무가 너무 많아요." 나는 듣는 중에 '그래도 잡무는 후배 직원이 해야지.'라고 결론을 이미 냈다. 그러니까 들으면서도 이런 불만이 생겼다.

'저 경력에 불만을 얘기할 때인가?'
'막내면 일이 많아도 일단 해야지.'

이런 마음을 직접 표현하지는 않았지만, 내 표정과 듣는 태도에서 티 났을 것이다. 그러니 듣는 직원으로서는 사장이 내 불편함에 공감해 주지도 않고, 자신이 왜 이렇게 많은 잡무를 해야 하는지 이해도 시켜 주지 않으니 꼰대 같고 답답했을 것이다. 그 친구의 속마음을 듣진 않았지만, 사무실에 있는 것이 불편하고 잡무 해야 하는 매 순간이 괴로웠을 것이다.

이렇게 '소통은 수평적으로, 결정은 수직적으로'라는 게 말은 쉬운데 실제 실행하기가 어렵다. 마치 왼손으로는 원을 그리는 동시에 오른손으로는 네모를 그리는 일처럼 동시에 하는 게 상당히 어려웠다. 내 마음대로 하지 않으면 직원들에게 휘둘리는 것 같고, 내 마음대로 하면 꼰대가 되는 딜레마. 내가 이걸 극복했던 방법은 간단하다.

답을 정해 놓지 않기

결정은 수직적으로 해야 한다고 했는데 이게 무슨 말일까? 적어도 소통이 끝날 때까지는 정해 놓은 답이 없어야 한다. 답은 다 듣고 내놓는 것이다. 아까 사례로 돌아가서 얘기해 보자. 직원이 다른 동료의 불성실 탓에 자신이 처리할 잡무가 많다며 불만을 얘기했다면, 직원에게 하나하나 질문하고 들어 봐야 한다.

"잡무를 많이 해야 하는 상황이 구체적으로 어떻게 돼요?"
"그럴 때 어떤 감정들을 느껴요?"
"가장 불편한 점은 뭐예요?"

이런 질문을 한 뒤, 곧바로 답하지 않는 것이 중요하다. "아, 그렇게 느꼈겠네요. 그런 점이 불편했겠네요."라고 공감만 해 준다. 그런 뒤, 동료 또한 우리가 알지 못하는 불가피한 사정이 있을 수 있으니 동료의 상황까지 들어보고 더 좋은 방법을 찾아보자고 말해 보는 것이다. 여기까지가 수평적 소통의 영역이다. 실제로 동료의 입장까지 들어 봤다면 어떤 결정이든 명확히 내리고 추진하면 된다. 동료가 너무 바쁘니 막내 직원이 잡무를 전담하기로 해도 되고, 이참에 직원 간 업무의 책임 범위를 명확히 나눠도 된다. 어떤 결정이든 최대한 현명한 결정을 내리고 우직하게 밀고 나가면 된다.

수평적 소통만큼 중요한 것이 수직적 결정이다. 특히 작은 조직일수록 수직적 구조가 필요하다. 인간은 위계 서열 속에서 움직일 때가 가장 효과적이다. 인간은 오랜 과거부터 조직 생활을 해 왔다. 다른 동물들보다 달리기가 느리고, 힘이 약해도 만물의 영장이 될 수 있었던 원동력 중 하나가 조직적인 행동이다. 그리고 모든 조직에는 위계 서열이 존재한다. 아무리 수평적인 조직문화를 가지는 곳이라고 해도 사장과 직원의 권한과 의무와 책임이 같을 수는 없다.

자칫 잘못해서 직원들 이야기를 다 듣고 해결해 주려고 하다 보면 나중에 대들고 무시할 수도 있다. 구글, 넷플릭스와 같은 전 세계 최고 수준의 인재가 모이는 곳이 아닌 이상 자율성에 모든 것을 맡기는 것은 위험하다. 따라서 어떤 결정이든 리더가 확실하고 명확하게, 수직적으로 내려 줄 필요가 있다.

만약 나는 내 결정에 확신이 있는데, 직원들의 반발이 너무 심할 때는 어떻게 해야 할까? 조건부로 시행하면 된다.

"1개월만 내 방식대로 해 보자. 그리고 문제가 있다면 바로 수정하자."

이렇게 일정 기간을 두고 시행한 뒤 피드백을 받아서 수정하면 된다. 이렇게 했을 때 비로소 수평적 소통—수직적 결정의 균형을 맞출 수 있다. 관계 자체도 훨씬 매끄럽고, 리더십 측면에서도 좋고, 성과 측면에서도 좋을 확률이 높다. 직원들의 이야기는 귀담아들으면서도 추진력 있고 카리스마 있는 사장이 될 수 있다. 내 의지대로 결정하면서도 꼰대 소리는 듣지 않을 수 있다.

✓ 4단계 커뮤니케이션 핵심 정리!

1. 커뮤니케이션의 본질은 진정성이며, 직원의 마음을 얻는 것이 핵심이다.

2. 리더는 직원들에게 '함께라면 어떤 문제든 해결할 수 있다'는 확신을 주어야 한다.

3. 직원의 마음을 여는 열쇠는 질문이며, 질문을 통해 진정성 있는 관심을 보여야 한다.

4. 의견 충돌 시 첫 반응이 중요하며, 열린 마음으로 '그럴 수 있다'는 태도를 가져야 한다.

5. 수평적 소통과 수직적 결정의 균형을 맞추어, 직원의 의견을 듣되 최종 결정은 리더가 해야 한다.

4장

직원관리 심화
: 환경 설계하기

미국의 천재 건축가 버크민스터 풀러 曰

"새로운 사고방식을 가르쳐 주고 싶다면

가르치려 말고 적절한 도구를 주어라."

시스템이란 복잡한 상황에 대한 논리적 대응이다.

5단계_채용: 될 놈을 뽑는다

이 글을 읽고 계신 분께 질문을 하나 던질 테니 길게 고민하지 않고 딱 3초만 생각하고 대답해 보시기 바란다.

"직원관리에서 채용의 중요성은 몇 %나 될까?"

사람마다 다르겠지만, 내게 찾아왔던 분들에게 같은 질문을 던져 보면 대체로 50% 이상이라고 말씀한다. 애초에 좋은 사람을 잘 뽑는 게 무엇보다 중요하다는 사실을 본능적으로 인지하고 있다는 뜻이다.

자, 그럼 다시 질문을 드리겠다.
"성공적인 채용을 위해 여태 시간을 얼마나 투자했는가?"

바람직한 채용의 기준에 대해 고민하고, 그들을 끌어당길 채용 공고를 만들고, 지원자를 선별할 수 있는 면접 질문이나 평가표를 준비하는 데에 총 들어간 시간이 얼마나 되는지 생각해 보자. 실제로 이런 질문을 던지면 고작 30분 썼다는 분도 계신다. 이 분이 유별나게 부족한 게 아니라 평균적으로 2시간 정도를 이야기한다. 다시 정리해 보자. 채용이 직원관리에서 절반을 차지할 만큼 중요하다고 생각한다. 하지만 정작 채용을 잘하려고 시간이나 노력은 투자하지 않는다. 아이러니한 상황이다. 사람들은 매출이나 규모에는 집착하면서 채용은 가벼이 여기는 경향이 있다. 아마도 '채용 시스템을 개선한다고 진짜 효과가 있을까?'라는 의문이 있었거나 어떤 노력을 더할 수 있는지 몰라서 그랬을 것이다.

"뽑을 사람이 없네."
"이번에 뽑은 애 좀 이상해."

이런 푸념 한 번쯤 해 봤을 것이다. 작은 회사 사장들의 직원관리 어려움은 채용 단계에서부터 시작된다. 채용 실패의 여파는 단순히 원하는 사람을 뽑지 못했다는 데에서 그치지 않는다. 진짜 문제는 기존 직원에게 휘둘린다는 것이다. 바로 그만두라고 말하고 싶을 만큼 불성실한 직원이 있어도 어차피 채용이 순탄치 않다는 걸 알고, 당장 일할 사람도 없기 때문에 내보내길 망설이게 된다. '어떻게든 교육으로 해결할 수 있지 않을까?' 하는 헛된 기대를 갖고 시간과 에너지만 소모한다. 좋은 말, 나쁜 말 다 해 가며 어르고 달래며 교육해 봐도 소용없다. 결국 울며 겨자 먹기 식으로 몇 개월 같이 일하지만 다른 직원들도 물들게 된다.

나는 직원관리의 70% 이상이 채용에서 결정된다고 본다. 예의 바르고 협조적인 직원을 뽑으면 사장이 대단한 노력 하지 않아도 조직에 잘 스며든다. 그에 반해 냉담하고 소극적인 직원은 아무리 커뮤니케이션에 정성을 들이고 온보딩, 성과 관리 등 시스템을 잘 만들어 놔도 우리 조직과 잘 어우러지지 못하고 계속 신경 쓰이는 일을 만든다.

　사람 한 번 잘못 뽑으면 정말 골치 아프다. 미꾸라지 하나가 조직 전체의 갈등을 불러일으키기도 한다. 이때 최악의 상황은 여러 직원이 동시에 불만을 제기하며 퇴사하는 케이스다. 만약 다행히 당사자만 퇴사하는 것으로 결정하더라도 발생하는 비용이 만만치 않다. 해당 직원을 교육했던 시간과 비용, 퇴사 전까지의 생산성 저하, 새로 채용하기 위한 채용 플랫폼 비용, 신규 채용 면접에 필요한 사장의 인건비, 업무 공백을 메우는 기존 직원의 불만, 새로 채용한 인력의 적응 기간 및 교육 등 전부 비용이다. 최근 미국에서는 이를 채용당 비용Cost per Hire이라는 용어로 부르며 자세히 연구하기 시작했다. 미국의 한 연구에 따르면 직원 연봉의 40% 수준의 비용이 채용당 비용으로 쓰이고 있다. 물론 한국의 상황과 달라 그대로 적용할 수는 없겠지만 한국의 채용 플랫폼 사람인이 조사한 내용도 크게 다르지 않다. 조사 결과에 따르면 채용당 비용에 약 1,272만 원의 비용과 평균 32일의 기간이 소요된다.

　결국, 직원관리를 쉽게 하려면 될 놈을 뽑아야 한다.

　될 놈을 뽑으려면 먼저 '될 놈'이 뭔지 정의부터 해야 한다. 여러분들이 생각하는 될 놈은 어떤 특징을 가진 사람인가? 이는 사람마다 다 다르다. 누군가는 인사성이 바른 사람이라고 말하고, 다른 누군가는 꾸준함이 있는 사람이라고 말한다. 앞으로 내가 얘기할 '될 놈'이라는 건 최고의 인재를 말하지 않는다. 나와 지향하는 바가 유사하고 요구하는 바를 충족시켜 줄 수 있는 내게 최적화된 인재가 '될 놈'이다.

이번 5단계에서는 될 놈을 뽑는 방법에 대해 구체적으로 알아보자.

스펙보다 중요한 기준 3가지

2000년대 초반부터 한국의 구직자들에게 스펙 열풍이 불었다. 취업의 난이도가 높아지면서 학력, 경력, 자격증, 어학 성적, 대외활동 등 취업에 도움이 되는 것들이라면 일단 취득하고 보자는 시기였다. 그때부터 직원을 뽑을 때 지원자의 스펙을 보는 것은 당연한 일이 됐다. 지원자가 어떤 사람인지를 파악하기보다는 어떤 숫자를 가진 사람인지로 평가하는 게 자연스러워졌다. 자격증은 몇 개고, 어느 출신 학교를 나왔는지 등 지원자의 배경에 매몰됐다. 왜 그럴까? 판단하기 쉽기 때문이다. 스펙 위주로 판단하면 군이 시간을 들여서 더 자세히 들여다볼 필요가 없다. 물론 과거의 모습들이 그 사람의 삶을 일부 증명해 주기도 한다. 학점이 높은 사람이 낮은 사람보다는 더 열심히 살았을 확률이 높다. 그러나 스펙 하나로 지원자의 모든 것을 알 수는 없다. 특히 앞서 말했던 내게 최적화된 인재인 '될 놈'인지는 더더욱 알 수 없다.

이런 상황을 가정해 보자. 직원 한 명을 뽑기 위해 채용 공고를 올렸고 일주일 뒤 확인해 보니 총 두 명이 지원했다. 지방대 출신의 A라는 지원자는 학점도 높지 않고 특별한 자격증도 없다. 경제적으로 가정환경이 어려워 고등학생 때부터 혼자 이것저것 일해 본 경험이 많다. B라는 지원자는 인서울 대학교를 나왔고 학점이나 토익 같은 스펙도 나쁘지 않다. 반면 부모님의 용돈을 받으며 생활해 사회생활 경험은 부족하다. 누가 우리 회사에 더 좋은 인재일 확률이 높을까? 정답은 '모른다'이다. B가 조금 더 똑똑할 수는 있어도 A는 사회 경험이 많고 책임감이 뛰어나 더 성실히 일하고 빠르게 성장할 수 있다. 아니면 구김살 없이 자란 B가 더 빠르게 적응하고 똘똘하게 일할 수도 있다.

작은 회사에서 필요한 건 직원의 스펙이 아니다. 작은 회사의 일이라는 게 아주 어려운 기술이 필요하거나 최고 수준의 사고력을 필요로 하지 않는다. 구글이나 애플, 테슬라처럼 인류의 역사를 바꾸는 일을 하는 게 아니다. 6개월 정도 꾸준히 배우고 적응하면 누구나 다 할 수 있는 일이 대부분이다. 디자이너처럼 실무를 하려면 꼭 필요한 특정 기술이 있는 경우가 있다. 그런 경우를 제외하면 스펙은 참고용에 불과하다. 스펙에는 함정이 있어 모든 것을 알려 주지 않는다.

그럼 뭘로 판단해야 할까? 채용의 완성도를 높이기 위해 스펙 대신 반드시 봐야 할 조건 세 가지가 있다.

역량, 관계, 만족이다.

'역량'은 해당 포지션에서 1인분을 할 수 있는 최소한의 능력이다. 유사한 일을 해 본 경험이나 본래 가진 기질, 이 일에 대한 열정과 태도까지 포함한 개념이 역량이다. 역량을 지금 당장 성과를 낼 수 있는 실력으로만 착각하면 뽑을 사람이 없다. 일을 배우려 하는 태도나 자세까지가 역량임을 명심하자. 태도만 좋다면 교육을 통해 업무 능력을 빠르게 정상 궤도까지 오르게 할 수 있다. 역량은 조금 관대하게 볼 필요가 있다. 포르쉐의 CEO였던 피터 슐츠가 남긴 말로 이후 많은 경영자들이 동의하며 진리처럼 내려오는 구절이 있다.

"인성으로 뽑고, 기술은 가르쳐라. Hire Character, Train Skill"

'관계'는 다른 사람과의 관계를 맺는 능력이다. 사교성만으로 관계력을 확인할 수 없다. 다른 사람의 감정을 배려할 수 있는지, 자기중심적이지 않은지, 열린 마음을 가지고 있는지, 경청할 줄 아는지 등으로 판단할 수 있다. 직원은 사장, 동료, 고객과 관계를 맺어야 한다. 역량에만 초점을 맞추고 채용할 경우, 회사 내에서 지식이나 노하우가 공유되지 않고 협업 분위기를 형성하는 데에 어려움을 겪는다.

일반적으로 '성과'나 '관계'가 중요하다는 것은 직감적으로 알고 있다. 그러나 '만족'까지 고려하는 사람은 정말 드물다. 내가 말하는 '만족'이란 뭘까? 우리 회사에 만족할 수 있는 사람이어야 한다는 뜻이다. 만족하지 않는 사람은 실력과 관계력이 아무리 좋아도 '될 놈'이 될 수 없다. 빠른 시일 내에 퇴사하거나 불만을 제기하며 회사 분위기를 흐린다. 사람을 뽑을 때 '만족'이라는 기준을 추가하는 것은 단순하지만 그 효과는 강력하다.

아무리 실력이 좋아도 매일 불평불만 하는 사람과 일할 수 있겠는가? 만족할 수 없는 직원을 뽑으면 사장도 직원도 함께하는 동안 괴로울 뿐이다. 따라서 회사와 직원의 핏이 맞고 이해관계가 맞는지 봐야 한다.

"우리 회사는 규모도 작고, 돈도 많이 못 주는데 어떡하죠?"

이런 질문을 할 수 있다. 1장의 [오답 1] 부분을 다시 읽고 돌아오길 권장한다. 대기업, 소기업 불문하고 모든 회사는 줄 수 있는 것이 있고 줄 수 없는 것이 있다. 완벽한 육각형 회사는 존재하지 않는다.

A 회사는 업계에서 이름이 알려져 있고 급여도 센 편이다. 대기업 계열사라 복지도 좋다. 반면 다양한 업무를 경험하기 힘들고 일에 자율성이 없다. 성장세가 안정기에 접어들면서 새롭고 창의적인 일을 하기도 어렵고, 인사고과도 업무 능력이 아니라 연차 순으로 받는다.

반대로 B 회사는 이름은 전혀 알려져 있지 않지만 매년 100%씩 빠르게 성장하고 있는 조그만 회사다. 직원 개인이 핵심 업무를 맡아서 성장할 수도 있고 성취감을 느낄 수도 있다. 계속 조직이 확장되면서 불과 4년 차에 팀장으로 승진하기도 한다.

이렇게 모든 회사는 직원 입장에서 장단점이 있기 마련이다. 장점이 곧 '회사가 줄 수 있는 것'이다. 단순히 돈과 복지, 이름값, 위치뿐만 아니라 좋은 동료들, 우리가 지키는 문화나 가치관과 같이 우리 조직에서 일하면 얻게 될 크고 작은 유익까지 포함하는 개념이다. 채용 단계에서 우리 회사에 만족할 사람인지를 검증하기 위해서는 가장 먼저 우리 회사가 뭘 줄 수 있고, 뭘 줄 수 없는지 명확히 하는 것에서부터 시작해야 한다.

내게 교육받는 사장님들에게 "만약 사장님께서 회사의 신입 직원이라면 뭐가 좋고 뭐가 싫을 것 같으세요?"라고 물어보면 머뭇거리는 경우가 많다. 평소에 이런 관점에서 생각해 보지 않아서 그렇다. 내가 줄 수 있는 것이 뭔지 모른다면, 우리 회사에 만족할 사람인지 아닌지 판단조차 할 수 없다.

역량, 관계, 만족 3요소를 모두 충족하지 않는 사람을 뽑으면 반드시 문제가 생긴다. 역량을 간과하면 '애는 참 착한데… 실수가 너무 많고 나아지질 않아요.'라고 후회하는 경우가 생긴다. 관계를 간과하면 주변 동료들과 팀워크 문제가 생길 수 있다. 만족을 간과하면 우리 회사에서 오래 일하기 어렵다. 자신이 기대하는 회사의 모습과 다를 테니 계속 불평불만이 생길 수밖에 없다. 그나마 사람이 좋다면 그런 불만을 묵묵히 가지고 있다가 혼자 퇴사할 것이다. 그러나 최악의 경우 일명 '분탕질'이라고도 하는 소동을 일으키고 단체 퇴사를 유도할 수 있다. 일도 잘하고 나름 입김도 있는 직원이 "이 회사는 이것도 별로고 저것도 별로야."라면서 내뱉는 말들에 다른 직원들도 부정적인 영향을 받을 수밖에 없다.

나랑 딱 맞는 인재를 얻는 채용 공식

앞서 말했듯이 '될 놈'의 기준은 사장마다 다르다. 나한테 맞는 사람을 뽑아야 한다. 특히 작은 회사는 사장과 맞는 사람이 모여야 한다. 성격은 달라도 된다. 외향적이거나 내향적이거나 상관없다. 근데 생각하는 방식이나 중요시하는 것들이 비슷해야 한다.

미국 스탠퍼드대학교 교수이자 경영 컨설턴트인 짐 콜린스는 저서 『좋은 기업을 넘어 위대한 기업으로』에서 "올바른 사람을 버스에 태우는 것이 첫 번째 과제다"라고 강조한다. 부산행 버스에 인천을 가려는 승객을 태우면 기사도 난감하고 승객도 난감할 수밖에 없다. 가는 도중에 내려 달라고 투덜댈 수밖에 없고 결국 동행은 불행으로 끝난다.

그렇다면 나한테 딱 맞는 '될 놈' 직원은 어떻게 채용할 수 있을까? 단순한 공식 하나를 소개한다.

유입 + 검증 = 최적 채용

우리 회사에 맞는 사람이 최대한 많이 지원할 수 있도록 유입시키고, 정말 우리 회사와 맞는지 꼼꼼하게 검증하고 걸러 내면 '될 놈'을 뽑을 확률이 기하급수적으로 높아진다. "말은 쉽지. 그걸 누가 몰라?"라고 생각할 수 있지만 실제로 제대로 실천하기 위해서는 몇 가지 장치가 필요하다. 이에 대해서는 뒤에서 자세히 함께 살펴보자.

최적 채용의 두 가지 조건인 유입과 검증 중 무엇이 더 중요할까? 작은 회사에게는 유입이 가장 중요하다. 채용은 지극히 숫자 싸움이다. 좋은 직원을 뽑으려면 우선 지원자 수가 많아야 한다. 애초에 지원자 수가 적으면 최악과 차악 중에 골라야 하는 상황이 생긴다. 검증 과정이 아무리 짜임새 있어도 의미가 없다. 내게 도움을 청했던 사장님 중 1년 내내 채용 공고를 올려놓고 먼저 연락도 해 봤는데 제대로 된 지원자가 2명에 불과했다는 분이 있었다. 이런 상황에서 사람을 잘 검증하는 법이 의미가 있을까? 그 사장님은 선택지가 적으니 자신과 맞지 않는 것을 알면서도 어쩔 수 없이 채용했다. 결국 나를 찾아온 가장 큰 이유도 그렇게 뽑은 직원과 사사건건 충돌한다는 것이었다.

2022년 사람인이 조사한 바에 따르면 전체 응답 기업 499개사 중 채용에 어려움을 겪는다는 응답이 91.2%였다. 그 이유로는 채용 지원자 수가 적어서 61.5%였다. 중견, 중소기업을 대상으로 한 설문임을 고려하면 우리 같은 10인 이하 작은 회사들은 '유입' 문제가 더더욱 심각하다는 걸 알 수 있다.

내가 처음 채용에 대해 연구할 때 답답했던 게 이 부분이다. 대부분의 책이나 전문가의 교육에서는 '검증' 잘하는 법을 알려 준다. 면접은 몇 번을 봐야 하고, 어떤 질문을 던져야 하고, 어떤 기준으로 평가해야 하고… 필요하고 또 중요한 얘기지만 지원자가 없는데 이걸 배워서 무슨 의미가 있는가 회의감이 들었다. 다시 말하지만 작은 회사는 무조건 유입부터 늘릴 생각을 해야 한다.

'유입'이라는 개념은 마케팅에서 많이 사용한다. 눈치 빠른 사람들은 벌써 알아차렸을 수도 있겠지만 작은 회사에서의 채용은 마케팅이다. 이름이 알려져 있지 않기 때문에 아무리 좋은 일자리가 있어도 지원자 수를 크게 늘리기 어렵다. 어떤 수를 써서라도 유입량을 늘려야 한다.

결이 맞는 직원을 2배 많이 지원하게 만드는 법

최적 채용 공식 중 '유입' 단계에서 중요한 부분은 두 가지다.

1. 어떻게 결이 맞는 사람이 지원하게 만들까?
2. 어떻게 2배 많이 지원하게 만들까?

1번부터 이야기해 보자. 여러 차례 강조했지만 우리의 목표는 아무나 많이 지원하는 게 아니다. '결이 맞는 직원'이 많이 지원해야 한다. 나는 그 방법을 『한 단어의 힘』이라는 책에서 힌트를 얻었다. 저자 에번 카마이클의 방법이 내게 큰 도움이 됐다.

카마이클은 자신만의 철학이 잔뜩 묻어나는, 호불호가 갈릴 만한 구인 공고를 올린다. 애초에 그런 방향성에 동의하지 않는 사람은 함께 일해 봤자 서로 불행해지기 때문이다. 그리고 공고 내용을 줄 바꿈도 없이 장황하게 적는다. 그 내용 사이에는 지원할 때 저자의 SNS 구독자가 몇 명인지 적으라는 미션도 넣어 놨다. 꼼꼼하지 않거나 공고를 대충 훑어본 사람은 미리 거르기 위한 장치다.

다소 특이한 방법이고 그대로 적용하기엔 무리가 있을 수도 있다. 그러나 이 중 한 가지는 확실히 효과가 있다. 사장의 색채가 강하게 드러나는 공고를 올리는 것이다. 앞서 나는 스펙이 아니라 '만족'이라는 조건을 봐야 한다고 말했다. 이를 실천하는 구체적인 방법 중 하나가 채용 공고에 회사와 사장의 성격을 정확히 담아내는 것이다. 우리가 줄 수 있는 것이 무엇이고, 어떤 가치를 중요시하는지 잔뜩 적어야 한다. "이게 뭐야. 나랑은 안 맞네."라고 거부감을 드러내는 사람이라면 애초에 지원조차 하지 않을 것이고, "괜찮네."라고 생각하는 사람만 지원할 것이다. 이런 방법을 잘 활용하기 위해서는 준비물이 필요하다. 선명히 정리된 사장의 생각과 가치관이다.

다음은 '어떻게 2배 많이 지원하게 만들까?' 하는 문제다. 문제의 원인부터 파악해 보자.

"왜 많이 지원하지 않을까?"

청년층 인구가 부족한 지역이라거나 특수 직종을 뽑는 것과 같이 일반적이지 않은 경우를 제외하고는 지원자 수가 부족한 원인은 크게 두 가지가 있다.

1. 무의미한 공고, 2. 채용플랫폼 집중

먼저 공고 문제부터 살펴보자.

학력: 고졸 이상

경력: 무관

우대사항: 성실한 자

근무형태: 정규직

근무일시: 9시~18시

근무지역: 서울 ○○구 ○○동

채용 플랫폼에서 가장 많이 보이는 유형의 공고다. 필수로 적어야 할 내용만 빠르게 적고 10분 만에 마무리한 듯한 공고다.(가끔 보면 사장님들은 채용 공고 올리는 게 진짜 귀찮은 듯하다.) 이런 공고들을 보면 지원자는 무슨 생각을 할까? 내가 구직자일 때 그런 공고는 '믿고 걸렀다'. 글만 봐도 직원들에게 무심할 거라는 확신이 생겼다. 공고는 회사와 지원자가 처음 커뮤니케이션하는 순간이다. 이때 공고에서 신뢰를 주지 못한다면 아무 곳이나 다 지원해 보는 '묻지 마 지원자'만 유입될 가능성이 크다.

이제는 채용을 마케팅의 관점으로 바꿔 보자. 사람을 구하는 것이 아니라, 일자리를 파는 것이다. 고객을 끌어당길 때와 똑같은 수준의 열정으로 지원자들에게 우리 일자리를 판매해야 한다. 철저히 지원자의 눈높이에서 다가가야 한다. 온라인으로 쇼핑할 때 반드시 보게 되는 게 있다. 상품에 대해 자세히 설명해 놓은 '상세 페이지'다. 일반 고객들은 큰 생각 없이 휙휙 보는 것 같지만 사실 그 안에는 고객을 설득하기 위한 정교한 심리학적 장치들이 들어가 있다. 지금부터 좋은 상세 페이지를 이루는 몇 가지 요인을 가져와 채용 공고에 적용해 볼 수 있도록 해 보자.

본격적으로 살펴보기 전에, 설득을 잘하는 한 가지 팁이 있다면 반드시 상대방 입장에서 대화를 해야 한다는 것이다. 채용 공고는 소통이 일방적이라는 한계가 있다. 따라서 지원자가 할 법한 생각을 우리 입으로 먼저 꺼내서 미리 대답해 줘야 한다.

가치 입증 – 공감 – 문제 강조 – 해결책

가치 입증은 "너 누군데?"라는 질문에 대한 답이다. 온라인으로 쇼핑할 때 우리는 제품만 보고 구매하지 않는다. 중국의 시골 공장에서 만든 1,000원짜리 수건보다 한국의 메이커 제조사가 만든 2,000원짜리 수건이 더 많이 팔린다. 왜 그럴까? cs도 받을 수 있고, 품질에 대한 믿음도 있기 때문이다. 그래서 구매 전환율이 높은 상세 페이지에는 항상 판매자에 대해 신뢰할 수 있는 정보가 포함된다.

채용에서의 가치 입증은 특히 작은 회사들에 꼭 필요한 부분이다. 여러분 회사의 공고를 본 지원자들은 반드시 이런 의문을 품게 된다. "규모가 작아서 실력이 없는 건 아닐까? 갑자기 망하진 않을까? 돈을 많이 못 버는 회사가 아닐까?" 이런 우려를 적극적으로 해소하지 않으면 지원자 수는 늘어나지 않는다. 직원들 입장에서 생각해 보자. 직원들은 어떤 회사에 오고 싶을까? 자신이 비약적으로 성장할 수 있는 회사를 선호한다. 특히 작은 회사에 지원하는 직원들은 현실적으로 당장 대기업급 연봉, 복지를 기대하지 않는다. 지원자들의 성장 욕구를 자극하려면 우리 회사의 가치와 성장 가능성을 적극적으로 어필할 필요가 있다.

"아직 저희가 규모가 작아서 내세울 만한 게 별로 없는데요?"

이렇게 고민하는 분들은 어떻게든 구체적인 숫자를 넣어 보자. 누적 고객 수, 매출 성장률, 재구매율, 고객 만족도 등 어떤 항목이든 수치화하여 실력적인 면에서 신뢰를 줄 수 있어야 한다. 또 다른 방법은 '최초', '최고', '최대', '최다', '유일' 등의 수식어를 활용하는 것이다. 이 또한 겁먹지 말자. 범위를 좁히면 얼마든지 적용할 수 있다. 예를 들어, 내가 운영하는 하모니웍스는 국내 유일의 10인 이하 직원관리 전문 교육기관이다. 대한민국에서 직원관리, 리더십 교육 분야의 최대 규모 회사는 아니지만, 10인 이하 작은 회사로 범위를 한정하면 No.1이 될 수 있다.

공감은 "이런 점이 힘들었죠?"라며 주파수를 맞추는 작업이다. 구직자, 직원들이 흔히 겪는 어려움을 알고 있다는 것만으로도 '이 회사는 좀 다르겠다'라는 인상을 줄 수 있다. 물론 그런 어려움을 우리가 해결해 줄 수 있어야 한다. 예를 들어 "선배가 일을 자세히 알려 주지 않아서 적응하기 어려우셨죠?", "성과에 걸맞은 보상을 받지 못해 답답하셨죠?", "작은 회사는 체계가 없어서 배울 게 없다고 생각하셨죠?", "최근 직장에서 즐거웠던 적이 없으신가요?" 이런 식의 멘트를 활용해 볼 수 있다.

문제 강조는 공감에서 이어진다. "열심히 해 보려고 해도 일에 대한 애정, 열정도 식게 되셨을 겁니다.", "동료들이 별로라면 회사 출근이 하루하루 지옥 같을 겁니다.", "회사의 환경이 뒷받침되지 않으면 여러분도 성장하지 못하죠." 해결책은 '우리 회사는 달라요'라는 메시지를 던지는 작업이다. 앞서 말했던 문제점들을 해결할 수 있는 우리 회사의 장점을 적어야 한다. 이때 중요한 것은 사장인 내 관점에 매몰되지 않는 것이다. 우리 회사에서 일하면서 얻게 될 것, 만족할 것, 좋아할 것이 무엇인지 직원 관점에서 접근해야 한다. 『인재 전쟁』의 저자 에드 마이클스에 따르면 매력적인 보상이나 워라밸뿐 아니라 일을 통한 성장, 흥미로운 업무, 회사의 평판, 동료들과의 인간적 관계까지도 회사가 직원에게 줄 수 있는 것에 속한다.

이 외에도 내가 교육, 컨설팅을 할 때 활용하는 공고 작성 노하우는 다양하다. 회사가 이루고자 하는 큰 목표와 미션에 대해서도 써야 하고 그 외 업무, 자격 요건, 우대 사항 등 기본적인 내용도 정성 들여 작성해야 한다. 이런 디테일한 기술적인 부분도 물론 중요하지만 가장 중요한 것은 채용에 대해 마케팅적 관점으로 전환하는 것이다.

"굳이 이렇게까지 해야 하나요?"

이렇게 생각하고 공고를 개선하지 않는 분이 은근히 많다. 그런 분들 덕분에 이 책을 읽고 실제로 공고를 바꾸는 분들이 혜택을 온전히 누릴 수 있다. 실행하기만 해도 다른 회사들과 차별화될 수 있다. 인천에서 요식업 프랜차이즈를 하시는 K 대표님은 나와 함께 채용 공고를 바꾸고 이렇게 얘기했다. "예전엔 아무나 막 지원했는데, 이제는 말이 통하는 애들이 지원해요."

채용 단계에서 이 정도 노력을 투자하고 '될 놈'을 뽑는다면 ROI(투자 대비 수익률)가 1,000% 아니 10,000%도 넘을 수 있다. 다시 말하지만 작은 회사의 채용은 마케팅이다. 이 회사에 들어가야 하는 이유, 회사에서 무엇을 얻을 수 있는지 이야기하는 채용 공고라면 지원자들이 훨씬 매력적으로 느낄 수 있다. 가만히 기본 공고만 올리고 기다려서는 '될 놈'은 평생 오지 않을 수도 있다.

지원자 수가 부족한 두 번째 이유, '채용 플랫폼 집중'에 대해 얘기해 보자. 채용 공고를 잘 만들었다고 하더라도 이를 어디에 유통하느냐에 따라 지원자 수가 달라진다. 채용을 채용 플랫폼 몇 개에서 끝내려고 하지 말자. 플랫폼을 적극 활용하는 것 자체는 바람직하지만 우리는 어떻게든 더 많은 곳에 우리를 알려야 한다. 내가 강력하게 추천하는 것은 SNS나 관련 종사자 커뮤니티를 활용하는 것이다. 특히 SNS를 활용하면 얻을 수 있는 것이 아래와 같이 강력하니 자체적인 채널 하나는 반드시 키워 보시길 권장드린다.

1. 우리 회사의 방향성과 가치관을 이미 이해하고 있는 사람일 확률이 크다.
2. 팬일 경우 사장의 말에 비교적 유순하게 따라올 가능성이 높다.
3. 채널이 클수록 유입의 양이 기하급수적으로 증가한다.
4. 채용 플랫폼에서 발생하는 비용을 줄일 수 있다.

실제로 채용에 큰 어려움을 겪던 서울 외곽의 뷰티숍의 경우에도 인스타그램 팔로워를 2천명까지 늘리면서 지원자 유입을 전년 대비 3배 이상 늘린바 있다. 유입만 늘어난 것이 아니라 태도가 좋은 지원자가 많은 것이 SNS 채용의 엄청난 강점이다.

커뮤니티도 좋은 채용 방법 중 하나다. 특정 직무나 산업에 관심 있는 사람들이 모이는 네이버 카페나 밴드 등의 커뮤니티를 활용하는 것이다. 공고를 올려도 되는 곳이라면 직접 올리면 되고, 그게 아니라면 꾸준히 활동하면서 다른 방법을 모색할 수도 있다. 실제로 패션 브랜드를 운영하는 L 사장님은 커뮤니티를 활용해 자연스럽게 채용에 성공했다. 처음에는 직접 패션 업계 종사자들이 모여 있는 A 카페에서 공고를 직접 올렸다. 단기적으로 유입이 늘기는 했지만 눈에 띄는 효과는 없었다. 그래서 일반 소비자들과 생산자들이 함께 소통하는 B 카페로 눈을 돌렸다. 그러나 해당 카페에서는 공고를 직접 올리는 것이 규정 위반이었다. 그래도 L 사장님은 꾸준히 양질의 정보를 담은 글을 작성하며 회원들과 소통했다. 그러자 유독 브랜드를 좋아해 주는 팬들이 생겼고, 해당 회원들을 브랜드 팝업 행사에 몇 차례 초청하기도 했다. 그중 패션 업계에 꿈이 있던 한 대학생이 브랜드에 남는 자리 없냐는 식으로 농담을 했고, L 사장님은 진짜 일해 볼 생각 있냐며 마케터로 채용했다. 명문대 경영학과를 나오고 우리 브랜드에 팬심이 있는 인재를 정말 우연한 기회에 영입하게 된 것이다. 그 결과 브랜드는 1년 사이 2배 이상 폭발적으로 성장했다. 이런 방식은 시간이 소요되고 누구나 활용할 수는 없겠지만, 채용에는 이처럼 다양한 방법이 있다는 것을 알아둘 필요가 있다. 성공적인 채용은 '될 놈'을 뽑겠다는 사장의 강한 의지에서부터 시작한다.

지원자는 '신용'으로 걸러 내자

채용 공고를 제작하고 유통하는 과정만 바꿔도 '유입'을 늘릴 수 있다는 것을 확인했다. 이제 진정한 최적 채용을 위해 마무리 작업을 해야 한다. 바로 '검증'이다.

본격적으로 검증에 대해 이야기하기 전에 꼭 알아 둬야 할 사실이 있다. 검증 과정에서 모든 것을 완벽히 파악할 수 없다. 가진 능력과 품성을 말로 잘 표현하지 못한다거나 유독 인터뷰에서 긴장하는 지원자가 있다. 반대로 말만 번지르르하게 잘하는 사람도 있다. 그러니 완벽히 걸러 낼 욕심부터 버리자. 그저 잘 걸러 낼 수 있도록 확률을 최대치로 높이는 작업만 하는 것이라고 생각하자.

검증 단계에서는 역량, 관계, 만족을 검증해야 하고 그중에서도 관계와 만족에 집중해야 한다. 우리가 추구하는 가치에 동의하고 문화에 어우러질 수 있는 사람인지가 관건이다. 『리더의 측정법』의 저자 한영수 회장은 중소기업 인재의 역량은 현재가 아니라 성장률과 학습 속도로 평가해야 한다고 말한다. 일과 기술은 가르칠 수 있지만, 우리 문화에 어울리지 않는다거나 책임감과 인성이 갖춰지지 않는다면 지속적으로 일을 잘 해내기 어렵다. 조금만 어려워도 쉽게 포기한다. 실제로 내 주변 직장인들을 보더라도 스펙만 좋은 친구들보다 진짜 해당 산업이나 직무에 관심이 있고 자신과 잘 맞는 회사에 다니는 친구들이 더 오래 일하고 빠르게 성장하는 경향이 있다.

그럼 검증은 어떻게 잘할 수 있을까? 나는 네 가지 단계를 적극 활용하고 있다.

핵심 가치 정리 → 탄탄한 면접 준비 → 신용 검증 → 비언어 관찰

1. 핵심 가치 정리

글로벌 숙박공유 플랫폼 에어비앤비는 직원을 채용할 때 다양성Diversity과 소속감Belonging, 이 두 가지를 기준으로 평가한다. '누구나 어디에서든 소속감을 느낄 수 있는 세상을 만든다'라는 사명에서 비롯된 회사의 핵심 가치다. 지원자는 면접 내내 집요하게 핵심 가치에 동의하는지 질문을 받는다. 다양성을 확인하기 위해 성소수자에 대한 생각과 의견을 묻기도 한다. 이런 끈질긴 검증 과정을 거쳐 두 가치에 대해 동의한 사람들만 입사할 수 있다.

그 결과는 어떨까? 모든 직원들이 서로를 환대하고 다양한 의견을 존중해 준다. 소속감과 다양성을 중요시하는 사람들만 모였으니 당연한 결과다. 에어비앤비에서 근무했던 내 친구가 한국의 유니콘 기업으로 이직했을 때 가장 놀란 것이 딱딱하고 경쟁적인 분위기라고 한다. 에어비앤비에 처음 입사했을 때는 팀원들이 먼저 웃으며 다가와 관심을 주었는데 한국 기업에서는 최소한의 정보만 전달해 주고 서먹하게 굴어서 놀랐다는 것이다. 이처럼 핵심 가치를 기반으로 채용하면 문화를 자연스럽게 형성할 수 있다. 비슷한 가치를 추구하는 동료들이 많으면 많을수록 직원들의 만족도도 높아 진정한 한 팀이 될 수 있다.

에어비앤비에는 다양성과 소속감이라는 절대적인 기준이 있듯이, 여러분의 기준도 만들어 보자. 사장들이 핵심 가치를 토대로 직원을 검증할 때 흔히 저지르는 실수가 너무나 많은 가치를 기준으로 삼는 것이다. 다양한 요인을 고려하면 오히려 헷갈린다. 미국 스워스모어 대학의 사회심리학자 배리 슈워츠는 『선택의 심리학』에서 인간은 선택의 폭이 넓어질수록 선택하기 어려워진다고 밝혔다. 따라서 핵심 가치를 정리할 때는 중요시하는 가치 중에서도 가장 중요한 두세 가지로만 추리는 것이 바람직하다.

2. 탄탄한 면접 준비

핵심 가치로 검증하기 위해서는 짜임새 있는 질문들이 필요하다. 면접 질문지를 미리 준비하면 실수가 없고 객관적으로 판단할 수 있다. 면접을 진행하다 보면 지원자의 애매한 답변으로 우리 문화에 부합하는지 아닌지 판단하기 어려울 때가 있다. 그래서 가치 하나당 질문 5개 정도는 미리 준비해 두는 것이 좋다. 예를 들어 내가 중요시하는 가치는 '감사'다. 그래서 이런 질문들을 미리 준비해 둔다.

"일주일 동안 느꼈던 감사한 일들이 뭐가 있나요?"
"부모님에게 감사한 것이 있다면 뭐가 있나요?"
"삶에서 가장 감사한 일이 있다면 어떤 게 있나요?"
"당신이 가진 것 중에서 가장 감사하게 생각하는 게 뭔가요?"
"다른 사람들에게 감사함을 자주 표현하는 편인가요? 열 번 중에 몇 번을 직접 표현하세요?"

일상 속에서 감사함을 자주 느끼는 사람이라면 이런 질문들에 막힘 없이 답을 하지만, 감사함보다 부정적 감정을 자주 느끼는 사람들은 갸우뚱하거나 '이런 질문을 다 하네.'라는 표정을 숨기지 못한다. 이런 식으로 내가 추구하는 가치를 미리 준비해 두면 보다 깊게 검증할 수 있다. 면접의 전체 흐름도 미리 준비해야 한다. 지원자가 긴장하지 않고 진짜 자기 모습을 보여줄 수 있도록 도와야 한다. 처음에는 가볍고 편안한 질문으로 시작한다.

"진심으로 반갑습니다."
"사는 곳은 어디세요?"
"식사는 하셨어요?"
"사무실 근처는 자주 와 보셨나요?"

이후에는 본격적인 질문에 앞서 면접에 대해 설명하고, 지원자를 존중하는 모습을 보여 준다.

"저에게 이 포지션은 이러이러한 의미가 있는 포지션입니다. ○○○ 님께도 중요한 의사결정이라고 생각합니다."
"우리 회사의 장단점, 추구하는 바에 대해 솔직하게 말씀드릴 테니 ○○○ 님께서도 솔직하게 이야기해 주셔서 서로 웃으며 만족할 수 있는 선택을 했으면 좋겠습니다."

사람의 진짜 모습은 존중과 호의를 베풀었을 때 이를 받아들이는 태도에서 나온다. 내 친절을 받는 지원자의 모습을 자세히 살펴본다. 그다음 첫 질문은 보통 이렇게 시작한다.

"자기소개서를 다시 한번 ○○○님의 언어로 소개해 주시면 좋겠습니다."

이후부터는 미리 준비해 두었던 질문표를 통해 각각의 가치를 중심으로 검증해 나가면 된다.
그리고 면접을 진행하기 전, 지원자와 조화 가능성을 확인하기 위해 테스트를 받아 보는 것을 추천한다. 요즘에는 대중적으로 인기가 많은 MBTI 검사를 보고 결과를 미리 적게 해서 확인하는 곳도 있으나, 개인적으로는 '직업가치관 검사'를 추천한다. 인터넷에 '워크넷'을 검색하여 들어가 진행할 수 있다. 고용노동부에서 운영하는 사이트인 만큼 테스트의 신뢰도도 높고,

무료이며 20분이면 끝난다. 보상, 워라밸, 성취, 자율성 등 지원자가 무엇을 중요시하는지 한눈에 파악해 볼 수 있다.

3. 신용 검증

가치를 검증해 나갈 때는 '신용'으로 검증해야 한다. 이게 무슨 말일까? 신용과 신뢰는 둘 다 '믿는다'는 의미를 가지고 있지만 그 쓰임은 꽤 큰 차이를 가지고 있다. 신용은 과거를 기반으로 믿는 것이고, 신용은 미래를 기반으로 믿는 것이다. 신용은 과거로부터 쌓인 근거를 기반으로 믿는 것이고 신뢰는 오로지 미래에 그러할 것이라는 기대를 기반으로 믿는 것이다. 은행은 '신용 대출'을 하지 '신뢰 대출'을 해 주지 않는다. 마찬가지로 채용도 '신용 채용'을 해야 하지 '신뢰 채용'을 해서는 안 된다. 즉 말을 믿기보다 행동을 믿어야 한다. 앞으로 어떻게 해내겠다는 말은 얼마든지 꾸며 낼 수 있고 자기 자신조차 착각하고 있을 수 있다. 내 주변에도 자신은 멘털이 강하고 감정을 잘 다룬다고 자신만만하게 이야기하면서, 실제로 같이 일하다 보면 짜증을 자주 내는 사람이 있다. 말은 신용의 대상이 아니다. 그러니 행동 기반으로 검증하자. 행동은 거짓말하지 않는다.

우리는 책임감이 중요하다고 말하는 사람보다 실제 책임감을 발휘했던 사람을 찾아야 한다. 질문의 초점을 '과거의 행동'으로 맞춰야 한다. "만약 갈등이 생기면 어떡할래?"가 아니라 "누군가와 협력하는 과정에서 갈등이 생겼던 적이 있나요? 어떻게 대처하셨나요?"를 물어봐야 한다.

"그렇게 따지면 과거 경험도 꾸밀 수 있는 것 아닌가요?"

이렇게 반문할 수 있다. 과거에 대한 질문도 한 번은 얼마든지 꾸밀 수 있다. 그러나 꼬리에 꼬리를 무는 질문을 통해 파고 들어가면 없던 경험을 자세히 만들어 내기는 쉽지 않다. 특히 구체적인 숫자나 수치, 디테일한 상황을 물어봤을 때 추상적인 답변으로 얼버무리기 쉽다. 물론 긴장해서 그럴 수도 있으니 속단하지 않고 몇 번의 질문을 더 던져 볼 필요는 있지만, 명확성이 현저히 떨어진다면 꾸며 내고 있을 확률이 높다.

의인불용, 용인불의疑人不用, 用人不疑중국의 사서 송사宋史에 나오는 격언으로 의심스러운 사람은 쓰지 말고, 쓴 사람은 의심하지 말라는 뜻이다. 사람을 신용으로 평가하는 것은 채용 전일 때만 유효하다. 채용 이후에는 신용이 아니라 신뢰가 필요하다는 점 명심하자.

4. 비언어 관찰

더불어 살펴야 할 것이 대화 중 사용하는 사소한 표현이나 얼굴 표정이다. 이런 디테일을 잘 관찰하면 성향, 태도, 열정 등을 파악할 수 있다. 주어진 환경이나 주변 지인에 대해 염세적으로 이야기할 경우, 미래를 부정적이고 비판적으로 볼 가능성이 높다. '근데'라는 표현을 자주 쓰는 사람은 부정적일 가능성이 높다. "저는 이렇게 생각합니다."가 아니라 "그건 이거죠."라는 식으로 단정적으로 이야기하는 사람은 자기중심적이고 관계력이 약할 확률이 높다. '배움'에 대해 자주 언급하는 사람은 성장에 관심이 많을 가능성이 높다. 이런 식으로 여러분만의 사람 보는 노하우가 있을 것이다. 그걸 미리 정리해 두고 체크해 보자.

이렇게 내가 활용하는 검증의 네 가지 단계를 살펴보았다. 정리하자면 다음과 같다. 핵심 가치를 명확히 정리하고, 면접의 흐름을 미리 준비한 뒤, 과거 경험에 대해 깊게 질문하고, 사소한 표현이나 표정을 잘 관찰한다면 '될 놈'인지 아닌지 올바르게 판단할 수 있는 확률을 높일 수 있다. 사실 가장 효과적인 방법은 직접 일을 시켜 보는 것이다. 1~3개월 동안 수습으로 일할 수 있다면 그 방법도 좋고, 현실적으로 어렵다면 테스트 명목으로 몇 시간이건 며칠이건 실제 일을 시켜 봐도 된다. 나를 포함해 동료들과 얼마나 잘 맞는지 볼 수 있다. 내가 시킨 일만 하는지, 그 이상을 하려는지도 볼 수 있다. 면접을 보는 것보다 더 빠르게 직감적으로 판단할 수 있다.

마지막으로 한마디 덧붙이자면 10인 이하 작은 회사는 가급적 YES맨을 뽑길 추천한다. 사업 초기에는 내가 만든 프로세스를 잘 따라와 줄 충실한 직원이 필요하다. 회사가 추진하는 일이나 프로세스에 비효율이 있지 않은지 검증해 줄 비판적 직원은 아직 필요한 단계가 아니다. 작은 회사는 사장 중심으로 똘똘 뭉쳐서 하나의 일관된 문화를 만드는 게 더 중요하다. 매사에 비판적인 직원이 있다면 아무리 조직력을 끌어올리려고 해도 모래알처럼 흩어지기 쉽다. 탁월한 전문성과 비판적 시각을 가진 인재는 사업이 더 궤도에 오른 뒤 영입하는 것을 추천한다. 규모가 작을 때는 사장의 판단을 믿고 따라올 수 있는 YES맨이 필요하다.

✓ 5단계 채용 핵심 정리!

1. 채용은 직원관리의 70% 이상을 차지하며, '될 놈'을 뽑는 것이 핵심이다.

2. 최적 채용을 위해서는 유입과 검증의 두 단계가 필요하며, 작은 회사는 유입에 더 집중해야 한다.

3. 채용 공고를 마케팅 관점으로 접근하여 회사의 가치와 성장 가능성을 어필해야 한다.

4. 검증 과정에서는 역량보다 관계와 만족에 집중하며, 핵심 가치를 기준으로 평가해야 한다.

5. 면접 시 과거 행동 기반의 질문을 통해 '신용'으로 검증하고, 비언어적 표현도 관찰해야 한다.

6단계_온보딩: 우리 문화에 흠뻑 적신다

우리는 성품과 만족을 중심으로 '될 놈'을 뽑았다. 그다음은 뭘 해야 할까? 이제는 교육할 시간이다. "이제 역량을 키울 차례인가?"라고 생각했다면 오산이다. 혹시 여러분도 신입 직원이 들어왔을 때 일하는 방법에 대해서만 교육하고 있었는가? 그렇다면 여러분은 철저히 사장 중심적으로 생각한 것이다. 잠깐 직원 관점에서 입사 초기를 생각해 보자.

여러분들이 처음 사회생활을 시작했던 때를 기억할 것이다. 그때 어땠는가? 분명 두렵고 긴장했을 것이다. 너무 오래돼서 기억이 희미하다면 내 경험을 들으면서 기억을 되돌아보자. 인생 첫 출근 하던 날, 떨리는 마음으로 엘리베이터 거울을 보며 옷매무새를 다듬었다. 사람들에게 내가 어떻게 보일지 걱정했다. 수십 명의 팀원 앞에서 첫인사를 할 때는 쏟아지는 시선에 얼굴이 살짝 붉어지고 심장이 빠르게 뛰었다. 교육을 담당해 주는 한 선배가 내 옆에 붙어서 이것저것 알려 줬다. 분명 머릿속에 수많은 정보가 들어오지만 집중하기 쉽지 않았다. 모든 게 새롭고 낯설기만 했다. 처음 겪는 실무에 이걸 다 해낼 수 있을지, 잘할 수 있을지 걱정이 맴돌았다. 주변 선배들은 각자 자신의 업무에 몰두하고 있었다. 뭔가 해야 할 것 같은데 뭘 해야 할지 알 수 없었다. 괜히 모르는 걸 물어봤다가 선배들을 번거롭게 하는 건 아닌지, 혹시 초반부터 안 좋은 이미지로 찍히진 않을지 걱정했다. 그렇게 퇴근하면 정작 하루 종일 별로 한 것도 없건만 피곤해 지쳐 쓰러졌다. 회사가 어떻게 돌아가는지, 저 사람들은 어떤 사람인지, 나는 앞으로 어떤 일을 해야 할지 파악하고 눈치 보느라 에너지를 다 써 버렸다. 그때의 나는 늘 긴장하고 있었다.

여러분 신입 직원도 똑같다. 여러분에겐 너무 익숙하고 편한 공간이 신입 직원에게는 불편하고 두렵고 긴장되는 공간이 된다. 이때 아무리 설명하고 가르쳐 봤자 귀에 100% 다 들어오지 않는다. 그래서 가장 먼저 해야 할 일은 교육과 동시에 적응을 돕는 일이다. 이런 적응 교육을 온보딩On-Boarding*이라고 한다.

온보딩의 목표는 단순하다. 신규 직원의 제로백(0 to 100)을 1/2 수준으로 단축시키는 것이다. 제로백은 정지 상태의 차량이 시속 100km까지 걸리는 시간을 말한다. 나는 직원들이 아무것도 모르는 상태에서 100% 자기 역할을 하는 데까지 걸리는 시간을 제로백이라고 표현한다. 만약 1인분을 하는 데까지 통상 3개월 걸린다면 1개월 반까지 줄이는 게 온보딩의 목표다. 1인분이라는 표현은 단순히 업무에서 제 역할을 하는 것뿐 아니라 우리 회사의 핵심행동, 문화에 잘 스며드는 것까지 포함한다.

제로백을 단축시키는 다양한 방법을 6단계에서 자세히 살펴보자.

---

*배에 올라탄다는 뜻이다. 새로운 선원이 배에 승선하면 선원 생활에 적응하기 위해 행선지는 어디인지부터 시작해서 잠은 어디서 자고, 화장실은 어디인지까지 자세히 배우는 것과 같이 신규 직원이 조직에 빠르게 안착할 수 있도록 돕는 프로그램을 온보딩이라고 한다.

회사에도 첫인상이 있다

3초.

우리의 뇌가 누군가를 처음 만났을 때 그 사람에 대한 첫인상을 형성하는 데 걸리는 시간이다. 미국 다트머스대학교 뇌 과학자인 폴 왈렌 교수의 연구에 따르면 인간의 뇌는 무려 0.017초 만에 상대방의 신뢰와 호감 여부를 판단한다. 순식간에 만들어지지만 그 영향은 치명적이고 강력하다.

한번 형성된 인상은 웬만해선 바뀌지 않는다. 첫인상을 뒤집기 위해서는 첫인상과 반대되는 정보가 기존의 200배 양만큼 필요하다는 연구 결과가 있다. 인간의 뇌는 최대한 에너지를 절약하기 위해 첫인상을 이미지화해 놓고 이후 들어오는 정보들을 얼추 짜 맞추는 형식으로 작동한다. 이를 심리학에는 초두효과라고 한다. 처음 제시된 정보가 이후 제시된 정보보다 기억과 인식에 더 큰 영향을 미친다.

회사에도 첫인상이 있다. 입사 초반에 겪는 일들이 더 강렬한 인상으로 남아 뇌에 각인된다. 최고의 조직행동론 전문가 칩 히스와 세계적인 리더십 멘토 댄 히스는 저서 『순간의 힘』에서 인생의 많은 순간 중에서도 유독 기억에 오래 남고 결정적 영향을 미치는 순간들이 있다고 말한다. 그중 하나가 직원들의 출근 첫날을 포함한 입사 극초반이다. 대부분 출근 첫날 주변의 무관심 속에서 무질서하게 흘러간다.

'좋좋소'라는 웹드라마에서 이를 잘 나타내는 장면이 있다. 주인공 '충범'이 첫 출근하는 날이다. 오자마자 컴퓨터는 고장 나 있고, 직속 선배인 '이 과장'은 업무를 말로 구구절절 알려 준다. 설명에 두서가 없어 '충범'은 이해가 안 된 상태로 서투르게 업무를 시작한다. '이 과장'은 대충 훑어보라며 전공 서적 같은 두꺼운 책 하나 던져 준다. 뒤늦게 출근한 '이사님'이라는 사람은 '충범'을 처음 보는데 관심도 없다. 이런 하루를 보내면 직원들은 사실상 판단을 끝낸다. "여기 아닌 것 같아." 설령 바로 퇴사하지 않더라도 이런 마음을 가지고 있는 사람들은 회사의 일에 진심을 다하지 않는다. 헤어질 각오를 하고 있는데 어떤 연인에게 진심을 다하겠는가. 마음을 주지 않으려고 할 뿐이다.

실제로 취업 포털 인크루트가 입사 1년 차 직장인 619명을 대상으로 실시한 조사에 따르면 신입 사원 4명 중 3명은 퇴사 결심까지 3개월밖에 걸리지 않는다고 밝혔다. 생각보다 짧은 시간 안에 이 회사를 다녀도 될지 안 될지 판단이 끝난다. 이미 마음속 결론을 내려놓았기 때문에 그 이후에 들어오는 정보들은 첫인상에 맞춰서 해석하게 된다. 가령 초반에 자신을 환대해 주지 않고 교육도 체계적으로 해 주지 않았다면, 나중에 회식을 하거나 교육을 시켜 준다고 해도 회사는 직원에 관심이 없고 주먹구구식으로 돌아간다는 느낌을 받는다.

미국의 사업가 짐 슐렉서는 저서 『Great CEOs Are Lazy』에서 직원관리에서 가장 중요한 기간은 신입 사원이 경험하는 첫 30일이라고 말한다. 초반 1~2개월이야말로 '회사'가 '우리 회사'로 바뀌는 결정적인 순간이다. 회사가 새 가족에게 유대감과 소속감을 심어 줄 절호의 기회다. 이 시기를 지나쳐 버리면 공동체 의식을 끌어올리고 우리 정체성을 이식하는 것이 거의 불가능하다. 직원관리의 골든타임*이다. 그러나 대부분 사장은 골든타임의 중요성을 모른다.

아무런 준비도 되어 있지 않고, 시스템도 갖춰지지 않은 회사의 적나라한 모습을 본 직원들은 빠르게 떠난다. 기업정보플랫폼 잡플래닛이 실제 리뷰 데이터를 분석한 바에 따르면 '업무를 익히기에 지나치게 체계가 없는 회사'를 반드시 걸러야 한다며 서로 정보를 공유한다고 밝혔다.

"신입은 교육 체계도 없고 자료 또한 딱히 실제로 쓸 만한 게 딱히 없어서… 혼자 배워야 함" 2.0 은행/금융업

"업무 체계라고는 1도 없는 회사. 신입은 배울 만한 윗사람이 없고… 눈치 껏 알아서 해야 됨" 2.9 IT/통신 중소기업

"신입 사원을 거의 방치하는 수준이다. 모르면 물으라 하지만 정작 본인들은 바빠서 물으면 '바쁜데 왜 묻느냐'라는 뉘앙스를 풍긴다."

이런 상황에서 요즘 직원들은 '딱 봐도 3일 퇴사 컷'이라는 생각을 가진다. 요즘 같은 '대퇴사시대'에 퇴사가 대수일까 싶겠지만 신입 사원의 퇴사 영향은 '1명이 이탈했다.'에서 그치지 않는다.

---

*사고나 사건에서 인명을 구조하기 위한 초반 금쪽같이 귀중한 시간(골든아워가 더 적절한 표현이나, 한국인 정서상 골든타임으로 표기)

「조직과 인사관리연구」 학술지에서 발행한 '근속 연수와 직무 만족 간의 비선형관계'라는 논문에 따르면 신입 직원 이직이 기존 조직 구성원의 이직에도 영향을 미치며, 결과적으로 조직성과도 저해한다고 밝혔다. 외부 노동 시장에서 들어온 지 얼마 되지 않은 신입 직원이 떠난다면, 기존 직원들도 회사에 문제가 있다고 인식하고 언제든 회사를 떠날 준비를 하는 것이다. 따라서 입사하는 첫날부터 약 한 달 간의 직원 경험을 미리 세심하게 설계할 필요가 있다.

심지어 신의 직장이라고 불리는 비바리퍼블리카(토스)나 카카오뱅크는 아예 온보딩 업무를 전담하는 직원을 따로 채용한다. 시대는 바뀌고 있다. 아니, 이미 바뀌었다. 더 이상 직원이 '을'이 아니다. 직원 스스로 배우고 적응하는 시대는 끝났다. "나 때는 혼나면서 배우고 눈치로 배웠는데."라며 억울한 마음이 드실 수 있지만 바뀐 시대에 적응하지 못하면 도태될 뿐이다. 사장과 직원은 동반자다. 직원이 배우고 적응하기 쉽도록 체계를 만들어 놓고 도와야 한다. 그래야 일도 빠르게 잘할 수 있고 조기 퇴사를 막을 수 있다. 직원이 계속 바뀌고 들락날락거리는 회사와 우리 문화에 녹아 들어가 안정감 있는 회사, 어느 쪽이 되고 싶은지 답은 자명하다.

모든 구직자들이 일하고 싶어 하는 기업조차도 적응을 돕고 문화에 동화시킬 수 있도록 노력하는데, 우리처럼 작은 회사가 하지 않을 이유가 없다. 우리도 입사 후 30일 골든타임을 사수해 보자.

초반 4주에 승부를 걸어라

만약 온보딩을 하고 있지 않았다면 여러분은 직원을 바꿀 수 있는 처음이자 마지막인 단 한 번의 기회를 날리고 있었던 것이다. 입사 후 첫 4주는 교육의 효과가 가장 큰 시기다. 이때 배워서 당연하다고 느끼는 것들이 그 직원의 기본 행동값이 된다. 신입 직원이 룰과 문화를 명확히 이해하고 당연하다는 듯 따르게 하려면 초장에 승부를 봐야 한다.

새파란 물감이 가득 든 통을 떠올려 보자. 신입 직원은 스펀지와 같아서 통에 잠깐 넣었다 빼도 금방 새파랗게 물든다. 그러나 1~2년만 지나도 직원들은 자신만의 생각이 확고해지고 행동이 고착화돼서 쇠와 같이 변한다. 아무리 오랫동안 물감에 적셔 놓아도 물들지 않는다. 따라서 입사 직후 직원을 우리 문화에 흠뻑 담가서 우리 회사의 색깔로 물들여야 한다. 어떤 행동을 하는 게 자연스럽고 당연한 것인지 이때 각인된다.

대기업이나 외국기업에서는 온보딩을 다양한 방식으로 적극 활용하고 있다. 미리 교육 영상을 제작하여 온라인 학습 플랫폼을 통해서 편리하게 교육을 하거나, 1:1로 적응을 돕는 직원인 일명 '버디'를 붙여서 케어하기도 한다. 그보다 더 큰 규모의 서포터즈를 운영할 수도 있다. 사무실 투어를 하기도 하고 웰컴키트를 주기도 한다. 그러나 이런 것들은 우리같이 작은 회사가 활용하기에 현실적으로 적합하지 않다. 나는 아래와 같이 10인 이하 작은 회사들도 활용할 수 있는 몇 가지 방법에 대해서 소개할 것이다. 하나하나 자세히 살펴보자.

- 신규 입사자에게 환영(welcome)의 경험을 제공한다.
- 일하는 방식에 대한 가이드(근무제도, 평가/보상 등)를 제공한다.
- 게임처럼 레벨업에 대한 욕망을 가질 수 있도록 퀘스트 체계를 만든다.
- 지식을 습득하고 성장할 수 있도록 셀프 피드백 체계를 제공한다.

[실천 1] 웰컴키트 말고 웰컴레터를 선물하라

    대기업이나 중견기업에서는 온보딩 프로그램의 일환으로 신규 입사자에게 '웰컴키트'라는 굿즈를 선물한다. 업무에 바로 활용할 수 있도록 노트, 메모지, 볼펜, 텀블러 등 회사 생활에 필수품을 주는 것이다. 환영의 의미를 담고 있고, 회사의 이름과 로고가 각인되어 있어 직원들의 소속감을 높일 수도 있다.

    그러나 나는 두 가지 이유로 10인 이하 작은 회사에게 '웰컴키트'를 추천하지 않는다. 첫 번째로 네임밸류가 떨어지기 때문이다. 대기업의 웰컴키트가 의미 있는 것은 SNS에 자랑하고 싶을 만큼 회사의 이름값이 높기 때문이다. 굿즈를 사용할 때마다 내 회사의 로고를 보면서 뿌듯하고 소속감을 느껴야 하는데, 작은 회사 굿즈는 부끄럽지 않으면 다행이다. 실제로 대기업과 중소기업의 인사 담당자들과 교차로 이야기를 나눠 본 결과 중소기업 직원들이 '별 감흥 없다'라고 반응하는 비율이 훨씬 높았다. 두 번째는 예산이다. 웰컴키트 제작 비용은 인당 3만 원부터 10만 원 수준이며 최소 주문 수량은 일반적으로 100개부터 시작한다. 투자한 비용만큼 효율을 뽑아내기 어렵다. 최대한 저렴하게 진행한다면 할 수야 있겠지만 구성품의 퀄리티가 떨어질 수밖에 없다. 나는 그럴 바에는 차라리 안 하는 게 낫다고 생각한다. 선물은 같은 가격대에서 최고급 선물을 하는 게 효과적이다. 2만 원짜리 중

국산 텀블러보다 2만 원짜리 최고급 양말 세트를 주는 게 만족도가 훨씬 높다. 우리 회사의 로고가 박혀 있는 저품질의 텀블러를 쓰다가 여기저기 색이 벗겨지고 빛바랜 모습을 생각해 보자. 직원 입장에서는 회사가 돈을 아끼려고 '구린 것'을 줬다고 생각할 가능성이 높다.

물론 예산 걱정에서 자유로운 편이라면 얼마든지 해도 좋다. 그러나 예산에 제약이 있는 분들에게는 웰컴키트보다 웰컴레터를 추천한다. 웰컴레터라면 편지를 쓰라는 것 같은데, 무슨 내용을 담아야 할까? 힌트를 찾기 위해 나의 직장인 시절로 잠시 돌아가 보자.

대기업에 입사하고 첫 3개월 동안 동기들과 모임이 많았다. 신입 공채로 함께 입사했던 동기가 26명이나 되다 보니 크고 작은 약속을 잡다 보면 일주일에도 한두 번은 꼭 퇴근 후 만나서 시간을 보냈다. 이때 일 얘기, 선배 얘기, 이성 얘기 등 다양한 얘기가 나오지만 그중에서도 기억에 남는 얘기가 있다.

"최종 면접 때 사장님이 나 면접 봤는데 왜 뽑았는지 모르겠어."

생각보다 많은 동기들이 이 말에 크게 공감했다. 그 누구도 자신이 왜 뽑혔는지 알지 못했다. 면접에서 틀린 답변을 했는데 붙은 친구도 있었고, 공통질문 하나를 받고 아무런 추가 질문을 받지 못했는데도 합격한 친구도 있었다. 나도 곰곰이 돌이켜 보니 팀장님, 상무님, 사장님이 나를 왜 뽑았는지 알 수 없었다. 그때는 시력이 안 좋으시다느니 옆 지원자랑 착각했다느니 우스갯소리로 넘어갔지만, 시간이 지날수록 점점 큰 문제가 되어 갔다. 내게 어떤 모습을 기대했는지, 어떤 장점을 봤는지 말해 주지 않으니 회사에서 어떤 방향으로 성장해 나가야 할지 갈피를 잡지 못했다. 게다가 채용 이후 온보딩 과정에서 2시간의 교육 후 바로 실무에 투입시키는 등 성의가 하나도 없다고 느끼니 그냥 나를 시키는 일만 잘하라고 뽑은 건가 하는 의문이 들었다. 내 장점을 보고 뽑았다기보다 '말 잘 듣는 부품'으로 바라본 것 아닌가 하는 생각도 들었다. 실제로 경영진들의 생각은 어땠는지 알 수 없다. 그러나 직원 입장에서 이렇게 생각했을 때 소속감은 바닥으로 향하고 회사의 진정성에 의문이 생긴다.

그러니 직원을 뽑았다면 당신을 왜 뽑았는지, 어떻게 성장할 거라고 기대하고 있는지, 내가 어떤 도움을 줄 수 있는지 등 진심을 담은 웰컴레터를 적어 보자.

웰컴레터는 세 가지 측면에서 유익이 있다.

첫 번째는 '차별화'다. 앞서 나는 채용은 마케팅이라고 설명하며 일자리를 파는 것으로 패러다임을 전환해야 한다고 말했다. 웰컴레터를 적는 것 또한 내 일자리의 매력을 배가시키는 방법이다. 채용 공고를 적을 때만 마케팅 적 요소를 넣어야 하는 것이 아니다. 한국의 어떤 사장이 편지를 써 주겠는가. 그것만으로도 "그래도 우리 사장님은 직원에 진심이구나."라고 진정성을 온몸으로 체감할 수 있다.

두 번째는 '유도'다. 직원을 뽑았던 이유와 기대하는 모습을 언급하며 은
근히 내가 바라는 방향으로 행동하게끔 유도할 수 있다. 가령 "○○ 씨가 주
변 사람들 돕는 일은 진짜 기가 막혀. 딱 필요할 때 센스 있게 먼저 와 준다
니까." 이런 식으로 칭찬하면 높은 확률로 해당 직원은 더 적극적으로 주변
을 돕게 된다. 특히 이런 방법은 남자 직원들에게 효과 만점이다.

세 번째는 '생각 정리'다. 가끔 사장 스스로도 직원을 뽑고 별 기대를 안
하는 경우가 있다. 정말 부품처럼 쓸 생각으로 채용하는 것이다. 이럴 때
는 말과 행동에서 드러나게 되어 있다. 사장 머릿속에 직원이 어떤 방향으
로 성장했으면 좋겠는지 구체적으로 바라는 모습이 없는데, 직원이 알아서
120% 성장하고 잘할 수는 없다. 웰컴레터를 적어 봄으로써 채용의 이유와
기대치 등 사장의 생각을 명확히 할 수 있다.

웰컴레터는 신규 직원에게만 쓸 수 있는 것이 아니다. 남양주에서 외식
프랜차이즈를 운영하는 D 사장님은 핵심 직원에게 손편지를 주면서 더욱
강력한 유대 관계를 만들 수 있었다. 외식보다는 언젠가 베이커리 카페을
운영해 보고 싶다는 직원이었지만 함께 외식업을 하자고 설득하지 않았다.
그저 직원의 꿈을 진심으로 응원하면서 나중에 카페 운영할 때 도움이 될
수 있게끔 지금 우리 매장에서 CS나 직원관리와 같은 노하우를 더 많이 배
워 보자고 얘기했다. 그런 진정성에 오히려 해당 직원은 D 사장님을 더 신

뢰하게 되어 우선 외식업 지점부터 내 보고 카페로 넘어가 보겠다고 스스로 마음을 바꾸었다. 이처럼 손편지 하나를 통해 얻는 직원의 마음은 그 가치를 돈으로 매길 수 없다.

종종 카톡으로 보내도 되냐는 분들이 있다. 결론부터 말하면 손편지를 쓰길 강력히 권장한다. 낯설고 어색할 수도 있고 귀찮을 수도 있다. 그러나 타이핑된 글들보다 손편지를 쓰는 것이 직원에게 마음도 더 잘 전달되고, 내 생각을 정리하는 데에도 훨씬 도움이 된다. 꽃 싫어하는 여자 없듯이, 진심 담긴 손편지 싫어하는 사람 없다. 무뚝뚝한 직원의 경우 "갑자기 이게 뭐예요?"라고 떨떠름한 반응을 보일 수도 있겠지만, 직원을 존중하는 진심을 담기만 했다면 반드시 마음에 변화의 물결이 생길 것이다. 회사 재직 시절, 사장님이 지나가다 내 이름을 부르며 말을 걸어 줬던 순간이 기억난다. 수많은 직원들 틈에서 내 이름을 기억해 주는 것만으로도 그날 하루 기분이 좋았고, '나를 기억해 주고 있다'는 은근한 만족감이 꽤 오랜 시간 지속됐다. 당시 사장님께서는 전혀 기억도 못하겠지만 나는 아직까지도 그때의 그 장면이 생생하다. 내색은 하지 않았지만 분명 내 마음속 사장님에 대한 감정은 변했던 것이 확실하다.

이렇게까지 해야 되냐고 물을 수도 있겠다. 내 방법이니 내키지 않으면 안 하셔도 된다. 그러나 나는 '가성비'와 효율을 추구하는 사람이다. 들이는 시간에 비해 효과가 너무 좋다는 것만 알고 계시면 좋겠다. 그리고 이런 인간적인 터치는 작은 회사만 줄 수 있는 특권이니 적극 활용해 보시길 바란다.

[실천 2] 회사에도 사용설명서가 있다

신입 사원이나 신병과 같이 조직에 처음 들어온 사람들은 얼타고 실수하는 경우가 많다. 왜 그럴까? 떨리고 긴장돼서 그렇다. 이때 느끼는 감정들은 근본적으로 두려움에서 시작한다. "내가 실수하거나 밉보이면 어떡하지? 앞으로 회사 생활 내내 인정받지 못하면 어쩌지? 누군가 욕하면 어쩌지?" 모두 두려움이다. 그렇다면 두려움은 어디에서 올까? 무지에서 온다. 이곳에서는 대화를 어디까지 편하게 해도 되는지, 옆자리 선배는 어떤 성향인지, 내가 구체적으로 어떤 일을 하게 될지, 잘 할 수 있을지 모르니까 두려운 것이다. 칠흑같이 어두운 공간에 혼자 들어가는 것이 무섭게 느껴지는 이유는 그 안에 뭐가 있는지 '몰라서' 그렇다. 막상 불이 켜지고 아무것도 없다는 것을 알면 공포나 두려움을 느끼지 않는다. 그래서 직원들의 초기 적응을 돕는 데에 가장 효과적인 방법은 우리 회사의 문화, 사람, 업무에 대해 '알게 하는 것'이다. 나는 그런 내용이 담긴 자료를 '회사사용설명서'라고 부른다. 지금부터 회사사용설명서(이하 온보딩북)에 어떤 내용이 들어가야 하는지 구체적으로 살펴보자.

온보딩북에는 명분, 원칙, 사람, 질문으로 크게 네 가지 파트가 담겨야 한다.

1. 명분

노무사에게 수백만 원을 주고 컨설팅받아서 사내 규칙을 만들었다는 사장님이 있었다. 기대하는 마음으로 읽기 시작했는데 딱 첫 페이지 첫 문장을 보는 순간 읽을 마음이 사라졌다. '업무 규칙', '회사의 비전'이라며 딱딱한 이야기만 늘어놓았다. 교과서 읽는 것처럼 느껴졌다. 요즘 직원들 쇼츠에 중독돼서 글 읽는 것에 어려움을 겪고 문해력이 좋지도 않은데, 이걸 다 읽어오라고 하면 어떨까? 직원 입장에서는 숙제처럼 느껴질 뿐이다. 사장 관점에만 매몰되면 이런 문제가 생긴다. 이런 문제는 어떻게 해결할 수 있을까? 앞서 2장에서 살펴본 인간은 100% 이익에 움직인다는 사실을 활용할 수 있다. "이거 읽으면 나한테 뭐가 좋은데?"가 명확하게 제시되어야 한다. 내 말을 듣고 이렇게 말씀하는 사장님들이 있다. "이거 읽으면 너의 적응이 빨라지고 나중에 회사 생활할 때 필요한 스킬을 배울 수 있다." 이러면 직원들은 무슨 생각을 하느냐? "나 빨리 일 시킬려고 이거 읽으라는 거네."

이익을 제시할 때는 확실히 제시하자. 명분 단계가 제대로 갖춰져 있지 않으면 아무리 글을 잘 써 놔도 읽질 않으니 의미가 없다. 내가 쓰는 방법은 이렇다. 회사가 줄 수 있는 것(=직원이 회사에서 얻을 수 있는 것)들이 무엇이 있는지 최대한 많이 적고 설명한다. 이때 중요한 것은 진심으로 상대방이 잘되길 바라는 마음으로 내가 많은 혜택을 준다는 느낌을 줘야 한다. 자신이 얻을 것에 대해 이야기하니 직원들은 빨려들어서 읽게 된다. 그런 다음에는 사장과 직원이 함께 Win-Win 하길 바란다는 나의 신념을 말한다. 그런 뒤 직원만 Win 하지 않고 사장과 함께 Win 하려면 직원들도 최소한 지켜 줘야 할 것이 있다고 말한다. 그게 온보딩북에 담긴 우리 문화를 잘 지켜 나가는 것이다. 이런 대의명분이 있을 때 비로소 직원들을 움직일 수 있다. 내가 줄 수 있는 것이 많으면 많을수록 온보딩북을 정독하고 잘 따라줄 가능성이 높아진다.

2. 원칙

나는 아직 자녀가 없지만, 좋은 아빠가 되는 게 꿈이라 양육 관련 도서를 미리 읽고 있다. 여러 전문가들이 알려 주는 자녀를 건강하게 양육하는 방법에는 이런 공통점이 있었다.

1) 몇 가지 규칙이 필요하다
2) 규칙에 따라 일관되게 행동한다 (규칙은 너무 많으면 안 된다)
3) 요점을 반복한다

가만 살펴보면 작은 조직을 성공적으로 운영하는 데에 모두 필요한 것들이다. 조직에서 룰이 80%다. 한 번 자기 맘대로 룰을 어겼는데 넘어가게 되면 다른 직원들도 다 룰을 어겨도 된다고 여긴다. 그때부터는 룰이 유명무실하게 되고 존엄이 떨어진다. 있긴 한데 꼭 지키진 않아도 되는 무가치한 존재가 된다. 또 이런 원칙들은 반복적으로 노출되고 공유되어야 한다. 사람의 기억력은 생각보다 짧아서 일하다 보면 금세 까먹는다. 구글의 前 CEO 에릭 슈미트는 직원들에게 어떤 내용을 전달하려면 20번은 말해야 한다고 했다. 규칙에 따라 실제 행동을 유도함과 동시에 말로도 강조하는 것이야말로 우리 문화에 흠뻑 담기게 하는 것이다.

이걸 잘한 회사가 배달의민족을 운영하는 우아한형제들이다. '송파구에서 일 잘하는 방법 11가지'라는 자신들만의 원칙을 만들었다. 다른 회사들은 손에 잡기 어려운 추상적이고 현학적인 단어들로 적었다면 우아한형제들에서는 현실적이고 바로 행동으로 이어질 수 있는 구체적인 원칙을 적었다.

"잡담을 많이 나누는 것이 경쟁력이다"
"가족에게 부끄러운 일은 하지 않는다"
"쓰레기는 먼저 본 사람이 줍는다"

이런 원칙을 명문화시켜야 입에서 입으로 구전되지 않고 상징처럼 유지될 수 있다. 그리고 이런 원칙에 대한 사장의 생각도 중요하다. "쓰레기는 먼저 보는 사람이 줍는다"라고 똑같이 말해도 그저 "서로 도와야지."라고 말하는 사장은 깊이가 없다. "회사는 전문가가 모인 집단이다. 전문가는 자기 일에만 집중한 사람들이다. 그래서 각자의 일과 일 사이에는 공백이 많은데 내 일만 잘하면 된다는 생각으로 누구도 공백을 메우지 않는다면 조직 전체에 위기가 생긴다. 아무리 프로세스로 정리해도 애매한 영역이 있으니 공동체 정신을 가져야 한다"라고 말하는 사장의 설득력과 깊이는 차원이 다르다.

이런 원칙이 자연스럽게 가슴속에 스며들기 위해서는 그에 수반하는 환경도 설계해야 한다. 예를 들어 "가족에게 부끄러운 일을 하지 않는다"라는 원칙을 와닿게 하기 위해 김봉진 의장은 회의실의 이름을 직원들의 자녀 이름을 추첨해서 한다거나 어린이집을 최고급 시설로 만드는 등의 노력을 했다.

우리 회사의 원칙이 뭔지 아직 잘 모르겠다면, 비전하우스를 활용하자. 3단계에서 우리는 비전하우스를 만들었다. 모든 직원이 이해하고 숙지해야 할 회사 비전과 방향성이 다 나오는 것으로 신입 직원을 위한 교육 도구로 이만한 게 없다. 그때 만든 핵심 행동을 적어도 좋고, 새로 원칙을 만들어도 좋다. 이때 주의할 것은 원칙은 단순해야 한다. 미국의 제네럴일렉트릭(GE)의 자체 교육연수원 크래톤빌에서는 중소기업이 성공하는 비결로 '우둔할 정도로 단순화하는 것'이라고 강조한다.

원칙이라는 것은 사장이 직원들 관리하기 쉽게 하기 위해서 그냥 만드는 규칙이 아니다. 우리 회사가 생각하는 일을 더 잘하는 방법일 뿐이다. 회사마다 사장마다 그 생각은 다르다. 공격적이고 도전적으로 할 수도 있고, 친화적이고 협동적으로 할 수도 있다. 여기에서 문화가 나온다.

이렇게 원칙을 명확히 세워 두고 잘 지키는 것은 두 가지 측면에서 유익이 있다.

1) 직원들에게 회사 생활을 즐겁게 만들어 주는 요인이 된다.
회사 생활은 어쨌든 사회생활이므로 편하지 않고 괴롭다. 사람들이 말하는 "회사 다니기 싫어."에는 많은 요인이 옆자리 동료들이 차지한다. 선배든 후배든 사장이든. 그런 사람의 괴로움에서 벗어날 수 있는 게 자신들과 하나의 원칙으로 뭉쳐서 비슷한 가치관을 추구하는 사람들이 모인 집단이다. '일은 힘든데 사람은 괜찮아.'라고 말할 수 있다면 그 회사에 오래 다닐 수 있다. 서로 끈끈하고 격려하게 만들고 도와주고 안정감을 느끼게 하는 것이 제일 중요하다. 훌륭한 문화는 직원들을 묶는 접착제이자 의사결정의 길잡이가 되어 준다.

2) 심판자 역할을 한다.
누구나 각자의 사정이 있다. 범죄자도 사정이 있다. 그러나 어쨌든 우리는 법에 의해 처분한다. 그게 가장 공정하고 사회라는 큰 조직을 움직일 수 있는 원동력이다. 온보딩북이 존재한다면 직원들을 훈계하거나 교육할 때에도 단순히 잔소리에서 그치지 않는다.

3. 사람
함께 일하는 사람에 대해서 알려 주자. 일명 '팀원 사용 설명서'다. 사장과 직원 관계도 결국 인간과 인간의 만남이다. 누군가를 처음 만나면 통성명을 하고 서로를 자세히 알아 가듯이, 사장과 직원 사이에도 같이 과정이 필요하다. 직원에게 알아서 나와 기존 직원들을 파악하라고 하는 것은 일방적인 태도이며 직원의 적응에 도움이 되지 않는다. 만약 여러분이 건강하고 협력하는 문화를 만들고 싶고, 서로 좋은 관계 속에서 일하고 싶다면 간편한 해결책 하나를 추천한다. 바로 직원들 각자가 특별히 민감하게 반응하는 것을 적는 것이다. 사람마다 유난히 싫어하고, 힘들어하고, 고마워하는 영역이 다르다. 누군가는 갑자기 야근해야 하거나 어려운 일을 맡는 것은 괜찮은데 업무 시간 외 연락을 견디기 힘들어한다. 누군가는 일할 때에 중간중간 상황 공유가 제대로 되지 않는 것에 답답함을 느낀다. 팀 내 관계가 좋아지려면 좋아하는 걸 해 주는 것보다 싫어하는 걸 하지 않는 게 효과적이다. 건강한 결혼, 연애 생활을 지속하는 사람들을 자세히 살펴보면, 서로의 예민한 부분을 잘 알고 그 부분은 절대 건드리지 않는다. 사장뿐 아니라 모든 직원들이 서로 무엇을 추구하고, 어떤 것에 특히 힘들어하고 예민한지 알고 있다면 그에 맞춰 조심할 수 있다.

이때 유의할 점은 '어두운 사람은 힘들어요', '적극적으로 도와주는 사람이 좋아요'와 같은 추상적이고 일반적인 내용을 피해야 한다는 것이다. 나라는 사람에게 정말 유난히 힘든 구체적인 상황이 필요하다. 예를 들어 이유를 설명하지 않고 일방적으로 지시하는 것이 어렵다거나 결론부터 말하지 않는 것이 힘들다와 같은 것들이다.

이런 설명이 없다면 좋은 의도로 하는 행동도 오해할 수 있으니 반드시 미리 적어 보자.

4. 질문

신규 직원은 회사에 대해 모르는 것이 대부분인 상태로 출발한다. 그래서 사소한 것 하나하나 궁금해하는 경우가 많다. 그런데 너무 작은 질문이라

"이런 거까지 물어봐도 되나?" 싶은 것들이 있다. 예를 들어서 나는 복사기를 어떻게 쓰는지 몰랐는데, 차마 복사기 사용법을 물어보면 너무 바보 같을까 봐 항상 아는 척했다. 나도 복사기를 쓸 때마다 마음이 불편하고, 실제로 일 처리가 늦거나 실수하는 경우가 생겼으니 리소스를 낭비했던 것이다.

이런 사소한 문제부터 해결해 줘야 한다. 신입 직원이 알지 못하는 아주 사소한 것들을 미리 적어 놓으면 직원들의 마음에 안정감이 생긴다. 이런 사소한 것들부터 해결이 된 다음에야, 회사의 문화와 업무에 대해서도 100% 흡수할 수 있다. 회사 내 Q&A라고 생각하면 편하다. 회사에서 사용하는 프로그램을 설치하고 자리 세팅하는 방법과 같이 간단한 것부터 시작해서 점심시간은 반드시 같이 먹어야 하는 건지, 연차는 언제 어떻게 쓸 수 있는 건지 등등 다소 예민할 수 있는 문제까지 미리 적어 보자.

우리 직원들이 한 번쯤 물어본 것들은 모두 정리해 보고, 기존 직원들에게 회사에 대해 궁금했는데 물어보지 못했던 것들이 있는지 사소한 것 하나하나 들어보자. 이런 사소함에 대한 관심에서부터 200% 효과적인 온보딩이 시작된다. 규칙이나 매뉴얼은 회사가 직원에게 제공하는 일방적인 정보다. 신규 직원이 필요한 것은 사소하지만 궁금한 질문에 대한 답변과 회사 생활 여정의 예상 가능하게 만드는 쌍방향 정보다.

그 외에도 업무 범위나 매뉴얼 같은 것들도 회사 사용설명서에 모두 포함할 수 있다.

"언제 이런 걸 다 쓰죠?"

일단 적어라. 그런 다음 꾸준히 수정하면 된다. 완벽하게 적으려면 적을 수가 없다.

"넷플릭스의 일 문화를 담은 『규칙 없음』이라는 책을 봤습니다. 이렇게 규칙을 하나하나 세워 두면 안 되는 거 아닌가요?"

좋은 질문이다. 분명 그 책에서 배워야 할 점이 있지만 넷플릭스의 방식은 한국 작은 기업 현실과 맞지 않다. 환경이 다르다. 냉정한 말이지만 우리에겐 세계 최고 수준의 직원이 없다. 또한 넷플릭스와 같은 대기업에서의 업무는 극단적으로 다양하고 복잡한 상황이 많기에 매뉴얼보다 자율성에 맡기는 것이 효과적이다. 우리처럼 작은 회사는 상황 자체가 극단적으로 복잡하지 않으니, 오히려 명확한 규칙이 필요하다. 선명할수록 관리가 쉽다. 그저 "넷플릭스처럼 잘나가는 회사가 저런 방식으로 사용하니까 우리도 그럴래"라고 접근하면 위험하다.

몇 번을 교육해도 제자리로 가는 팀원들 답답할 것이다. 말로만 교육해서 그런 문제가 생기는 것이다. 그러니 문서화를 해 보자. 잘못을 지적할 때도 "온보딩북 13페이지에 써 있잖아"라고 근거를 가지고 피드백할 수 있다. 새로운 신입 교육 때도 훨씬 편리하다. 직원이 들어올 때마다 하나하나 말로 교육하지 않아도 되고, 정리된 콘텐츠 하나로 많은 리소스를 절약할 수 있다. 처음에는 적는 것이 어렵고 시간이 필요하지 몰라도 장기적으로는 수천 분의 시간과 불필요한 감정 소모를 아낄 수 있다. 무엇보다 중요한 것은 사장 스스로도 말하려는 것을 정리하고 이해할 수 있다.

[실천 3] 위임을 2배 쉽게 만드는 매뉴얼

'게임 중독'.

지금이야 몇몇 게임이 아시안게임 정식 종목으로 채택되는 등 게임 산업의 위상이 높아지고 있지만, 불과 몇 년 전까지만 해도 게임은 마약과 같이 부정적이라는 인식이 많았다. 사실 게임이 좋은지 나쁜지 그 효용은 우리의 관심이 아니다. 그보다 관심을 가져야 할 것은 게임은 도대체 어떻게 사람들을 그렇게 깊게 빠지도록 만드냐는 것이다. 그 원리를 알고 있다면 직원들이 일을 할 때에도 조금 더 집중하고 몰입해서 만들 수 있을 것이다.

게임 개발자들은 더 많은 사용자들이 더 오랜 시간 게임에 머무르게 하기 위해 심리학적, 뇌과학적 원리를 활용해 치밀하게 설계해 왔다. 목표 설정, 도전 과제, 적절한 보상 시스템 등을 통해 동기를 유발한다. 또한 사용자의 레벨별로 정보의 양과 복잡성을 조절하여 스트레스나 피로를 느끼지 않고 집중력과 만족도를 높였다.

우리는 이러한 게임의 중독적 요소를 직원관리에 어떻게 적용할 수 있을까?

답은 신입 사원 퀘스트다. 들어오자마자 해야 할 퀘스트를 제공하고 일정 과제를 완료할 때마다 레벨이 높아지고 약간의 보상이 주어지게 하는 것이다.

예를 들어 온보딩북에 적어놓은 기본적인 업무 환경 세팅하는 것, 자기소개 적는 것부터 시작해서 매뉴얼을 읽고 실천해 보는 것, 회고록 3회 작성 등 모두 다 퀘스트에 넣어 놓았다. 하는 일은 똑같은데 보상이 걸리고 게임처럼 레벨을 나누어 놓았을 때 직원들의 몰입력은 달라진다.

자신의 레벨과 퀘스트가 바로 볼 수 있게끔 자료로서 시각화되면 심적 압박감이 줄어든다. 인간은 절대적으로 힘든 순간에만 힘듦을 느끼지 않는다. 사소한 어려움을 겪더라도 지금 내가 어디쯤 왔고 얼마나 더 어려움을 겪어야 하는지 모를 때 괴롭다. 최근에 나는 여의도 한강공원에서 열리는 마라톤 행사에 다녀왔다. 아마 어디가 끝인지 모르고 일단 뛰라고 했으면 20분째에서 이미 지쳐서 포기했을 것이다. 그러나 중간중간 1km, 2km, 3km 지점을 알려 주는 표시판이고 있었고 앞으로 어느 정도 가면 되는구나 감이 잡혀서 버틸 수 있었다. 이렇게 자신이 어느 정도 해 왔고, 어느 정도 더 해야 하는지 눈에 보이게끔 만드는 것만으로도 직원들이 해야 할 일을 게임처럼 몰입해서 하는 데에 큰 도움이 된다.

신입 사원 퀘스트를 만드는 방법은 간단하다. 먼저 사장이 기대하는 1개월 뒤 신입 사원의 모습을 선명하게 그린다. 특정 업무를 문제없이 수행하는 모습일 수도 있고, 주변 동료들과 편하게 대화하는 모습일 수도 있다. 예를 들어, '고객 상담 능력 향상', '팀 내 의사소통 능력 강화', '기본 업무 프로세스 숙지' 등이다. 그 뒤에는 그런 모습을 만들기 위해 필요한 단계별 행동을 역으로 설계하면 된다. 예를 들어 '기본 업무 프로세스 숙지'라면 '업무 매뉴얼 관련 퀴즈 90점 이상', '모의 연습 N분 이내 수행'과 같은 것들을 넣을 수 있다.

레벨을 3~5단계로 나누고 그에 맞게 당연히 보상도 주어져야 한다. 보상에는 금전적 보상뿐 아니라 비금전적 보상도 포함된다. 권한이나 기회를 주는 것도 보상이다. 사소하게는 유료급 특별한 정보를 내부용으로 교육한다거나, 직급을 바꾼다거나, 특정 업무를 직접 해 볼 수 있게 한다거나 그 보상은 다양하다. 직원들이 원할 만한 것으로 보상을 설계해 보자. 자신도 모르게 승부욕이 발동해서 더 높은 레벨로 올라가려는 직원들을 볼 수 있다.

신입 사원 퀘스트를 통해 행동을 유도해야 비로소 온보딩 과정이 자연스럽게 이루어질 수 있다. 더하여 온보딩의 효율을 높이고 싶다면, 신입 사원 퀘스트에 다른 직원들과 오프라인으로 교류할 수 있는 미션을 포함시켜 보자. 온보딩의 궁극적 목적은 빠른 적응이다. 적응을 원활하게 할 때 가장 좋은 방법은 관계를 형성하는 것이다. 함께 일하는 사장, 동료들과 자연스럽게 교감하는 것만큼 온보딩의 궁극적 목적을 달성하기 쉬운 방법은 없다.

[실천 4] 회고 없는 성장은 없다

아무리 퀘스트를 만들고 회사사용설명서를 제공한다고 하더라도 신입 직원은 실수할 수밖에 없다. 실수 자체는 반드시 겪어야 될 과정이므로 실수하더라도 "예정대로 잘 가고 있어."라고 생각하며 기다려 줘야 하지만, 반복적인 실수는 반드시 막아야 한다. 실수가 계속 이어지면 전체 팀의 사기가 저하될 수 있기 때문이다. 신입 직원 스스로도 자신감을 잃고 적응이 더디게 진행되며 실수를 수습해야 하는 사장이나 동료들의 업무 부담과 불편한 감정이 커진다.

연속적인 실수를 구조적으로 막기 위해서는 크게 두 가지가 필요하다. 문제가 반복되는 핵심 원인을 찾아서 업무 시스템을 재편하는 것과 직원 개인의 주기적인 회고다. 전자는 사장의 통찰력이 필요한 부분이고, 후자는 온보딩 단계에서 충분히 습관화시킬 수 있다. 신입 직원들은 자신의 경험과 느낀 점을 정리하는 과정이 필요하다. 작은 회사의 경우, 직원들이 짜임새 있게 교육받기 어렵고 잡다한 정보를 동시에 받아들이느라 정신이 없다. 배우고 업무에 적응하느라 바빠서 자신이 겪은 경험을 충분히 반추하지 못한다. 이렇게 앞만 보고 달리면 동일한 실수를 반복할 수밖에 없다.

회고에는 다양한 프레임워크가 있다. 좋았던 점(Likes), 배운 점(Learned),

부족했던 점(Lacked), 희망하는 점(Longed for)을 4Ls 프레임워크나 지속할 것(Keep), 개선이 필요한 것(Problem), 시도할 것(Try)으로 회고하는 KPT 프레임워크 등 다양한 방식이 있지만 나는 칭찬할 점(Praise), 감사할 점 (Thanks), 개선할 점(Review)으로 이뤄진 PTR 회고법을 추천한다. 내 개인적인 성장을 위해 다수의 프레임워크를 사용해 보고 내 성향에 맞게 재구성한 방식이다.

먼저 칭찬할 점에서는 "~한 나를 칭찬한다."로 적는다. 입사 초기, 실수도 잦지만 분명 칭찬할 점도 있다. 스스로 자신이 잘했던 것들을 객관적으로 되돌아보고 기록하면서 자신감을 찾게 할 수 있다. 또 잘했던 것을 글로 적게 되면 앞으로도 같은 행동을 더 자주 할 수 있게 된다. 예를 들어 "사무실 정리를 꾸준히 한 나를 칭찬한다. 이를 통해 깨끗하고 정돈된 작업 환경을 유지할 수 있었다."라고 적은 직원은 이후로도 최대한 정리를 하는 방향으로 움직인다. 인간의 뇌는 행동과 생각이 일치하지 않을 때 심리적 불편함이 생기고 이를 해소하는 방향으로 움직이게 되기 때문이다. 이를 인지부조화 이론이라고 한다. 본인이 글로 적은 내용은 곧 자신의 생각이므로 행동으로 이를 일치시키는 쪽으로 동기가 발현된다. 그리고 무엇보다 자신에게 칭찬하는 행위는 재밌고 자존감을 높이는 데에도 효과가 있다. 회고가 일이 아니라 나름 재밌고 도움되는 일이라는 것을 느껴야 꾸준히 지속할 수 있다.

감사할 점에서는 "~한 ○○에게 감사합니다.", "~할 수 있어 감사합니다." 등의 형식으로 적는다. 우리 회사의 핵심 가치 중 하나는 '감사'다. 나는 하루하루의 회사 생활에서 작은 기쁨과 만족을 찾을 수 있다면, 그만큼 행복한 삶을 사는 것이라고 믿는다. 나는 나와 내 직원들의 삶이 더 풍요롭고 행복해지길 바랐다. 그래서 감사의 문화를 정착시키기 위한 방안으로 감사한 점에 대해 적게 하기 시작했다.

실제로 PTR 회고를 시작하면서 사소한 일에도 서로 감사하는 마음을 가지게 됐고, 자연스럽게 긍정적인 에너지가 퍼져나가고 업무 분위기도 훨씬 좋아졌다. 동료가 도와준 작은 일, 고객이 보내 준 긍정적인 피드백, 점심 시간에 맛있게 먹은 음식 등 이런 사소한 것들에도 감사하는 마음을 가지니 하루하루가 더 풍요로워졌다.

개선할 점에서는 겪었던 문제, 원인, 액션 플랜으로 나누어 작성한다. 문제는 오늘 겪었던 어려움이나 본인이 했던 실수를 적는다. 원인은 문제가 발생한 원인을 깊게 생각해 보고 적는다. 액션 플랜은 다음에는 같은 문제를 겪지 않기 위해 어떤 행동을 할 것인지 적는다.

문제: 내용이 정리되지 않은 채 보고해서 혼났다

원인: 아무런 구조 없이 머리로만 생각을 정리했다

액션 플랜: A4용지에 결론부터 한 줄로 정리하고, 그 이유에 대해 한 가지씩 적어 본다

예를 들면 이런 식으로 스스로 피드백할 수 있다. 다수의 직원이 실수를 외면하는 경향이 있다. 자신이 실수한 것들을 생각하면 부끄럽고 부족하다고 느끼기 쉬워서 그렇다. 그래서 회고를 통해 문제 상황을 직시하고 그에 대한 구체적인 액션 플랜까지 계획할 수 있게 만들어야 한다. 이게 입사 초기 습관화가 된 직원과 그렇지 않은 직원의 성장 속도는 눈에 띌 정도로 차이가 크다.

나는 PTR 회고법을 매일 퇴근하기 20분 전 적도록 한다. 이 또한 업무의 연장선상임을 강조해야 한다. 특히 수습기간에는 이것을 적는 것까지 평가의 대상에 들어간다고 언급해 주면 대충 적을 가능성이 낮아진다. 무엇보다 직원 본인이 빠르게 적응하고 역량을 키울 수 있도록 도와주기 위함임을 강조해야 참여도를 높일 수 있다. 그리고 금요일에는 1주일에 한 번은 주간회고를 통해 다시 한번 정리하고 미팅한다. 실제로 직원들이 어떤 부분에서 어려워하고 있는지, 구체적으로 어떤 일을 했는지도 자세히 살펴볼 수 있다. 직원이 적은 것을 기억해 두면 나중에 칭찬의 재료로 활용하기 좋다. 업종의 특성상 매일 적기 어렵다면 적어도 일주일에 한 번은 반드시 적게 해야 한다. 인간의 기억은 너무나도 빠르게 휘발되어서 1주일 동안 뭐 했는지 적기 어려울 때가 있다. 회고록은 온보딩 기간 중에 적극 활용하는 방식이지만, 3개월 이후에도 주 1회가량 작성하게 해도 효과적이다.

계속해서 PTR 회고법을 중점으로 설명했지만, 프레임워크는 무엇이든 큰 상관 없다. 다만 항목 하나하나에 의미와 목적을 담아야 한다. 아무 생각

없이 다른 곳에서 쓴다니까 쓰는 것은 무의미하다. 그렇게 되면 왜 써야 하는지에 대해서 직원들을 충분히 설득시키기 어렵고, 설득되지 않은 직원들은 "사장이 시키니까 쓰는 거지, 뭐."라고 말하며 회고록을 하기 귀찮은 숙제쯤으로 인식하게 될 것이다.

✓ 6단계 온보딩 핵심 정리!

1. 온보딩의 목표는 신규 직원의 제로백(0 to 100)을 1/2 수준으로 단축시키는 것으로, 입사 후 첫 4주가 매우 중요하다.
2. 웰컴레터를 통해 직원을 뽑은 이유와 기대 사항을 전달하여 직원의 소속감과 동기부여를 높인다.
3. 회사사용설명서(온보딩북)를 제작하여 회사의 명분, 원칙, 사람, 질문에 대한 정보를 체계적으로 제공한다.
4. 신입 사원 퀘스트를 통해 게임처럼 단계별 과제를 수행하게 하여 적응과 학습 동기를 높인다.
5. PTR(Praise, Thanks, Review) 회고법을 활용하여 직원의 자기반성과 성장을 촉진하고, 긍정적인 조직문화를 형성한다.

7단계_성과 관리: 몰입하게 만든다

채용부터 교육까지 완료했다. 사실 이 정도만 준비되어도 직원관리에 큰 문제가 생기지 않을 것 같지만 시간이 지나면 지날수록 직원들의 의욕과 열정이 떨어지는 문제가 생긴다. 연애에도 권태기가 있듯이 일하는 사람들도 '일태기'를 겪는다. 2년 차쯤만 되어도 대충 회사 어떻게 돌아가는지 파악됐고, 내 일도 매일 똑같은 느낌이 든다. 뭘 해도 재미없고 무기력한 시기다. 이직을 가장 많이 하는 결정적인 위기다. 시들시들 파김치처럼 다 죽어가는 직원들이 많다. 동기부여를 열심히 해 봐도 씨알도 안 먹힌다. 때로는 1인분만 하는 직원이 자신은 아주 잘하고 있다고 착각하는 경우도 있다. 직원들이 점차 전문가 수준으로 성장하길 바라는 사장으로서는 아쉬운 상황이다. 이때 어떻게 직원들을 몰입시켜서 더 많은 성과를 낼 수 있게 만들까?

알아서 일하는 직원은 없다

온보딩을 잘했으니 이후에도 알아서 주체적으로 일해 주는 직원이 있으면 얼마나 좋을까? 그러나 그런 직원은 100명 중 5명 남짓이다.

몇몇 사장님들은 직원 스스로 잘할 수 있도록 기다려 주는 사람이 좋은 리더라는 말을 듣고, 직원들의 퍼포먼스가 아쉽지만 참고 기다려 주기도 한다. 그러면서도 예상과 달리 직원들이 성장도 더디고 동기부여 되지 않는 모습에 답답해하며 속을 끙끙 앓는다. 사장은 기다려 주겠다는 좋은 의도였지만, 결과적으로는 직원을 방치한 것이나 다름없다.

직원이 스스로 성장할 수 있도록 기다려 주는 것은 바람직하지만 그 방법이 잘못됐다. 자유의지로 알아서 성장하라고 하는 것은 고양이에게 생선을 맡기는 격이다. 회사가 어느 정도의 틀을 제공해 주고, 그런 다음 직원들이 그 안에서 자유롭게 움직이며 성장하기를 기다려야 한다. 요리사가 양성되는 과정과도 비슷하다. 처음 요리를 가르칠 때는 정해진 레시피를 따라 각 재료의 양과 요리 순서를 배운다. 그런 뒤 기본 레시피를 기반으로, 재료나 조리 과정에서 자신만의 창의적인 변형을 시도하면서 성장하게 된다. 직원들에게도 기본적인 목표와 틀을 제공하고 그 안에서 자유롭게 창의성을 발휘하도록 할 때 더 나은 결과를 얻을 수 있다.

직원의 자유의지에 맡기면 안 되는 이유는 무엇일까? 신경과학자이자 인지심리학자인 대니얼 레비틴 교수는 『정리하는 뇌』에서 "인간의 뇌는 별일이 없는 이상 늘 절전 모드로 유지된다."라고 말한다. 뇌는 에너지 소모량이 매우 큰 기관이라 최대한 사용하지 않는 방향으로 진화했다는 것이다. 그래서 인간은 새로운 생각하는 것을 싫어한다. 새로운 생각을 하려면 머리가 아프고 귀찮음을 느끼는 방식의 방어기제를 통해서 뇌를 쓰지 않으려고 한다. "저 사람은 원래 저래." 모든 인간이 이런 고정관념, 선입견을 가지고 있는 이유도 뇌를 쓰고 싶지 않기 때문이다. "전에 쓰던 레퍼런스 없나요?" 자꾸 선례를 찾는 것도 생각을 안 하고 싶기 때문이다. 인간은 최대한 늘 하던 대로 생각하고 습관대로 움직인다. 이런 뇌과학적 이유로 직원 대부분은 자발적으로 새로운 할 일을 찾아가거나 성장할 수 있는 방법을 찾지 않는다. 그래서 우리는 직원들의 '생각하기 싫어!' 본능을 역행할 수 있도록 일종의 장치를 설치해야 한다.

베스트셀러 작가인 존 고든은 "대부분의 사람들이 꿈은 오르막인데, 습관은 내리막이다."라고 말한다. 직원들도 돈은 많이 벌고 싶고 능력을 인정받고 싶다고 말하면서, 정작 일은 최대한 적게 쉬운 것만 하고 싶어 한다. 이러한 본능을 탓하는 것을 멈추고 있는 그대로 인정해야 한다. 그렇다면 우리의 대처 전략은 직원 한 명 한 명의 마인드를 개조하는 것이 아니라 생각하게 만드는 '틀'을 제공하는 것으로 바뀔 것이다.

성과 관리의 원칙 5가지

———

우선 성과란 무엇일까? 항상 성과를 평가받던 직장인 시절, 그리고 사장이 되어서도 한동안은 단순히 경제적 이익과 직결되는 것이 성과라고 생각했다. 그러자 직원관리에 문제가 생겼다. 한 세일즈/마케팅 직원의 목표 매출이 5,000만 원이었는데 달성하지 못했다. 나는 그 직원의 노력을 간과하고 단순히 수치만을 기준으로 '성과 미달'이라고 평가했다. 하지만 그 직원은 매일 밤늦게까지 고객과의 미팅을 이어가며 새로운 시장을 개척하려고 노력했고, 다양한 마케팅 캠페인을 창의적으로 시도해 보며 신규 잠재 고객을 50명이나 확보했다. 잠재 고객을 추후에 육성만 잘한다면 몇 달 뒤에는 목표 매출을 초과 달성할 수도 있는 수준이었다. 그 직원은 충분히 유의미한 노력을 했음에도 불구하고 성과를 인정받지 못하고 그에 맞는 보상도 얻지 못하자 점점 동기부여가 떨어지고, 결국에는 회사를 떠났다. 그제야 나는 깨달았다. "나는 성과를 평가하는 게 아니라 실적만 보고 있었구나." 한국성과코칭협회 류랑도 대표는 성과를 "사전 합의된 목표를 이루기 위해 약속한 전략을 이행한 수준"이라고 말한다. 성과를 '돈'으로 정의하느냐 '약속 이행'으로 정의하느냐에 따라 성과를 관리하는 방식도 달라진다.

성과 관리에는 다섯 가지 원칙이 있다.

1. 목표를 명확히 하라

성과가 '약속한 전략을 이행한 수준'이라면, 성과를 측정하기 위해선 전제 조건이 필요하다. 약속이란 걸 해야 한다. 대표가 바라는 수준을 명확하게 말하고 상호 합의한 뒤 이를 달성하기 위한 전략에 대해 약속해야 한다. 예를 들어 직원의 월간 목표 매출을 5,000만 원으로 합의한 뒤, 500만 원을 추가 발생시키기 위해 신규 마케팅 캠페인을 열 것인지, 기존 고객들에게 리타겟팅 마케팅을 할 것인지, 새로운 마케팅 퍼널을 시도할 것인지 등 구체적인 전략과 행동을 약속해야 한다. 나는 약속하지 않고 일방적으로 지시하는 나쁜 사장의 전형적인 실수를 했었다. "지난달 매출이 4,500만 원이었으니 이번 달 목표는 5,000만 원으로 올려 보자."라고 말하고 알아서 달성해 오라고 던져 주는 스파르타식 교육을 시켰다. 나는 이런 방식이 자유이고 위임이고 신뢰라고 단단히 착각했었다. 실제로는 방치이자 방임이었다. 목표와 전략까지 함께 세우고, 실제로 이행하는 단계를 맡겨 두는 것이 진짜 위임이다.

만약 구체적인 액션을 모두 이행했다면, 직원의 액션이 경제적 이익으로 직결되지 않았다고 하더라더도 직원의 성과는 있는 것이다. 만약 잘 행동했음에도 이윤으로 연결되지 않았다면 애초에 사장과 직원의 전략에 문제가 있었을 가능성이 높다. 직원 개인의 문제가 아니다. 경제적 이익은 운과 같이 통제할 수 없는 외부 요인에 영향을 받아 언제든 달라질 수 있다. 이때 경제적 이익으로만 성과를 측정하면 직원들도 온통 돈만 생각하기 시작한다. 올바른 피드백이 이뤄질 수 없다.

직원들에게 이거 해 와라 저거 해 와라 일을 통째로 던져 주며 기대하는 결과값조차 명확하게 말해 주지 않는 대표들은 쓰레기를 던지는 것과 다르지 않다. 직원이 사장의 마음을 귀신같이 알아차리고 원하는 수준으로 결과를 내오는 것은 영화에서나 가능한 일이다. 만약 목표를 명확히 하는 것이 어렵다면 1981년 조지 도란George T. Doran이 고안한 SMART 목표 설정법을 활용해 볼 수 있다.

Specific(구체적인): 누가 읽어도 똑같은 의미로 인식할 수 있도록 구체적이어야 한다. 모호한 목표보다는 무엇을, 왜, 어떻게 할 것인지 명확히 하는 것이 중요하다.

  – 예: '더 많은 고객을 확보하고 싶다.'보다는 '다음 분기 내에 신규 고객 50명을 확보하겠다.'가 더 구체적이다.

Measurable(측정 가능한): 즉, 목표 달성 여부를 확인할 수 있는 측정 가능한 기준이 필요하다.

  – 예: '고객 만족도를 높이겠다.'보다는 '고객 만족도 설문 조사에서 평균 점수를 10점 만점에 8점 이상으로 올리겠다.'가 더 측정 가능한 것이다.

Achievable(달성 가능한): 목표는 현실적이어야 하며, 달성 가능해야 한다. 도전적이지만 비현실적인 목표는 오히려 동기부여를 저해할 수 있다.

  – 예: '다음 달에 매출을 1000% 증가시키겠다.'보다는 '다음 분기에 매출을 20% 증가시키겠다.'가 더 달성 가능하다.

Relevant(관련된): 목표는 자신의 업무나 사업과 관련이 있어야 한다. 회사의 방향성과 관련성이 떨어지는 목표는 실질적인 성과에 도움이 되지 않는다.

  – 예: '새로운 기술을 배우겠다.'보다는 '고객 서비스 개선을 위해 CRM 시스템을 배우겠다.'가 더 관련성이 있는 목표다.

Time-bound(시간 제한이 있는): 목표에는 명확한 기한이 있어야 한다. 기한이 정해져 있어야 목표 달성에 집중할 수 있다.

- 예: '새로운 프로젝트를 시작하겠다.'보다는 '다음 달 1일부터 새로운 프로젝트를 시작하겠다.'가 더 기한이 명확하다.

아래는 SMART 목표 설정을 활용한 실제 우리 직원의 3분기 목표다.

"2024년 9월 30일까지 3개월 안에 웹사이트 트래픽을 20% 증가시키겠습니다. SEO 전략을 개선하고 소셜 미디어 캠페인을 통해 트래픽을 늘릴 것이며, Google Analytics의 기능을 사용해 방문자 수 데이터를 측정하겠습니다."

이렇게 SMART 목표 설정법을 활용하여 성과를 관리하면 다섯 가지 측면에서 장점이 있다.

- 직원들의 에너지를 집중시킬 수 있다.
- 충분히 달성 가능한 목표를 보며 동기부여가 강화된다.
- 성과를 객관적으로 평가할 수 있다.
- 조직 전체의 목표와 개인의 목표를 연결시키기 쉽다.
- 더 체계적인 관리를 통해 성취 가능성을 높인다.

다시 강조하지만, 성과는 직원이 사장과의 약속을 얼마나 잘 이행했는가이다. 그러려면 사장이 요구하는 구체적인 결과값을 명확히 공유해 주어야 한다.

2. 방식은 같이 아이데이션 한다

앞서 목표와 전략을 미리 약속하고 수행하는 것이 중요하다고 말했다. 목표는 리더와 직원이 상호 합의하는 것이라면, 실행 방식(전략)은 직원이 제안하고 리더가 조언하는 방식이 가장 바람직하다. 간혹 일방적으로 직원에게 방식까지 지시하는 경우가 있는데, 그럴 경우 직원의 자율성과 창의성을 저해하여 동기부여 체계가 무너질 수 있다. 예를 들어서 "웹사이트 트래픽을 20% 증가시켜야 돼. 주 2회 쓰던 블로그 글을 주 5회로 늘려 봐." 이런 식으로 방식을 강요하면 직원의 성장이 더뎌진다. 웹사이트 트래픽을 늘리는 방법은 무궁무진하다. 광고를 돌려도 되고, 이벤트를 열어도 되고, 새로운 SNS 채널을 운영해 볼 수도 있다. 잠재 고객이 모여 있는 커뮤니티에서 활동하며 자연스럽게 우리 제품, 서비스를 홍보해도 된다. 이런 다양한 선택지 중에서 무엇이 가장 효과적일지 직원 스스로 고민해 보는 시간이 필요하다. 그런데 직원에게 한 가지 방식을 강요한다는 것은, 직원 스스로 생각하고 고민해 보는 힘을 잃게 만드는 지름길이다. "성장하는 직원이 되지 말고 내 말만 듣는 기계 부품이 되어라."라고 애절하게 주문을 거는 것과 똑같은 일을 하는 것이다. 따라서 직원을 동기부여시키고 성장시키고 싶다면 목표 달성 전략을 직원과 함께 아이데이션 하자. 사장은 이를 다듬어 주고 조언하는 수준일 때가 가장 좋다. 직원들의 의견을 적극적으로 수렴하는 것만으로도 직원들이 조직의 일원으로서 존중받고 있음을 느낄 수 있다.

3. 계획은 역산으로 세분화한다

목표와 계획을 세웠다면 실제로 어떤 행동을 언제까지 할 것인지 계획을 잘게 쪼개야 한다. 미국 UCLA 의과대학 임상심리학과 로버트 마우어 교수는 "인간은 거대하고 큰 목표 앞에서 오히려 위축이 된다."라고 말한다. 대뜸 트래픽을 20% 늘려야 한다는 목표만 있으면 무엇부터 해야 하나 막막해 몸이 움직이지 않는다. 그래서 목표 달성에 필요한 행동들을 최대한 잘게 세분화하여 뇌에게 어렵지 않은 것이라고 속여 줘야 한다. 예를 들어 타겟 고객이 자주 검색하는 키워드를 찾기만 해 본다거나 잠재 고객들이 좋아할 만한 콘텐츠 주제를 브레인스토밍해 본다거나 하는 아주 작은 행동들로 쪼개는 것이다.

그리고 이 계획은 반드시 역산Backward으로 세워야 한다. "1개월 뒤에 웹사이트 트래픽을 20% 늘리려면 3주 뒤에는 무엇을 해야 하지? 그러려면 2주 뒤에는? 그러려면 1주 뒤에는? 그러려면 3일 뒤에는? 그러려면 내일은?" 이렇게 목표를 먼저 못 박아 두고 거기에서부터 시작해서 계획을 세우는 것이 역산 스케줄링이다. 역산 스케줄링은 최종 목표를 기준으로 계획을 수립하므로, 목표 달성을 위한 필수 단계와 일정을 명확히 할 수 있다. 이를 통해 중간 단계에서 방향을 잃지 않고 일관되게 진행할 수 있다. 또한 최종 기한을 기준으로 각 단계의 소요 시간을 역산하여 배분함으로써, 시간을 효율적으로 관리할 수 있다. 이렇게 하지 않아서 직원들의 업무가 하루 이틀씩 계획보다 밀리고 병목되어서 결국은 전체 일정이 늘어지는 것이다. 또한 각 단계의 작업량과 소요 시간을 미리 파악함으로써 비현실적인 계획을 피할 수 있고 더 현실적인 계획을 수립할 수 있다.

성과 관리는 리듬이 중요하다. 이런 세분화된 계획이 있을 때 비로소 진행 상황을 주기적으로 확인할 수 있다. 직원에게 아무 때나 대뜸 가서 "그때 그 프로젝트 얼마나 진행됐어요?"라고 묻는다면 직원은 객관적으로 잘하고 있어도 혹시나 사장 마음에 들지 않을까 불안함을 느낀다. 또 일정한 주기대로 해야 할 일이 관리가 되지 않기 때문에, 실제로 업무 완성도나 진척도가 떨어질 수밖에 없다.

리듬을 갖추려면 습관이 필요하다. 매주 월요일마다 목표했던 것들이 어느 정도 진행됐고, 어떤 이슈가 있는지 확인하는 습관이 형성돼야 직원들에게 건강한 스트레스를 줄 수 있다. 이 습관이 깨지면 직원들은 자연스럽게 원래 했던 방식, 생각하지 않는 방식으로 일한다. 직원이 책임감을 느끼고 의사소통을 원활히 할 수 있도록 일간, 주간, 월간 미팅이 잘 배치되어야 한다.

계획을 세분화할 때는 앞으로 의사소통을 어떻게 할 건지 소통 계획까지 미리 세워 두는 것이 좋다. 언제 보고 피드백할지 미리 정해 둬야 한다.

4. 실행은 완전히 자유에 맡긴다

그렇게 전략과 구체적인 행동까지 계획했다면, 이후 실행 단계는 온전히 직원에게 맡겨야 한다. 어차피 주기적으로 피드백하는 시간을 미리 잡아뒀으므로 중간중간 마이크로매니징 할 필요 없다. 일을 시켜 놓고도 매일 달라붙어서 디테일한 부분 하나하나 피드백한다면 직원은 결코 성장할 수 없다. 꼬치꼬치 지적하는 사장을 보면 속으로 "그럴 거면 사장님이 하시든가요."라는 말이 절로 나오며 "그냥 시키는 거나 해야지." 하고 자포자기하게 된다. 성장에는 공백이 필요하다. 직원이 시행착오를 겪고 스스로 고민할 시간을 가질 수 있도록 모든 일에 일일이 개입하지 말자. 때때로 내 기준에서는 잘못된 방향으로 가는 것 같더라도 직원이 스스로 판단하기에 올바르다고 생각한다면 믿고 맡겨 보자. 의외의 성과가 나올 수도 있고 예상대로 성과가 저조하더라도, 내가 백 마디 한 것보다 스스로 실패하며 깨닫는 교훈이 직원의 생각과 행동을 바꾸는 데에 더 큰 도움이 된다. 실행을 완전히 위임함으로써 직원에게 자신의 업무를 주도적으로 관리하고 결정할 수 있는 능력, 자신의 결정에 대한 책임감을 키워 줄 수 있다. 궁극적으로 직원들이 더 성숙하고 능동적으로 일하게 만든다.

5. 결과물 중심으로만 검증한다

평가는 오로지 미리 계획했던 액션 플랜을 얼마나 잘 이행했는가만 기준으로 검증하면 된다. 일하는 태도가 어딘가 마음에 들지 않아도, 평가는 냉정하게 액션 플랜 이행 수준을 기준으로 해야 한다. 반대로 내가 좋아하는 직원이어도 마찬가지다. 종종 "업무 시간에 계속 담배만 피우러 가더니 역시나…."라는 말을 하며 태도를 중심으로 성과를 평가하는 사장님이 있다. 직원을 전반적으로 평가할 때에는 태도가 중요한 요인 중 하나지만, 성과 관리 측면에서 태도 피드백은 무의미하다. 목표를 왜 달성하지 못했는지, 왜 실행하지 못했는지 원인을 분석해 보고 그에 맞는 피드백이 유의미하다.

정리해 보자면 올바른 성과 관리의 방식은 아래와 같다.

사장은 직원에게 본인이 원하는 구체적인 수준의 결과물을 공유하고, 전략은 직원의 의견을 중심으로 하되, 구체적인 행동 계획을 역산으로 짜놓고, 미리 정해 놓은 미팅 때를 제외하고는 모두 직원의 자유에 맡긴 뒤, 결과물을 중심으로만 담백하게 피드백한다.

직원의 생산성을 120% 끌어내는 방법

위에서 정리한 올바른 성과 관리 방식을 그대로 활용할 수 있는 좋은 도구가 있다. 1999년 직원 40명의 작은 스타트업이었던 구글이 글로벌 초우량 기업으로 성장할 수 있었던 핵심 비결 중 하나인 'OKR'이라는 성과 관리 도구다. 100명 이상의 큰 기업에서 적용하려면 의외로 디테일한 부분까지 주의하고 신경 써야 하는 도구지만, 10인 이하 작은 조직에서 활용할 때에는 디테일한 부분까지 알 필요 없다. 그래서 이 책에서는 작은 회사에서 쓸 수 있을 정도로만 최대한 간단히 설명해 보고자 한다.

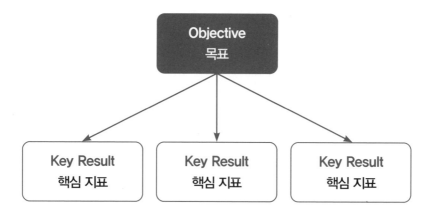

OKR은 Objective(이하 O, 목표)와 Key Result(이하 KR, 핵심 성과 지표)의 약자로 이뤄져 있다. 쉽게 말하면, 무엇을 달성하고 싶은지(목표)와 그것을 어떻게 측정할 수 있는지(주요 결과)를 중심으로 성과를 관리하는 것이다. OKR은 목표를 명확하게 하고 그 목표에 도달하기 위해 어떤 것들을 해야 하는지 구체적으로 계획을 세울 수 있도록 도와준다.

O는 '궁극적으로 이루고자 하는 목표'를 의미한다. 이때 키워드는 '궁극적'이라는 단어다. "도달율 10% 늘리기"라거나 "조회수 1만 회 달성" 등의 목표를 세울 수도 있지만, 이런 목표에는 궁극적으로 이루고자 하는 바가 결여되어 있다. 도달율과 조회수를 왜 늘리고 싶은 걸까? 추측건대 'SNS 콘텐츠의 품질과 도달 범위를 개선하여 브랜드 인지도를 높이는 것'이 진짜 궁극적 목표일 것이다. 대개 많은 사장들이 직원에게 목표를 부여할 때 궁극적 목표 없이 특정 수치만을 달성하라고 지시한다. 여태까지의 목표 관리가 제대로 작동하지 않았던 이유다. '도달율 10%를 늘린다'라는 단순한 목표는

직원 본인에게 아무런 의욕을 불러일으킬 수 없다. 계속 강조하지만 직원은 자신의 이익에 부합할 때 자동으로 몸이 움직인다. O에는 직원의 의욕을 불러일으킬 수 있는 무언가가 있어야 한다. 직원 개인의 성장과 연결지어서 '온라인 마케터로서 역량 키우기'와 같은 목표를 세워도 되고, '고객이 제 발로 찾아오는 마케팅 프로세스를 만들자'와 같이 회사와 직원 모두에게 동기 부여될 수 있는 목표를 세워도 좋다. 막연하거나 추상적인 목표도 괜찮다. 현실적인 문제는 KR에 담아 내면 된다.

KR은 O가 얼마나 달성됐는지 측정할 수 있는 핵심 지표다. 따라서 계량적이고 구체적인 성과들로 구성되어야 한다. O가 추상적인 만큼 KR은 실제 그 목표치에 얼마만큼 근접했는지를 지속적으로 측정할 수 있어야 한다. 앞서 말했던 "도달률 10% 늘리기", "조회수 1만 회 달성"과 같은 것들이 KR이다. 보통 1개의 O에 대하여 3개의 KR을 설정한다. O가 장기적이고 정성적인 목표라면, KR는 단기적인 정량적 목표다. 중요한 것은 Key Result들이 달성되면 Objective가 달성되었다고 생각될 수 있도록 O와 KR이 밀접히 연결되어 있어야 한다.

KR을 세우기 어려울 때는 O를 수학 공식을 만들 듯이 공식화한다고 생각해 보자. '목표=요인1+요인2+요인3…+요인10' 이런 식으로 정의해 보는 것이다. 앞서 말했던 내용을 예로 들면 '브랜드 인지도 상승 = 브랜드 인식 확대 + 고객 참여 증가'로 공식화할 수 있다. 브랜드 인식에 관련된 KR로 '월간 소셜 미디어 도달 범위 10만 명 달성', '6개월 내 브랜드 검색량 50%

증가', '연간 광고 캠페인 클릭률 5% 이상 유지'와 같은 구체적이고 측정 가능한 성과 지표를 넣을 수 있다. 고객 참여 증가와 관련된 KR로는 '월간 소셜 미디어 게시물 참여율 10% 이상 달성', '분기별 고객 이벤트 참여자 수 100명 이상 달성', '월간 고객 리뷰 수 200개 이상 확보'와 같은 것들을 넣을 수 있다.

OKR이라는 도구의 구조가 매우 단순하기 때문에, 여기까지 설명을 들으면 바로 사용할 수 있을 것이라고 착각하기 쉽다. 그러나 실무에서의 OKR 작성은 생각보다 어려운 점이 많다. 내게 교육을 듣는 대표님에게 직접 작성해 보라고 과제를 내 드리면 어딘가 이상한 OKR을 가져온다. 아래의 대표적인 오답 OKR을 함께 보고 분석해 보면서 여러분도 실수하지 않도록 해 보자.

잘못된 OKR 사례 1: 개발자
목표: 소프트웨어 개발하기
Key Result 주요 결과:
1. 프로젝트 끝내기
2. 버그 줄이기
3. 코드 작성하기

여러분은 뭐가 잘못됐는지 보이는가? 문제점을 하나하나 살펴보자. 먼저 Objective에 'Why'가 결여되어 있다. 앞서 O는 이루고자 하는 궁극적 목표이며 의욕을 불러일으킬 수 있는 것이어야 한다고 했다. 소프트웨어를 왜 개발하려는지에 대한 설명이 빠져 있으니 구체적이지도 않고 동기부여도 되지 않는다. 따라서 '소프트웨어 성능을 개선하여 사용자 만족도를 높이 자.'라는 목표가 더 적합한 Objective다.

Key Result는 어떨까? 구체적이지도 측정 가능하지도 않다. Key Result 를 모두 달성한다고 해서 원하는 결과를 얻으리란 기대감도 들지 않는다. '사용자 만족도 높이기 = 프로젝트 완료 + 버그 감소 + 코드 작성' 이렇게 OKR을 토대로 공식을 만들어 봤을 때 공식의 완성도가 떨어진다면 뭔가 잘못된 OKR이다. 이런 OKR을 가지고 성과 관리했을 때 좋은 성과도 얻을 수 없고, 직원의 성장도 이뤄지지 않는다. 잘못 적용된 모습을 보면서 'OKR 좋다더니 별론데?'라는 오해를 갖기도 쉬우니 유의해야 한다.

KR을 작성할 때 반드시 알아야 하는 점은 KR은 행동이 아니라 결과여 야 한다는 점이다. 행동은 통제 가능하지만 결과는 통제가 불가능하다. 특 정 행동을 했다고 해서 우리가 원하는 결과를 얻을 수 있을지는 미지수다. 그저 가설일 뿐이다. 따라서 제대로 된 Key Result를 적으려면 "그 행동을 통해 얻고자 하는 결과가 무엇인가?"라는 질문을 던져 보자. '프로젝트 끝 내기'라는 행동을 통해 얻고자 했던 결과는 목표했던 기간 내에 소프트웨어 성능을 개선하는 것이다. 그렇다면 'ㅇ월 ㅇㅇ일까지 애플리케이션 로딩 시 간을 3초 이하로 줄이자.' 이런 식으로 목표를 적어야 한다. 그래야 측정도 가능할뿐더러 어떻게 하면 로딩 시간을 3초 이하로 줄일 수 있을지 디테일한 전략을 고민하고 수립할 수 있게 된다.

  잘못된 사례와 개선된 사례를 하나 더 보여 드릴 테니, 하나하나 자세히
살펴보며 OKR에 대한 이해도를 높여 보자.

잘못된 OKR 사례 2: 영업 담당자

목표: 매출 올리기

주요 결과:

1. 더 많은 고객 만나기

2. 계약 성사시키기

3. 세일즈 자료 만들기

→

개선 방안:

목표: 더 많은 40대 고객의 직원관리 어려움을 해결해 주자

주요 결과:

1. 3개월 내에 40대 신규 고객 30명을 확보하자

2. 월간 계약 성사율을 15%에서 25%로 증가시키자

3. 인바운드 상담 문의를 10% 늘리자

앞서 이야기했던 성과 관리의 원칙 다섯 가지를 OKR 활용에 적용해 보

면 이렇게 정리할 수 있다. 먼저 직원에게도 의욕이 생기는 Objective를 함께 정하고 SMART 원칙에 따라 KR을 설정한다. Key Result를 달성하기 위한 구체적인 전략은 직원이 스스로 생각해 보고 제안하도록 한다. 사장은 이를 듣고 조언해 준 뒤, 구체적인 행동 및 피드백 계획을 역산하여 1주 단위로 세분화시킨다. 실제 행동은 직원이 자율적으로 할 수 있도록 위임하고 미리 약속한 시간마다 1:1 미팅을 가지며 질문 및 피드백 시간을 갖는다. 직원 개인의 OKR은 3개월 단위로 설정한다.

OKR은 조직에서 일방적으로 하달하는 목표가 아니라 직원 개인의 커리어 목표와 상황에 맞게 함께 설정한 목표이므로 훨씬 참여도가 높다. 만약 회사 목표만 세우고 지시한다면 성과 달성률도 떨어지고 직원이 늘수록 무임승차자가 늘어난다. 개인의 목표 없이 '이번 달 우리 회사의 목표는 매출 3억'이라고만 말한다면 직원은 "내가 성과를 내지 않아도 다른 직원 누군가가 해내겠지."라고 생각하며 책임감을 덜어 낸다. 이런 현상을 '링겔만 효과'라고 부른다. 개인 OKR을 설정해 줘야만 이런 링겔만 효과를 효과적으로 방지할 수 있다. '월급 루팡'처럼 일하지 않고 주변 동료들의 고혈을 빨아먹는 무임승차자들도 막을 수 있다.

OKR을 통해 지금까지 달성한 목표들을 확인하고, 현재 진행하는 일들의 진척도를 점검하는 것만으로도 직원들의 동기부여 수준을 유지할 수 있다. 아주대학교 심리학과 김경일 교수는 똑같은 일을 하더라도 피드백의 유무에 따라 게임이 되기도 하고 노동이 되기도 한다고 말한다. 즉, 똑같이 업무

8시간을 하더라도 자신의 KR 달성률이 50%인 것을 아는 상태면 게임이 되고, 자신이 얼마나 달성했는지 알지 못하면 지루하고 괴로운 노동이 된다는 것이다.

✓ 7단계 성과 관리 핵심 정리!

1. 성과 관리의 핵심은 '사전 합의된 목표를 이루기 위해 약속한 전략을 이행한 수준'을 관리하는 것이며, 단순한 실적 관리와는 다르다.

2. 성과 관리의 5가지 원칙은 목표 명확화, 방식 공동 아이데이션, 계획 역산 세분화, 실행 완전 위임, 결과물 중심 검증이다.

3. OKR(Objectives and Key Results)은 궁극적 목표(O)와 측정 가능한 핵심 결과(KR)를 설정하여 성과를 관리하는 효과적인 도구다.

4. 올바른 OKR 설정을 위해서는 O에 'Why'를 담고, KR은 구체적이고 측정 가능한 결과여야 하며, 개인의 성장과 회사의 목표가 연결되어야 한다.

5. OKR을 통한 성과 관리는 직원의 자율성과 책임감을 높이고, 링겔만 효과를 방지하며, 지속적인 피드백을 통해 업무를 게임처럼 만들어 동기부여를 유지한다.

8단계_평가/보상: 공식적으로 피드백한다

한국 대기업에서 혁신과 창의적 행동이 나오기 어려운 이유는 무엇일까? 사장을 포함한 임원들이 계약직이기 때문이다. 임원진은 당장 눈에 보이는 성과를 내지 못하면 당장 내년에라도 쫓겨날 수 있다. 자기 목숨이 걸려 있으니 단기 성과에 일희일비하며 부하 직원들을 계속 닦달하고 보채는 게 당연한 일이다. 새로운 시도보다는 안정적으로 매출을 올리는 게 자신의 일자리 보전에 훨씬 도움이 된다. 매출이 조금만 하락해도 빨간 봉투(사직서)를 받는 자신의 미래가 생생하게 다가온다. 그들은 도전과 실패를 장려하기 힘든 환경에 놓여 있다. 이렇게 단기성과로만 평가하면 단기성과에만 매몰되는 판단과 행동을 하는 게 당연한 이치다. 어떤 기준으로 평가하고 보상하느냐에 따라 직원들의 행동이 바뀐다.

그런 맥락에서 마지막 8단계를 거치지 않으면 여러분이 읽어온 수백 페이지의 글과 들인 시간, 에너지는 무의미해질 수 있다. 여태까지의 모든 과정을 2배 더 의미 있게 만들어 줄 마지막 하나의 단추가 남아 있다. 평가/보상 시스템이다.

올바른 평가/보상 시스템을 갖춘다는 것은 축구로 따지면 골을 넣는 것과 같다. 90분 동안 숨을 헐떡거리며 경기장 여기저기를 누비더라도 골을 넣지 못하면 결코 승리할 수 없다. 직원관리에서도 올바른 평가/보상 시스템이 없다면 그 외의 노력들은 무용지물이 된다. 8단계를 통해 여태까지의 여정을 마무리 지어 보자.

"기업의 진짜 가치는 그럴듯해 보이는 구호가 아닌, 누가 보상받고 승진하며 해고되는 지로 나타난다."

– 우리의 자유와 책임 문화에 대한 참고 가이드
Reference Guide on our Freedom & Responsibility Culture, 〈넷플릭스〉

평가/보상 시스템 설계가 어려운 이유 3가지

————

사장과 직원의 생각 차이는 모든 분야에서 드러나지만 특히 평가/보상에서 두드러지게 나타난다. 직원은 "급여를 더 주면 열심히 할게요."라고 말하고 사장은 "열심히 하면 급여를 더 줄게."라고 말한다.

그렇다고 쉽게 터놓고 이야기하기엔 다소 예민한 주제라 소통이 쉽지 않다. 직원 입장에서는 자신의 역량과 성과를 타인에게 검증받아야 하니 매우 껄끄럽고, 사장 입장에서는 혹시나 직원이 불만을 품을까 노심초사 눈치를 볼 수밖에 없다. 이런 이유로 보상과 관련된 오해가 깊어지고 해결되지 않는 불만들이 곪아 터지기 쉽다. 평가와 보상의 경우 전략적으로 설계하고 운영하지 않는다면 사장, 직원 그 누구도 원하지 않는 최악의 결과를 맞이할 수도 있다.

앞선 모든 노력을 물거품 시킬 만큼 중요하다는 평가/보상 시스템. 도대체 왜 이렇게 설계하기 어려운 걸까? 크게 세 가지 이유가 있다.

1. 기준의 부재

말 그대로 사장과 직원이 모두 납득할 만한 기준이 없다. 특히 작은 회사들이 가장 주먹구구식으로 운영하는 것이 평가/보상 파트다. 이번 달 매출이 잘 나오면 기분 좋아서 보너스를 주기도 하고, 다음 달에 매출이 떨어지면 아무런 설명 없이 보너스를 줄이거나 없애기도 한다. 기준이 없으니 평가는 오로지 사장의 감정에 의존한다. 이렇게 감정에 따라 평가받은 직원들은 공정하지 않다고 느끼고 불만을 갖는다. 또한 명확한 기준이 없다는 것은 직원에게 어떤 방향성을 제시하지 않는 것과 같다. 평가 기준은 그 존재 자체로 직원들에게 특정 행동을 유도하는 효과가 있다. 단기 성과가 평가 기준이었던 임원들은 단기 성과에만 매달렸던 것을 잊지 말자.

2. 최신 효과

연말 시상식을 자세히 살펴보면 상반기보다는 하반기에 성과를 냈던 작품이나 개인이 수상 확률이 높다. 왜냐하면 인간의 뇌는 가장 최근에 제시된 정보를 더 잘 기억하기 때문이다. 이를 '최신 효과'라고 한다. 직원을 평가할 때도 최신 효과가 작동한다. 사장도 직원들의 모든 성과와 기여를 낱

낱이 기억하기는 어렵다. 연말 평가시즌 즈음의 성과만으로 이야기하게 되는 게 인간이다. 1분기에 좋은 성과를 내고 열심히 일했던 직원 입장에서는 억울할 수밖에 없다.

3. 비가시성

직원의 성과는 눈에 보이는 결과물뿐 아니라 직관적으로 확인할 수 없는 기여도 있다. 예를 들어 주변 동료들을 먼저 돕고, 분위기를 화기애애하게 만드는 활발한 직원의 기여는 금액으로 환산할 수 없을 정도로 큰 효과가 있다. 그러나 이런 기여는 눈에 보이지 않는다는 이유로 평가할 때 무시당하기 쉽다. 눈에 보이는 성과 중심으로만 직원을 평가하면, 직원들은 단기적 업적에 치중하고 '협력'이나 '소통'과 같은 회사의 핵심 가치를 소홀히 하게 된다.

뒤에서는 이러한 세 가지 문제점을 극복한 평가/보상 체계를 수립하는 방법에 대해 다룰 것이다.

요즘 직원들이 말하는 공정함이란

———

MZ세대에 대한 연구를 살펴보면 항상 언급되는 특징 중 하나가 '공정성'이다. 특히 평가를 토대로 한 물질적 보상에 예민하게 반응하는 경향이 있다. 요즘 직원들은 '투명한 평가, 공정한 보상'에 대한 니즈가 그 어느 세대

보다 강력하다. 그러나 직원들의 기대와 현실에는 여전히 괴리가 있다. 대한상공회의소가 2020년 발표한 「한국 기업의 세대 갈등과 기업문화 종합진단보고서」에 따르면 직원들이 느끼는 한국 기업의 공정성은 24점으로 매우 낮은 편에 속한다.

공정하지 않은 평가와 보상은 어떤 결과를 초래할까? 나가거나 적당히 대충 일하거나. 둘 중 하나다. 다른 일자리를 구할 수 있는 능력이 있으면 나가고, 없으면 회사를 욕하면서 남아 있다. 직원들이 초반엔 의욕이 가득하다가 어느 순간부터 적당히 일하는 경우가 있는데, 높은 확률로 성과나 보상에 대한 불만이 쌓인 것이다. 실제로 잡코리아가 2023년 2월 발표한 자료에 따르면 직장인 10명 중 7명은 인사평가 후 이직을 결심한다. 무려 82%의 직장인이 인사평가에 불만족한다고 밝혔다.

자 그렇다면 요즘 직원들이 공정함을 중요시하고 갈망한다는 것은 알겠는데, 도대체 그들이 말하는 공정함이란 무엇일까?

한국인적자원관리학회에서 발행한 「절차적 공정성이 조직몰입과 조직시민행동에 미치는 영향」 논문에 따르면 구성원이 조직에서 공정하다고 느끼는 척도는 크게 세 가지다.

1. 분배의 공정
분배의 공정은 '상대적'으로 공정해야 한다는 뜻이다. 만약 10만큼의 일을 하고 10만큼의 보상을 받은 사람이 있다면 모두가 공정하다고 얘기하겠지만, 바로 옆 직원이 10만큼 일하고 11만큼 보상을 받아 간다면 어떨까? 모든 사람은 분노하게 되어 있다.

미국의 조직 심리학자 애덤스Adams는 공정성 이론Equity theory에서 "자신의 노력에 대해 적절히 대우받고 있다고 생각하는 사람이라도, 상대적으로 대우받지 못한다고 느끼면 공정성의 긴장이 생긴다."라고 말한다. 인간은 항상 타인과의 비교를 통해 자신의 사회적 위치를 확인한다. 단순히 금액이 많고 적은 것뿐 아니라 인풋과 아웃풋의 비율조차 비교한다. 따라서 보상 체계를 만들 때 단순히 해당 직원이 일한 만큼만 준다고 생각하는 것은 위험하다. 우리 회사의 급여와 업계 평균을 비교해 봐야 하고, 우리 회사 내다른 직원들과도 비교해 봐야 한다.

2. 과정의 공정

과정의 공정은 절차가 얼마나 합리적으로 진행되었는가에 달려 있다. 평가 결과에 대한 충분한 설명을 듣지 못했다거나, 평가를 내린 근거와 논리가 부족하다면 설령 적절한 보상을 받는다고 하더라도 공정하지 못하고 느낄 수 있다. 따라서 과정의 공정을 충족시키기 위해서는 최소한의 평가 기준과 시스템이 필요하다.

3. 상호작용의 공정

상호작용의 공정은 충분한 관심과 시간을 골고루 받았는가에 대한 문제다. 평가 기준이 명확하더라도 사장과 접촉 빈도가 높은 직원에 대해 후한 평가를 하는 것 아니냐는 의문이다. 앞서 7단계에서 말한 대로 1:1 미팅을 주기적으로 한다면 이런 문제는 미연에 방지할 수 있다.

뒤에서는 요즘 직원들이 말하는 세 가지 공정함을 반영한 평가/보상 체계를 함께 만들어 보자.

공정한 평가 체계를 디자인하라

직원들이 최대한 공정하다고 느낄 수 있는 평가 체계를 디자인하려면, '평가'에 대한 다섯 가지 질문을 통해 올바른 관점을 가져야 한다. 나와 함께 하나씩 답해 가며 여러분만의 평가 체계를 만들어 보자.

1. 평가, 왜 하지?

잘한 직원은 앞으로도 지금처럼 일하라는 의미로, 아쉬운 직원은 다음에 더 잘하도록 하는 것이다. 즉, 회사의 방향성에 맞게 일할 수 있도록 기준을 제시하는 것이다.

2. 평가, 언제 하지?

평가는 반드시 1년에 한 번, 연말에 해야 할까? 결론부터 얘기하면 3개월에 한 번 하길 추천한다. 여기에는 네 가지 이유가 있다.

첫 번째, 최신 효과에 속지 않을 수 있다. 중간중간 평가를 진행하면서 직원을 보다 객관적으로 바라볼 수 있게 된다.

두 번째, 직원들의 블러핑을 막을 수 있다. 연말에 한 번 평가할 경우, 해당 평가 결과가 곧 당장 다음 달 급여로 연결된다. 그래서 직원들에게는 성과를 부풀릴 유인이 생긴다.

세 번째, 직원이 행동의 방향성을 잃는 것을 막을 수 있다. 평가의 목적은 회사 방향성에 맞게 일하도록 유인하는 것이다. 그러나 평가를 1년에 한 번 진행할 경우 직원들은 11개월 동안 아무 생각 없이 일한다. 내가 회사에 다닐 때에도 평가 기준에 대해 읽어 보는 것은 평가시즌 1주 정도에 불과했다. 그마저도 며칠 지나면 바로 머릿속에서 사라졌다.

네 번째, 오해를 막을 수 있다. 1년에 한 번 대뜸 평가를 내리고 결과를 통보하면 직원들은 이런 생각을 한다. "내가 얼마나 열심히 했는지 어떻게 알고 날 평가해?" 오해를 막기 위해서는 접촉 빈도를 높이고 서로의 성과에 대해 자주 소통하는 수밖에 없다.

3. 평가, 누가 하지?

평가는 사장 혼자 해야 한다는 고정관념에서 벗어나자. 사장의 평가도 결국 개인의 의견일 뿐이다. 절대 객관적인 사실을 모두 담아 낼 수 없다. 사장에게는 싹싹하게 잘하면서 함께 일하는 동료들에게는 무례하게 행동하는 직원 유형이 있다. 이런 직원이 좋은 평가를 받고 더 많은 월급을 받으며 회사에서 인정받으면 다른 직원들은 어떨까? 협력보다는 정치가 더 중요하다는 걸 깨닫고 환멸감을 느낄 것이다. 당연히 서로 배려하고 존중하는 문화가 형성되기 어렵다. 따라서 평가는 사장뿐 아니라 동료도 함께해야 한다. 나는 거기서 한 발자국 더 나아가 직원 스스로도 평가하도록 한다. 사장의 일방적인 평가에 수긍하는 것이 아니라, 본인 스스로를 객관적으로 평가하는 연습을 하면 직원의 생각하는 힘과 주체성을 길러 줄 수 있다. 비중이 크지는 않더라도 스스로의 평가도 실제 평가 결과에 반영되는 모습을 보면서, "회사에서 내 의견도 존중하는구나." 하는 생각을 심어 줄 수 있다. 다면평가는 Smore나 Google Forms와 같은 설문 제작 도구를 활용하면 빠르고 쉽게 시도해 볼 수 있다.

4. 평가, 기준이 뭐지?

많은 분들이 무엇을 평가해야 하는지 그 기준을 선정하는 데에 어려움을 겪는다. 그래서 가장 가시적이고 명확한 기준인 성과를 유일한 기준으로 세운다. 앞서 이야기했듯이 성과만을 평가하면 직원에게 그 외의 핵심 행동들을 하도록 유인할 수 없다.

나는 평가의 기준을 3가지로 추천한다. 역량, 행동, 성과다.

1) 역량

해당 직무를 수행하기 위해 필요한 역량을 이야기한다. 마케팅 직무라면

'전략 개발', '데이터 분석 능력', '디지털 마케팅 기술', '고객관계관리(CRM)'
과 같은 역량이다. 역량을 평가함으로써 꾸준히 역량을 계발할 수 있는 유
인을 제공해야 한다. 실제 성과는 역량과 무관하게 나타나기도 하지만, 역
량을 꾸준히 키운다면 장기적으로 성과에 기여할 확률이 기하급수적으로
증가한다.

2) 행동

직무를 막론하고 우리 회사의 구성원이라면 모두가 갖춰야 할 핵심 행동
을 뜻한다. 실제 사장님들을 컨설팅하다 보면 우리 직원들이 '인사성'을 갖
췄으면 좋겠다고 말하는 경우가 많다. 그래서 평가 기준이 어떻게 되냐고
여쭤보면 십중팔구는 성과로만 평가하고 있었다. 인사와 같은 행동들을 평
가하지 않았기 때문이다. 협력이나 인사성, 긍정적 화법 등이 대표적인 행
동이다.

3) 성과

말 그대로 이루어 낸 결과물을 보면 된다. 1인당 매출액을 즉각적으로 확
인할 수 있는 업종이라면 매출을 기준으로 해도 되고, 지식콘텐츠업이라면
OKR의 달성률과 도전 점수를 혼합하여 평가할 수도 있다. 제조업은 KPI를
활용해도 좋다.

그렇다면 역량, 행동, 성과의 비중은 어떻게 결정해야 할까? 모두의 정답
은 없다. 업종의 특성과 사장의 가치관을 고려하여 판단해야 한다. 나는 역

량 4, 행동 4, 성과 2의 비중을 두고 평가하고 있다. 시장의 상황에 따라 매출 성과는 들쑥날쑥할 수 있다. 여기엔 어쩔 수 없이 운이 작용한다. 나는 이런 열매에 집중하지 않고 뿌리와 토양에 집중하자고 말한다. 뛰어난 역량과 올바른 행동만 지속한다면 성과로 연결될 것이라고 믿기 때문이다.

5. 평가, 어떻게 하지?

가장 먼저 해야 할 일은 역량과 행동을 평가할 수 있는 지표를 만드는 일이다. 만약 평가하려는 행동 중 하나가 '협동'이라면 사장이 생각하는 '협동'이란 무엇인지 간단하게 정의를 내리고, 얼마나 '협동'하고 있는지 판단할수 있는 구체적인 행동을 세 가지 정해 보자. 추상어는 사람마다 이해하는 바가 다르기 때문에 구체적인 액션으로 쪼개 줘야 평가 제도가 본래 의도대로 작동한다. 구체적인 행동으로는 "도움을 요청했을 때 적극적으로 도와준다"라고 적어볼 수 있다. 나쁘진 않지만 70점짜리다. 더 구체적일수록 좋다. 예를 들면 "도움을 요청했을 때 첫 마디를 '좋아요'라고 말한다"라는 식이다.

역량과 행동의 평가 지표들을 만들었다면, 성과와 연결 지어서 세 가지의 명확한 평가 기준을 문서화하자. 위 내용을 바탕으로 3개월에 한 번씩 다면 평가를 진행하면 된다.

10인 이하 작은 회사에서 필요한 평가 체계는 이게 전부다. 그 이상 복잡할 필요도 없다. 오히려 복잡할수록 실제 현장에서 적용하기만 어려워진다.

이렇게 심플한 구조에도 불구하고 실제로 적용하지 못하고 있는 이유는 모르거나 귀찮거나 둘 중 하나다. 여기까지 읽은 독자분들이라면 적어도 평가의 기준이 되는 행동 지표 하나쯤은 바로 만들어 보자.

평가를 황금 보상으로 만드는 연금술

———

보상 체계를 만들기 위해서는 크게 두 가지 측면을 고려해야 한다. 기본급과 성과급이다. 기본급은 우리 회사의 예산을 당연히 고려해야겠지만, 더 중요한 것은 동종 업계 혹은 지역 내 비슷한 규모의 회사들과의 임금 격차다. 전반적인 급여 수준이 낮은 업계의 경우 더 많은 기회가 있다. 급여를 업계 평균 대비 조금만 올려도 비교적 수준이 높은 직원들을 만날 수 있기 때문이다. 종종 인건비 비중은 매출 대비 몇 %가 적당하냐는 질문을 듣는다. 업계에 따라 다르지만, 제조업은 10~20%, 요식업은 20~30% 수준이 일반적이다.

성과급을 측정하는 것은 크게 세 가지 단계로 이뤄져 있다.

1. 성과급 총액 산정

성과급 총액은 통상적으로 회사의 당해 영업이익의 5~10% 수준으로 책정하는 것이 일반적이지만, 직원들의 성과만큼 보상해 주고 싶다는 대표님은 20%까지 책정하기도 했다. 예를 들어, 2024년 영업이익이 5억 원일 때

성과급으로 5%를 분배하기로 결정하면 2,500만 원이 성과급 재원으로 확보된다. 구체적인 퍼센티지는 전적으로 사장의 가치관, 전략에 따라 결정되는 사항이다.

2. 집단 성과급, 개인 성과급 비율 책정

성과급 총액의 일부를 1/N으로 나누어 지급하는 것이 집단 성과급이고, 개인의 성과 평가에 따라 차등 지급하는 것이 개인 성과급이다. 집단 성과급의 비중이 높을수록 팀워크를 강조한다는 메시지를 줄 수 있고, 개인 성과급의 비중이 높을수록 개인의 성장과 성과를 중시한다는 메시지를 줄 수 있다. 이 또한 사장의 성향과 회사 운영 전략에 따라 다르지만, 작은 회사일수록 인원별 차등 보상을 강조하기보다는 집단 보상의 비중을 높이길 추천한다. 우리는 한 팀이고 회사의 성장이 곧 자신들 모두의 이익이라는 인식을 가질 수 있도록 몸으로 느끼게 하는 게 중요하다. 작은 회사는 2배, 3배도 성장할 수 있다. 직원들에게 가장 큰 보상은 회사가 빠르게 성장하는 과정에 기여했다는 공헌감과 그에 걸맞은 보상이다.

3. 개인 상여율 결정

집단 성과급의 비중을 높이더라도 100% 집단 성과급만으로 지급하는 것이 아니라면 개인 상여율도 정해야 한다. 개인 상여율은 기본급 대비 추가 지급액을 말한다. 예를 들어 기본급이 2백만 원인 직원의 상여율이 50%라면 개인 성과급이 1백만 원이다. 상여율은 앞선 1, 2단계를 통해 개인에게 지급할 수 있는 금액이 얼마인지 파악한 후 그에 맞게 재구성하면 된다.

✓ 8단계 평가/보상 핵심 정리!

1. 평가/보상 시스템은 직원관리의 최종 단계로, 이전 단계들의 효과를 2배로 만들 수 있는 중요한 요소다.

2. 공정한 평가/보상 체계를 위해서는 분배의 공정, 과정의 공정, 상호작용의 공정 세 가지 측면을 고려해야 한다.

3. 효과적인 평가는 3개월에 한 번, 다면평가 방식으로 진행하며, 역량, 행동, 성과를 균형 있게 평가해야 한다.

4. 보상 체계는 기본급과 성과급으로 구성되며, 성과급은 회사의 영업이익을 기반으로 산정하고 집단 성과급과 개인 성과급의 비율을 전략적으로 결정해야 한다.

5. 평가/보상 시스템은 단순하게 설계하되 일관성 있게 적용해야 하며, 직원들의 행동을 회사의 목표와 가치에 맞게 유도하는 도구로 활용해야 한다.

"직원이 못하면 다 사장 책임이다."

이 말을 처음 들었을 때, 나는 이해하면서도 한편으로는 억울했다. 내가 잘해야 한다는 건 알겠는데 도대체 어떻게 해야 하는 건지 혼란스러웠다. 지금에서야 선배들의 조언을 이해한다. 그들도 직접 경험하면서 몸으로 헤쳐 나갔기 때문에 구체적이고 체계적으로 정리하기 어려웠을 것이다. 개인의 사례로 해법을 일반화할 수 없다는 것도 알고 있었을 것이다. 그러니 '직원을 탓하기보다 자신의 마인드를 바꾸어 직접 답을 찾아라'가 가장 현명한 조언일 수밖에 없었을 것이다. 그럼에도 과거의 나는 누군가 구체적으로 하나부터 열까지 알려 주길 바랐다. 욕심 가득한 생각이었지만, 그만큼 모든 것이 막막하고 도움이 절실했다. 이 책은 과거의 내가 간절히 바랐던 그 구체적인 방법을 담았다. 사장이 먼저 배우고 변화해야 한다는 사실은 알지만, 구체적인 방법을 몰라 헤매는 분들에게 도움이 되고자 했다.

우리는 이 책을 통해 직원관리의 전체적인 흐름을 알 수 있는 설계도를 살펴봤다. 작은 회사라서 직원관리가 어렵다는 오해부터 시작해, 인간 본성에 대한 이해, 비전 수립, 효과적인 커뮤니케이션, 그리고 채용에서부터 성과 관리와 평가/보상에 이르기까지. 그리고 이 모든 과정은 결국 하나의 목표를 향하고 있다. 바로 사장과 직원이 함께 Win-Win 하는 조직을 만드는 것이다. 직원관리의 근본적 해법은 'Win-Win'에 있다. 사장 입장에서만 이익을 보려 하면 성공적인 직원관리는 불가능하다. 직원들도 바보가 아니다. 나를 부려먹는지 같이 잘되려고 하는지 2~3일이면 파악할 수 있다. 그렇다면 우리는 무엇을 제공해야 할까? 단순히 급여만이 아니다. 합리적이고 서로를 존중하는 동료들, 성장의 기회, 공정한 평가와 보상, 일을 통한 보람과 같은 가치를 제공할 수 있다면, 직원들은 기꺼이 남아 함께 일하려 할 것이다. 피터 드러커가 말했듯이 우리는 고객의 마음과 가치, 욕구를 이해해야 한다. 사장의 관점에서만 일방적으로 바라보면 해결책을 찾기 어렵다. 그래서 가장 중요한 것이 바로 직원 관점에서 생각하는 '진정성'이다. 직원들도 진심으로 잘 되기를 원하는 마음, 그들의 성장을 진심으로 응원하는 마음이 없다면, 어떤 기술이나 시스템도 장기적으로는 효과를 발휘하기 어렵다.

앞으로 직원관리는 더욱 어려워질 것이다. 세대가 변화하면서 소통 방식도 계속 바뀌고 있고, 개인의 삶과 자아실현에 대한 욕구도 커지고 있다. 평생직장 개념은 사라지고 있고 이직이 당연해지고 있다. 이러한 시대적 변화에 따라 직원을 효과적으로 다룰 줄 아는 사장과 직원에 휘둘리는 사장 간의 양극화는 점점 더 심해질 것이다.

이 책을 여기까지 읽었다면, 이제 남은 것은 실천뿐이다. 나를 바꾸지 않으면 답이 없다는 것을 인정하고 이제는 변화의 첫걸음을 내디뎌 보자. 직원을 바꾸고 싶겠지만 사실 여러분과 회사를 바꾸는 과정이 먼저다. '과거의 나'라는 껍질에서 벗어나 '새로운 나'로 탈각했을 때 비로소 직원들도 변화하기 시작할 것이다. 가장 먼저 실천할 방법으로는 여러분이 원하는 회사와 직원의 모습을 아주 구체적으로 적어 보는 것을 추천한다.

마지막으로, 이 책에 담지 못한 더 많은 이야기들이 많이 남아 있다. 여전히 고민이 남아 있거나 더 많은 배움을 원하시는 분들은 SNS 채널을 통해 내게 언제든 도움을 청하시길 바란다. 바쁜 와중에 혼자 끙끙 앓으며 고민하지 않으셔도 된다. 나는 서로 존중하며 함께 성장하려는 사람이 행복하게 성공한다고 믿는다. 모든 관계를 Win-Win 할 수 있도록 돕는다는 사명을 가지고 일한다. 여러분이 만약 직원과 Win-Win 하고 싶은 사장이라면, 여러분은 혼자가 아니다. 이 책과 내가 언제나 당신을 도와줄 것이다.